臺灣歷史與文化 研究輯刊

二十編

第14冊

《華岡禊集分韻詩》研究

林正三 著

花木蘭文化事業有限公司

國家圖書館出版品預行編目資料

《華岡禊集分韻詩》研究／林正三 著 -- 初版 -- 新北市：花木
蘭文化事業有限公司，2021〔民110〕
目 6+204 面；19×26 公分
（臺灣歷史與文化研究輯刊二十編；第 14 冊）
ISBN 978-986-518-561-9（精裝）
1. 臺灣詩 2. 新詩 3. 詩評
733.08   110011288

ISBN-978-986-518-561-9

9 789865 185619

臺灣歷史與文化研究輯刊
二十編　第十四冊　　　　　　ISBN：978-986-518-561-9

《華岡禊集分韻詩》研究

作　　者　林正三
總 編 輯　杜潔祥
副總編輯　楊嘉樂
編　　輯　許郁翎、張雅淋、潘玟靜　美術編輯　陳逸婷
出　　版　花木蘭文化事業有限公司
發 行 人　高小娟
聯絡地址　235　新北市中和區中安街七二號十三樓
　　　　　電話：02-2923-1455 ／傳真：02-2923-1452
網　　址　http://www.huamulan.tw 信箱 service@huamulans.com
印　　刷　普羅文化出版廣告事業
初　　版　2021 年 9 月
全書字數　157625 字
定　　價　二十編 14 冊（精裝）台幣 35,000 元
版權所有・請勿翻印

《華岡禊集分韻詩》研究

林正三　著

作者簡介

林正三，字立夫，號惜餘齋主人。新北市人。平生專攻古典詩、閩南語聲韻及地方文史之研究。曾任臺灣瀛社詩學會第八任社長，第一、二屆理事長，《乾坤詩刊》古典詩詞主編，彰化鹿港、臺北松山社區大學暨臺灣瀛社詩學會詩文聲韻講師。歷獲資深青商總會第廿一屆全球中華文化藝術薪傳獎，第二屆聶紺弩詩詞評論獎。現為臺灣瀛社詩學會第六任理事長，松山社區大學詩文聲韻講師。著有《詩學概要》《閩南語聲韻學》《臺灣古典詩學》《惜餘齋瓿稿》《惜餘齋續稿》《閩南語千字文有聲書》等。

提　　要

　　《華岡禊集分韻詩》，是臺灣中華詩學研究所於民國六十二年至六十四年，就晉王羲之《蘭亭集·序》全文三二五字，動員所中同仁分韻聯吟，共分三年完成。參與創作詩友（研究委員）計有一三一人，其中題詠一首至數首不等，計得詩、詞、曲等共三百六十五件，可謂盛況空前。這一段盛事，正可與一千六百多年前的蘭亭雅集後先輝映；結集出版的《華岡禊集分韻詩》，也能與《蘭亭集》競美。在中華民族的詩歌史上，更應佔有一席耀眼之地。

　　學術研究之目的，除了論證以外，其實用價值，就是存史的作用。本論文之後續發展，尚可延伸至中華詩學研究所之沿革等史料之蒐集、整理與研究。推而廣之，更可為陽明山地區建構出完整之風土人文史料。

　　本論文係以臺灣商務印書館之版本為底本，再參酌中華詩學研究所單行本及《中華詩學》期刊相與校訂。各作者如有另出別集者，亦加以參校。如有疑義，暫憑個人對古典詩學的素養，加以覆按。

目

次

第一章　緒　論

　　在人類學上，遠古以來的民族信仰，生活習俗，無一不是文學與歷史記述最重要的一環。歷代有關上巳修禊之詩作，當不在少數。然如論及參與人數之多、作品體式之全、場面規模之大以及時間跨度之長者，則非《華岡禊集分韻詩》莫屬。中華詩學研究所於民國六十二年至六十四年（癸丑、甲寅、乙卯，1962~1964），就王羲之（303~361）《蘭亭序》三百二十五字（見附表一）〔註1〕，動員所中同仁分韻聯吟，共分三年完成。並結集成書，顏曰《華岡禊集分韻詩》（見書影二），於民國六十五年付梓。嗣臺灣商務印書館於六十八年以《人人文庫》特六四五號發行（見書影三）。參與創作詩友（研究委員）計有一百三十一人，其中題詠一首至數首不定，計得詩、詞、曲等共三百六十五件，可謂盛況空前。

第一節　研究動機

　　自中華詩學研究所「華岡修禊分韻聯吟」迄今方四十餘載，然當時參與創作詩人，就個人所知，臺灣地區唯餘簡明勇一人，其他皆已作古。資料之蒐集已甚為不易，相信往後將更加困難。個人之所以從事蒐集、整理與研究，其動機乃是為陽明山地區保存一份珍貴的鄉土史料。至於研究步驟，則是以

〔註1〕　〈蘭亭序〉各法帖及上海辭書出版社文學鑑賞辭典編纂中心編《古文觀止鑑賞辭典》（上海市：上海辭書出版社，2006 年 11 月第 1 版，2013 年 8 月第 11 次印刷）皆為三二四字，初疑《華岡禊集分韻詩》增一「曾」（第 179）字，後經口試委員羅賢淑教授指出乃是根據歐陽詢摹本（定武本，見圖一、二），故為三百二十五字，謹此致謝。

《華岡禊集分韻詩》為文本，就當時創作者生平簡歷作蒐羅，及作品之形式與內容做分析研究。並將《華岡禊集分韻詩》與東晉《蘭亭集》及歷代之上巳修禊詩，用歷史的軸線，作為貫串，使能相互輝映。為歷代以來，中華詩歌的史料，增添一段佳話。

目前臺灣地區各大專院校於「修禊詩」、「蘭亭詩」方面有關或相近之論文，就個人於民國一○九年一月登入《臺灣博碩士論文知識加值系統》中，檢索關鍵詞「修禊詩」並無所獲。而檢索「蘭亭詩」部分，所得大都側重於王逸少〈蘭亭集序〉之書法美學。與上巳修禊之題旨無甚干係，更與《華岡禊集分韻詩》之內容無涉。

大陸方面，研究「修禊詩」及「蘭亭集」者，就個人登入《中國期刊全文資料庫》檢索自一九一五年至今的學術論文「哲學與人文科學」類，以「修禊詩」為關鍵詞檢索的所得的論文唯湖南吉首大學張玲《西湖修禊詩與清士人心態研究》一篇；以「蘭亭詩」為題名檢索的有一八七篇；以「上巳詩」為題名檢索的論文有六條；以「三月三日」為題名檢索的有一六五條。至於以「華岡禊集」或「華岡修禊詩」為題名者，幾經查檢仍未之見。

吳福助（1942～）〔註2〕曾云：「在無前人研究可供借鑒的情況下，從而深入思考，冀望得以形成創造性的論點。」〔註3〕基於《華岡禊集分韻詩》乃是中華詩學研究所研究委員跨越三年之集體創作，而中華詩學研究所係本校（中國文化大學）創辦人張其昀（1901～1985）所鼓吹成立，其歷史之悠久更勝於本校。而筆者既是該所之一員（民國86年張定成所長聘任），同時亦係本校之研究生，以此因緣，對於有關史料之整理，頗有責無旁貸之感，故而不揣愚魯，勉力以赴，冀望對此一史實，能有基本構建。

第二節　研究架構

本論文之架構，以《華岡禊集分韻詩》之詩、詞、曲作品為文本。第一章〈緒論〉，分「研究動機」、「研究架構」、「研究方法」各節。第二章〈上巳修禊之由來及《華岡禊集分韻詩》成書背景〉，分「上巳修禊活動之由來」、「歷

〔註2〕東海大學退休教授。
〔註3〕見〈臺灣文學「跨學科」研究隨想錄〉，載謝鶯興編：《東海文庫師長篇・吳福助教授著作專輯》（臺中市：東海大學2020年1月），頁717。

來上巳修禊之活動」、「中華詩學研究所之成立」、「《華岡禊集分韻詩》成書背景」各節做論述。為便行文，依〈蘭亭序〉三百二十五個韻字為次，於每一韻字皆標以序號，並將各作者分得的字用列表方式呈現。第三章《華岡禊集分韻詩》作者傳略，將一百三十一位參與創作之研究委員個人履歷，擇要敘述。第四章〈《華岡禊集分韻詩》形式之分析〉，分「《華岡禊集分韻詩》體裁分析」、「格律解說」、「韻部分析」、「用字疑訛之作」、「四言詩之用韻」、「詞曲中有疑義之作」、「修辭、造語、對偶」等。第五章〈《華岡禊集分韻詩》之內容與特色〉，分「《華岡禊集分韻詩》內容擇要分析」，以及「《華岡禊集分韻詩》之特色」。第六章〈結論〉，分「《華岡禊集分韻詩》的時代意義」、「為山川景物流光餘韻增色」，「本論文後續之展望」。

第三節　研究方法

　　先就《華岡禊集分韻詩》之作者群進行資料蒐集、整理、分析，冀得史料之完整。然而經過一年多時間積極的蒐集，幾乎可以說是「上情碧落下黃泉」，仍然有：林德璽（有說明）、楊嘯農（有說明）、周曼沙（旅馬）、趙民治（旅美）、張兆儒、李和功、張忠薑等七人無法獲得，令人不無遺憾，只有俟諸來日。

　　再就文本方面，依其形式與內容進行分析研究，從文本的表層進入到深層，去探討創作者之內心世界。俾能了解當時臺灣的社會正遭逢著民國六十年（1971）退出聯合國，六十一年中日斷交，六十二年美國自越南撤軍，及第一次石油危機的困頓環境中。為挽回各界對臺灣經濟的信心，自民國六十一年開始，蔣經國內閣開始實施一連串的經濟發展計畫，積極從事國家重大建設。致臺島全體上下，雖然國內外環境處於極端惡劣的情況，而仍能莊敬自強，造成國內經濟起飛的局面。而在政治方面也是一片祥和，全體上下一心無二。國民安居樂業，局勢太平，遂使國力突飛猛進，而列於亞洲四小龍之首，如此者持續近三十年。身為讀書士子（詩人）在此社會大環境中對於家國及世態的觀點和感觸。

　　此外，並對文本《華岡禊集分韻詩》進行勘校，本論文係以臺灣商務印書館之版本為底本，再參酌中華詩學研究所單行本及《中華詩學》期刊相與校訂。各作者如有另出別集者，亦加以參校。如有疑義，暫憑個人對古典詩

的素養，加以覆按。

　　蔣復璁（1898～1990）〔註4〕曾云：「學術論著，約可分為兩種：一專精；二通論。只通論而不含專精，固失於無神；僅專精而無通論，則不能顯現全貌。」〔註5〕愚意以為如能加上有利於家國社會的實用價值，則將更趨於完美。

　　歷史與文化是一個民族絕續存亡最大的關鍵所在。本論文未來之發展，尚可延伸至中華詩學研究所之沿革等史料之蒐集、整理與研究。以及戰後來臺詩人與臺灣本地詩人匯流後，所產生之沖激效應，並帶來詩運的復興等有關問題作探討。

　　借者《華岡禊集分韻詩》之整理與研究，將這一段史實重新呈現。回思當時詩壇盛況，即可略見端倪，吳福助提到：

> 臺灣雖是孤懸海中的島國，但由於迭遭千古未有的變局，文物播遷，
> 賢才畢集，再加上洪荒蘊蓄山川奧秘的發洩，以致自明鄭以來，迄
> 今350餘年，文風鼎盛，作家如雲，連綿發展，從未間斷。〔註6〕

有關台灣文學之研究，當代著名文學評論家葉石濤（1925～2008），曾於一九九五年十二月靜宜大學中文系主辦「50年來台灣文學研討會」專題演講，提出「我們應該學習臺灣舊文學」的呼籲，葉先生又於一九九八年五月參加東海大學主辦「台灣古典文學與文獻」研討會後，撰文云：「臺灣各大學的中文系」似乎顛末倒置，不去研究已有三百年歷史，作者輩出，作品豐富的臺灣古典文學，甚至茫然不知其存在。」〔註7〕之當頭一棒，而啟動臺灣傳統文學之研究。至於戰後時期這個領域，更是急待開發的嶄新園地。研究學者，更應大量致力於開拓戰後漢語傳統文學的視野。

〔註4〕國立故宮博物院首任院長。

〔註5〕李樹桐：《唐史索隱·序》（臺北：臺灣商務印書館，1988年2月）

〔註6〕謝鶯興編：《吳福助教授著作專輯·臺灣文學「跨學科」研究隨想錄》，頁720。

〔註7〕參考吳福助：《臺灣漢語傳統文學書目·自序》（臺北市：文津出版社，1999年1月）。

第二章　上巳修禊之由來及《華岡禊集分韻詩》成書背景

　　遠古以來的民族信仰，秉持著萬物有靈的思維，將大自然中無可解釋的現象，皆歸諸於天，而型塑成敬天、畏天的觀念。凡遇有不順遂、不如意的境況，即屬天殃。而有禳除、禱祀、祭解的種種宗教儀式，爾後遂相沿而成為民俗信仰。諸如「上巳修禊」、「重九登高」等皆屬此類。至於今日科技如此昌明，而人類心中的思維，依然如此，如向注生娘娘祈子，向月老或城隍祈求姻緣等行為皆屬同一範疇。

第一節　上巳修禊活動之由來

　　有關「上巳修禊」來源，可以上溯到上古三代時期。禊：祭名，亦云「祓」。祓除釁浴，即清潔身體，去除身上的晦氣。先秦時雖無「上巳節」其名，而有「祓禊」之實。《史記・殷本紀第三》：「殷契，母曰簡狄，有娀氏之女。……三人行浴，見玄鳥墮其卵，簡狄取吞之，因孕生契。」〔註1〕其中「行浴」亦即「祓除、釁浴（謂以香薰草藥沐浴）」也就是「祓禊」，這是殷商以前的習俗。

　　《詩・大雅・生民》：「厥初生民，時維姜嫄。生民如何？克禋克祀，以弗無子。」「弗」字，漢《石經》作「祓」，屈萬里引鄭箋：「『弗之言祓也。』言

〔註1〕〔漢〕司馬遷：《史記》（臺北市：臺灣商務印書館，1967年，上海涵芬樓影印摹刻本），頁64。

姜嫄能潔祀以除去無子之不祥,即祭祀以求生子也。」〔註2〕這是周先祖「棄」的母親禱祀於天的記載。

　　《周禮·春官·女巫》:「掌歲時祓除釁俗。」鄭玄注:「歲時祓除,如今三月上巳如水上之類。」《論語·先進篇》云:「暮春者,春服既成,冠者五六人,童子六七人,浴乎沂,風乎舞雩,詠而歸。」也正是「上巳祓禊」的寫照。

　　《史記·外戚世家》:「武帝祓霸上還」。裴駰《集解》引徐廣曰:「三月上巳,臨水祓除,謂之『禊』。」〔註3〕東漢·應劭《風俗通義·禊》:「《周禮》,男巫掌望祀望衍,帝招以茅;女巫掌歲時,以祓除釁浴。禊者,潔也。」〔註4〕《後漢書·禮儀志上》:「是(三)月上巳,官民皆絜於東流水上,曰洗濯祓除,去宿垢疢為大絜。絜者,言陽氣布暢,萬物訖出,始絜之矣!」〔註5〕《南齊書·禮儀志》:「三月三日曲水會,古禊祭也。漢《禮儀志》云:『季春月上巳,官民皆絜於東流水上,曰洗濯祓除,去宿垢疢為大絜。』……史臣曰:「案禊與曲水,其義參差。舊言陽氣布暢,萬物訖出,姑洗絜之也。」巳者,祉也,言祈介祉也。一說,三月三日,清明之節,將脩事於水側,禱祀以祈豐年。」〔註6〕宋·鄭樵《通志·祓禊》:「周制,春官,女巫掌歲時祓除、釁浴。漢,高后〔註7〕八月祓於灞上。後漢,三月上巳,官民皆絜於東流水之上,曰洗濯祓除,去宿垢疢為大絜。魏氏以來,但用三月三,不用上巳也。」〔註8〕以上皆史書上對於「祓禊」一事之記載。

　　古人祓除不祥之祭,常在春秋二季於水濱舉行。農曆三月上巳行「春禊」,七月十四日行「秋禊」。漢代以前,皆以農曆三月上旬巳日為「上巳」;魏晉以後,定為三月三日,不必取巳日。《宋書·禮二》:「《韓詩》曰:『鄭國之俗,

---

〔註2〕屈萬里:《詩經詮釋》(臺北市:聯經出版事業公司,1991 年 10 月),頁 483。

〔註3〕〔漢〕司馬遷:《史記》,頁 690。

〔註4〕王利器:《應劭·風俗通義校注》(台北縣:漢京文化事業有限公司,2004 年 3 月),頁 382。

〔註5〕〔劉宋〕范曄:《後漢書·志第四》(臺北市:臺灣商務印書館,民 77 年臺一版),頁 1427。

〔註6〕〔梁〕蕭子顯:《南齊書·卷九》(北京:中華書局,1971 年 1 月),頁 149。

〔註7〕「高后」:稱本朝的開國君主。〔宋〕曾鞏《曾南豐文集·卷十五·王制三》:「常棣之澤,配前聞人;維城之休,承我高后。」載《曾鞏全集·文集》(臺北市:河洛圖書出版社,1975 年 3 月影印出版),頁 154。

〔註8〕〔宋〕鄭樵:《通志二十略·禮略第二》(北京市:中華書局,1995 年 11 月),頁 687。

三月上巳，之溱、洧兩水之上，招魂續魄。秉蘭草，拂不祥。』……自魏以後但用三日，不以巳也。」〔註9〕梁・宗懍《荊楚歲時記》云：「三月三日，四民並出江渚池沼間，臨清流為流杯曲水之飲。」〔註10〕

　　雖然各朝代所記載「祓禊」之地點、形式各有不同，而其禳除之作用則一，於此可見此一民俗相沿之久遠。

第二節　歷來上巳修禊之活動

　　暮春三月，正是草長鶯飛時節，大地顯現出一片欣榮景象，人們歷經一季的蟄居，值此佳節，自不免登山臨水，以舒活筋骨。官民百姓，都到水邊祓禊、釁浴，進行消災祈福儀式。後來演變成文人雅聚的模式，其中以東晉會稽山陰的蘭亭修禊最為著名。永嘉之亂，東晉王朝定都建康（今南京），政治中心南移，同時衣冠士族，也一併南遷。以王羲之為首的蘭亭修禊，就是這些士族名流集結的最高形式。永和九年陰曆三月初三（西元 353 年 4 月 22 日）之蘭亭雅集，因王氏一序之書帖而名傳千古。序文如下：

> 永和九年，歲在癸丑，暮春之初，會於會稽山陰之蘭亭，脩禊事也。
> 羣賢畢至，少長咸集。此地有崇山峻嶺〔註11〕，茂林修竹；又有清
> 流激湍，映帶左右，引以為流觴曲水，列坐其次。雖無絲竹管弦之
> 盛，一觴一詠，亦足以暢敘幽情。
> 是日也，天朗氣清，惠風和暢。仰觀宇宙之大，俯察品類之盛。所
> 以遊目騁懷，足以極視聽之娛，信可樂也。
> 夫人之相與，俯仰一世，或取諸懷抱，悟言一室之內；或因寄所託，
> 放浪形骸之外。雖趣舍萬殊，靜躁不同，當其欣於所遇，暫得於己，
> 快然自足，（曾）不知老之將至；及其所之既倦，情隨事遷，感慨係
> 之矣。向之所欣，俯仰之間，已為陳跡，猶不能不以之興懷；況脩
> 短隨化，終期於盡。古人云：「死生亦大矣。」豈不痛哉！
> 每覽昔人興感之由，若合一契，未嘗不臨文嗟悼，不能喻之於懷。
> 固知一死生為虛誕，齊彭殤為妄作。後之視今，亦猶今之視昔，悲

〔註9〕〔梁〕沈約：《宋書・卷十五》（北京：中華書局，1995 年 11 月）頁 386。
〔註10〕王毓榮：《荊楚歲時記校注》（臺北市：文津出版社，1988 年 8 月）頁 126。
〔註11〕或云右軍書多不講偏旁，或用通假之字，或因避諱之字，如「嶺」作「領」、
　　　　「晤」作「悟」、「趨」作「趣」、「倦」作「惓」、「攬」作「覽」等。

夫！故列敘時人，錄其所述，雖世殊事異，所以興懷，其致一也。

後之覽者，亦將有感於斯文。

今將《蘭亭禊集》詩作列表於下（依原書先後）：

作　者	體　韻	內　文
王羲之〔註12〕	四言	代謝鱗次，忽焉以周。欣此暮春，和氣載柔。詠彼舞雩，異世同流。迺攜齊契，散懷一丘。
	五言	悠悠大象運，輪轉無停際。陶化非無因，去來非吾制。宗統竟安在，即順理自泰。有心未能悟，適足纏利害。未若任所遇，逍遙良辰會。 三春啟群品，寄暢在索因。仰望碧天際，俯磐綠水濱。寥朗無厓觀，寓目理自陳。大矣造化功，萬殊莫不均。群籟雖參差，適我無非新。
孫綽〔註13〕	四言	春詠登臺，亦有臨流。懷彼伐木，宿此良儔。脩竹蔭沼，旋瀨縈丘。穿池激湍，連濫觴舟。
	五言	流風拂狂渚，停雲蔭九皋。鶯語吟脩竹，游鱗戲瀾濤。攜筆落雲藻，微言剖纖毫。時珍豈不甘，忘味在聞韶。
謝安〔註14〕	四言	伊昔先子，有懷春遊。契茲言執，寄傲林丘。森森連嶺，茫茫原疇。迴霄垂霧，凝泉散流。
	五言	相與欣佳節，率爾同褰裳。薄雲羅陽景，微風翼輕航。醇醪陶丹府，兀若游羲唐。萬殊混一理，安復覺彭殤。
謝萬〔註15〕	四言	肆眺崇阿，寓目高林。青蘿翳岫，修竹冠岑。谷流清響，條鼓鳴音。玄崿吐潤，霏霧成陰。
	五言	司冥卷陰旗，句芒舒陽旍。靈液被九區，光風扇鮮榮。碧林輝英翠，紅葩擢新莖。翔禽撫翰游，騰鱗躍清泠。
孫統〔註16〕	四言	茫茫大造，萬化齊軌。罔悟玄同，競異摽旨。平勃運謨，黃綺隱几。凡人仰希，期山期水。
	五言	地主觀山水，仰尋幽人踪。回沼激中逵，疏竹間修桐。因流轉輕觴，冷風飄落松。時禽吟長澗，萬籟吹連峰。

〔註12〕據逯欽立輯校：《先秦漢魏晉南北朝詩》（北京：中華書局，1995 年 1 月），頁 895。

〔註13〕見逯欽立輯校：《先秦漢魏晉南北朝詩》，頁 906。

〔註14〕見逯欽立輯校：《先秦漢魏晉南北朝詩》，頁 906。

〔註15〕見逯欽立輯校：《先秦漢魏晉南北朝詩》，頁 906～907。

〔註16〕見逯欽立輯校：《先秦漢魏晉南北朝詩》，頁 907。

孫嗣〔註17〕	五言	望巖懷逸許，臨流想奇莊。誰云真風絕，千載挹遺芳。
郗曇〔註18〕	五言	溫風起東谷，和氣振柔條。端坐興遠想，薄言遊近郊。
庾友〔註19〕	四言	馳心域表，寥寥遠邁。理感則一，冥然玄會。
庾蘊〔註20〕	五言	仰想虛舟說，俯歎世上賓。朝榮雖云樂，夕斃理自因。
曹茂之〔註21〕	五言	時來誰不懷，寄散山林間。尚想方外賓，迢迢有餘閑。
華茂〔註22〕	四言	林榮其鬱，浪激其隈。泛泛輕觴，載欣載懷。
桓偉〔註23〕	五言	主人雖無懷，應物貴有尚。宣尼遨沂津，蕭然心神王。數子各言志，曾生發奇唱。今我欣斯遊，慍情亦暫暢。
袁嶠之〔註24〕	四言	人亦有言，得意則歡。嘉賓既臻，相與游盤。微音迭詠，馥焉若蘭。苟齊一致，遐想揭竿。
	五言	四眺華林茂，俯仰晴川渙。激水流芳醪，豁爾累心散。遐想逸民軌，遺音良可翫。古人詠舞雩，今也同斯歎。
王玄之〔註25〕	五言	松竹挺巖崖，幽澗激清流。蕭散肆情志，酣暢豁滯憂。
王凝之〔註26〕	四言	莊浪濠津，巢步潁湄。冥心真寄，千載同歸。
	五言	烟熅柔風扇，熙怡和氣淳。駕言興時游，逍遙映通津。
王肅之〔註27〕	四言	在昔暇日，味存林嶺。今我斯遊，神怡心靜。
	五言	嘉會欣時遊，豁爾暢心神。吟詠曲水瀨，淥波轉素鱗。
王徽之〔註28〕	四言	散懷山水，蕭然忘羈。秀薄粲穎，疏松籠崖。游羽扇霄，鱗躍清池。歸目寄歡，心冥二奇。
	五言	先師有冥藏，安用羈世羅。未若保沖真，齊契箕山阿。

〔註17〕見逯欽立輯校：《先秦漢魏晉南北朝詩》，頁908。
〔註18〕見逯欽立輯校：《先秦漢魏晉南北朝詩》，頁908。
〔註19〕見逯欽立輯校：《先秦漢魏晉南北朝詩》，頁908。
〔註20〕見逯欽立輯校：《先秦漢魏晉南北朝詩》，頁909。
〔註21〕見逯欽立輯校：《先秦漢魏晉南北朝詩》，頁909。
〔註22〕見逯欽立輯校：《先秦漢魏晉南北朝詩》，頁910。
〔註23〕見逯欽立輯校：《先秦漢魏晉南北朝詩》，頁910。
〔註24〕見逯欽立輯校：《先秦漢魏晉南北朝詩》，頁910～911
〔註25〕見逯欽立輯校：《先秦漢魏晉南北朝詩》，頁911。
〔註26〕見逯欽立輯校：《先秦漢魏晉南北朝詩》，頁912。
〔註27〕見逯欽立輯校：《先秦漢魏晉南北朝詩》，頁913。
〔註28〕見逯欽立輯校：《先秦漢魏晉南北朝詩》，頁914。

王渙之〔註29〕	五言	去來悠悠子，披褐良足欽。超跡修獨往，真契齊古今。
王彬之〔註30〕	四言	丹崖竦立，葩藻暎林。淥水揚波，載浮載沈。
	五言	鮮葩映林薄，游鱗戲清渠。臨川欣投釣，得意豈在魚。
王蘊之〔註31〕	五言	散豁情志暢，塵纓忽已捐。仰詠挹餘芳，怡神味重淵。
王豐之〔註32〕	四言	肆盼巖岫，臨泉濯趾。感興魚鳥，安居幽峙。
魏滂〔註33〕	五言	三春陶和氣，萬物齊一歡。明后欣時豐，駕言映清瀾。亹亹德音暢，蕭蕭遺世難。望巖愧脫屣，臨川謝揭竿。
虞說〔註34〕	五言	神散宇宙內，形浪濠梁津。寄暢須臾歡，尚想味古人。
謝繹〔註35〕	五言	縱觴任所適，回波縈遊鱗。千載同一朝，沐浴陶清塵。
徐豐之	四言	俯揮宿波，仰掇芳蘭。上想嘉客，希風永歎。
	五言	清響擬絲竹，班荊對綺疏。零觴飛曲津，歡然朱顏舒。
曹華〔註36〕	五言	願與達人游，解結遨濠梁。狂吟任所適，浪流無何鄉。

其後，南朝時期上巳修禊之作，皆屬零星之作。今據《先秦漢魏晉南北朝詩》，列表於下（依原書先後為次）：

朝　代	作　者	詩　　題	詩　體
宋	謝靈運	三月三日侍宴西池詩〔註37〕	四言
	謝惠連	三月三日曲水集詩〔註38〕	五言

〔註29〕見逯欽立輯校：《先秦漢魏晉南北朝詩》，頁914。
〔註30〕見逯欽立輯校：《先秦漢魏晉南北朝詩》，頁914。
〔註31〕見逯欽立輯校：《先秦漢魏晉南北朝詩》，頁915。
〔註32〕見逯欽立輯校：《先秦漢魏晉南北朝詩》，頁915。
〔註33〕見逯欽立輯校：《先秦漢魏晉南北朝詩》，頁915。
〔註34〕見逯欽立輯校：《先秦漢魏晉南北朝詩》，頁916。
〔註35〕見逯欽立輯校：《先秦漢魏晉南北朝詩》，頁916。
〔註36〕見逯欽立輯校：《先秦漢魏晉南北朝詩》，頁917。
〔註37〕見逯欽立輯校：《先秦漢魏晉南北朝詩》，頁1153。
〔註38〕見逯欽立輯校：《先秦漢魏晉南北朝詩》，頁1192。

	顏延之	應詔讌曲水作詩（八章）〔註39〕	四言
		三月三日詔宴西池詩〔註40〕	四言
		車駕幸京口三月三日侍游曲阿後湖作詩〔註41〕	五言
	鮑照	三日游南苑詩〔註42〕	五言
		三日詩〔註43〕	五言
齊	謝朓	侍宴華光殿曲水奉勅為皇太子作詩（九章）〔註44〕	四言
		三日侍華光殿曲水宴代人應詔詩（十章）〔註45〕	四言
		三日侍宴曲水代人應詔詩（九章）〔註46〕	四言
梁	沈約	三日侍鳳光殿曲水宴應制詩〔註47〕	五言
		三日侍林光殿曲水宴應制詩〔註48〕	五言
		三月三日率爾成章詩〔註49〕	四言
		上巳華光殿詩〔註50〕	七言
	劉孝綽	三日侍華光殿曲水宴詩〔註51〕	五言
		三日侍安成王曲水宴詩〔註52〕	五言
	劉孝威	侍宴樂游林光殿曲水詩〔註53〕	四言
		三日侍皇太子曲水宴詩〔註54〕	五言
		禊飲嘉樂殿咏曲水中燭影詩〔註55〕	七言

〔註39〕見逯欽立輯校：《先秦漢魏晉南北朝詩》，頁 1225～1226。
〔註40〕見逯欽立輯校：《先秦漢魏晉南北朝詩》，頁 1227。
〔註41〕見逯欽立輯校：《先秦漢魏晉南北朝詩》，頁 1231。
〔註42〕見逯欽立輯校：《先秦漢魏晉南北朝詩》，頁 1284。
〔註43〕見逯欽立輯校：《先秦漢魏晉南北朝詩》，頁 1307。
〔註44〕見逯欽立輯校：《先秦漢魏晉南北朝詩》，頁 1421。
〔註45〕見逯欽立輯校：《先秦漢魏晉南北朝詩》，頁 1422。
〔註46〕見逯欽立輯校：《先秦漢魏晉南北朝詩》，頁 1423。
〔註47〕見逯欽立輯校：《先秦漢魏晉南北朝詩》，頁 1630。
〔註48〕見逯欽立輯校：《先秦漢魏晉南北朝詩》，頁 1631。
〔註49〕見逯欽立輯校：《先秦漢魏晉南北朝詩》，頁 1644。
〔註50〕見逯欽立輯校：《先秦漢魏晉南北朝詩》，頁 1662。
〔註51〕見逯欽立輯校：《先秦漢魏晉南北朝詩》，頁 1826。
〔註52〕見逯欽立輯校：《先秦漢魏晉南北朝詩》，頁 1826。
〔註53〕見逯欽立輯校：《先秦漢魏晉南北朝詩》，頁 1875。
〔註54〕見逯欽立輯校：《先秦漢魏晉南北朝詩》，頁 1876。
〔註55〕見逯欽立輯校：《先秦漢魏晉南北朝詩》，頁 1884。

	庾肩吾	三日侍蘭亭曲水宴詩〔註56〕	七言
		三日侍宴詠曲水中燭影詩〔註57〕	五言
陳	江總	三日侍宴宣猷堂曲水詩〔註58〕	五言
	陳叔寶	上巳宴麗輝殿各賦一字十韻詩〔註59〕	五言
		上巳玄圃宣猷堂禊飲同共八韻詩〔註60〕	五言
		春色禊辰盡當曲宴各賦十韻詩〔註61〕	五言
		祓禊泛舟春日玄圃各賦七韻詩〔註62〕	五言
		上巳玄圃宣猷嘉辰禊酌各賦六韻以次成篇詩〔註63〕	五言

宋人李昉（925～996）等所撰的《文苑英華》中載有初唐四傑之一的王勃（650～676），於永淳二年（683）曾主持了一次模仿王羲之「蘭亭雅集」之修禊活動，並仿照〈蘭亭集序〉寫了一篇〈三月上巳祓禊序〉：

> 觀夫天下四方，以宇宙為城池；人生百年，用林泉為窟宅。雖朝野殊致，出處異途，莫不擁冠蓋於烟霞，披薜蘿於山水。況乎山陰舊地，王逸少之池亭；水曲新交，許玄度之風月。琴臺寥落，猶停隱遯之賓；……永淳二年，暮春三月，遲遲風景，出沒媚於郊原；片片仙雲，遠近生於林薄。雜花爭發，非止桃蹊；群鳥亂飛，有踰鸎谷。王孫春草，處處爭鮮；仲統芳園，家家並翠。於是攜旨酒，列芳筵，先祓禊于長洲，却申交于促席。良談吐玉，長江與斜漢爭流；清歌遠梁，白雲將紅塵並落。他鄉易感，增悽愴於茲辰；羈客何情，更歡娛於此日。加以今之視昔，已非昔日之歡；後之視今，亦是今時之會？人之情也，能不應乎？且題姓字，以表襟懷。使夫會稽竹箭，則推我于東南；崑阜琳琅，亦歸予於西北。〔註64〕

〔註56〕見逯欽立輯校：《先秦漢魏晉南北朝詩》，頁 1894。
〔註57〕見逯欽立輯校：《先秦漢魏晉南北朝詩》，頁 2004。
〔註58〕見逯欽立輯校：《先秦漢魏晉南北朝詩》，頁 2579。
〔註59〕見逯欽立輯校：《先秦漢魏晉南北朝詩》，頁 2515。
〔註60〕見逯欽立輯校：《先秦漢魏晉南北朝詩》，頁 2515。
〔註61〕見逯欽立輯校：《先秦漢魏晉南北朝詩》。
〔註62〕見逯欽立輯校：《先秦漢魏晉南北朝詩》，頁 2516。
〔註63〕見逯欽立輯校：《先秦漢魏晉南北朝詩》。
〔註64〕〔宋〕李昉等奉敕編：《文苑英華·卷七百八》（臺北市：臺灣商務印書館，1986 年，《四庫全書·集部278》），頁 1339～683；〔清〕蔣清翊：《王子安集注》（上海：上海古籍出版社，1995 年 11 月第一版），頁 210～212。

　　然據清人蔣清翊（？～？）考證，應非王氏之作，蓋「其時子安歿已數年。」〔註65〕另外《王子安集》中有〈上巳浮江宴韻得阯字〉五言古詩一首、〈上巳浮江宴韻得遙字〉五言律詩（折腰體）一首，及〈上巳曲水宴韻得煙字〉十韻五排一首，並〈上巳浮江宴序〉一篇〔註66〕。盛唐杜甫（712～770）之〈麗人行〉云：「三月三日天氣新，長安水邊多麗人。……」亦是描寫長安上巳修禊之盛況，於此可見當時祓禊活動之普及。

　　宋、元、明歷代，有關上巳修禊活動之詩作較少，據個人粗略翻檢，尚不多見，僅舉宋張漸（？～？，1076年進士）〈崇寧乙酉元巳率同僚修禊於七星巖〉：「妙意其誰運大鈞，玲瓏奧室闢天真。斗臨北地精初結，龍去丹霄穴未湮。洪造故教虛待物，良辰贏得樂同民。我來禊有自然興，豈羨蘭亭曲水濱。」〔註67〕元張師曾（？～？）〈暮春懷蘭亭修禊〉：「春序忽已晏，閒齋悄沉沉。林樾含清晝，時禽變流音。景曠文墨牽，感慨還盈襟。昔人遺物後，嘉會在山陰。高風激頹俗，奇藻照斯今。我願追往躅，誰來同賞心。」〔註68〕明許弘勳（？～？）〈修禊日集諸友泛昆池〉：「湖靜春煙亂，風恬晚浪平。飄然觴詠樂，頓悟死生輕。絕巘遊人醉，中流我輩清。遲回白馬寺，猶有按歌聲。」〔註69〕為例。

　　清代初期，以王士禎（1634～1711）、孔尚任（1648～1718）、盧見曾（1690～1768）等為首，在揚州紅橋發起三次修禊活動，跨度近一百年，集合眾多文人雅士，一時修禊之風大盛。張玲《西湖修禊詩與清士人心態研究・西湖修禊概述》云：

> 乾隆十一年（1746）閏三月三日，杭州知府鄂敏在西湖之上主持修禊大會，與會者包括各界文人士子六十一人，會後，又有補寄詩作者二十二人，由鄂敏刻刊詩集，高僧釋明中為之作圖，周京為之作記，輯為《西湖修禊詩》一卷。〔註70〕

　　到了民國二年（1913），距王羲之們的蘭亭雅集，已是第二十六個癸丑，

〔註65〕見〔清〕蔣清翊：《王子安集注》，頁210。

〔註66〕見〔清〕蔣清翊：《王子安集注》，頁67、89、93、202。

〔註67〕傅璇琮等編：《全宋詩》（北京：北京大學出版部，1998年12月），頁11768。

〔註68〕搜韻網站：2020.12.30　https://sou-yun.cn/QueryPoem.aspx。

〔註69〕搜韻網站：2020.12.30　https://sou-yun.cn/QueryPoem.aspx。

〔註70〕張玲：《西湖修禊詩與清士人心態研究》（湖南：吉首大學碩士論文，2019年5月），頁8。

三月三日，梁啟超（1873～1929）于北京西郊萬牲園（亦作萬生園）暢觀樓召集詩人雅集，與會者三十餘人，分韻賦詩。梁氏時在北京主編《庸言》雜志，該次修禊詩文就刊在四月十六日出版的第一卷第十期的《庸言》上。作者及詩題分列于下：

民國二年北京萬生園暢觀樓脩禊雅集作者

作　者	詩　題	備　註
梁啟超	癸丑三日邀群賢脩禊萬生園拈蘭亭序分韻得「激」字	七古
顧印愚	癸丑三月三日集三貝子花園分得「朗」字	五古
易順鼎	三月三日任公招集萬生園分韵得「咸」字	五古
顧瑗	上巳禊集分「暢」字韻	五古
鄭沅	癸丑上巳脩禊分「集」字均賦呈任公	五古
徐仁鏡	任公招集萬生園脩禊分均得「長」字	五古
梁鴻志	癸丑三月三日脩禊詩限「至」字韻上任公先生兼呈同游諸子	五古
王式通	任公招集萬生園脩禊分均得「氣」字	五古
李盛鐸	任公招脩禊萬生園分韻得「右」字	五古
陳士廉	禊集萬生園分均得「群」字	五古
郭則澐	上巳禊集分韻得「竹」字	五古
姚華	上巳日任公招集三貝子園分得「帶」字二十四韻	五古
楊度	三月三日任公仿蘭亭集招飲分均得「賢」字	五古
姜筠	癸丑暮春任公約遊三貝子園脩禊分韻得「峻」字	五古
羅惇曧	上巳禊集分韻得「湍」字	五古
夏壽田	癸丑上巳脩禊分韻得「嶺」字	五古
黃濬	上巳脩禊賦呈任公先生分均得「茂」字	七古
關賡麟	癸丑三月三日任公招集萬生園脩禊分韻得「風」字	七古
袁思亮	癸丑上巳任公招同脩禊於三貝子園分韻得「清」字	七古
楊增犖	任公招集萬生園脩禊分韻得「和」字	七律
朱聯沅	任公先生招同脩禊分均得「脩」字	七律
唐恩溥	癸丑上巳任公招集萬生園脩禊分韵得「清」字	七律
陳慶佑	三月三日禊集分韻得「山」字	七律
姜詒	上巳脩禊萬生園分韻得「崇」字	七律

林志鈞	癸丑三月三日飲冰先生招集萬生園分韻得「天」字	七律
袁勵準	暢觀樓脩禊分韻得「林」字	七律
饒孟任	袁玨生師以暢觀樓脩禊詩見示同韻并呈任公	七律
易順鼎	癸丑三月三日脩禊萬生園賦呈任公	雜言詩
易順鼎	癸丑上巳任公招集萬生園之邕觀樓脩禊賦詩余拈韻得十五咸因用全韻依次押並禁重字	五古
鄭沅	自萬生園歸車中得四絕句呈任公	七絕四首
陳懋鼎	任公以三月三日禊集于萬園時蓋永和後二十六癸丑也見招未至分韻得「少」字奉呈任公	五古

以上共計三十一人三十四篇。梁啟超並有題記：

> 吾生有極，駒隙不返。徒顧影而悼歡，宵假日以游娛。始吾墜地以
> 還，逢癸丑之上巳。山陰盛事，正屬今辰。迨亡歸國，山川猶昔。
> 撫茲令序，尚全今我。風景不殊，玄鬢非故。落落舊侶，藹藹新知。
> 游心於爽塏，假物於春陽。永一日之足，擴千年之慕。群賢不遺，
> 就我呴沫。和以醇醪，拾此芳草。流傳觴詠，宵遠永和。何必天地
> 之為大，而枋榆之足小也。〔註71〕

臺灣方面，日治昭和七年（民國21年，1932）五月十五日《詩報》第三十五號載：「中部詩人王石鵬（1877～1942）、張玉書（1876～1939）、陳懷澄（1877～1940）、張麗俊（1868～1941）、傅錫祺（1885～1946）、朱啟南（1879～1974）、吳子瑜（1885～1951）、林資銓（1877～1940）、陳子敏（1887～1948）諸人集體作「東山踏青會擊缽聯吟」，詩題即是「蘭亭修禊」。收錄作者十五人，詩十七首，〔註72〕實際參與詩人，數目當不止於此。民國三十九年（1950）四月十九日（陰曆三月三日上巳），黃純青（1875～1956）、于右任（1879～1964）、賈景德（1880～1960）等於臺北士林建成之新蘭亭，薈集全國詩人作集體聯吟，以抒發故國情懷。出席之本省詩人有謝汝銓、謝尊五、黃贊鈞、楊仲佐、倪希昶、林述三、魏清德、李建興、李遂初、林熊祥、鄭雲從、林衡道等五十餘人。據賈景德《庚寅上巳新蘭亭修禊集》（見書影一）序云：「是日至者一百三人，臺北謝君汝銓年八十最為祭酒，共得詩一百五十二首、詞五

〔註71〕梁啟超〈癸丑禊集詩〉，載《庸言》半月刊，第一卷第十號（1913年4月26日），頁1～14。總1721～1734。
〔註72〕〈東山踏青會擊缽吟〉載《詩報》第三十五號，1932年5月15日，4版頁6。

首⋯⋯」〔註73〕全部參加詩盟如下：

姓　名	別　號	年　齡	籍　貫
羅家倫	志希	53（1897）	浙江紹興
申丙	鳳蓀	56	浙江黃巖
賴子清	鶴州	56	臺灣臺北
陳鐓厚		47	臺灣臺北
莊根茹		62	臺灣臺北
林錫麟		40	臺灣
駱子珊	珈村	41（1909）	臺灣
許君武		46	湖南湘鄉
李神義		50	臺灣
陳定山	小蝶	54	浙江
黃水沛	春潮	67	臺北市
楊雲萍		44（1906）	臺灣
姚琮	味辛	60	浙江瑞安
李建興	紹唐	60	臺北
張鶴年		48	臺北縣
谷鳳翔	岐山	44	察哈爾
釣鯨漁父	溥儒〔註74〕	54（1896）	北京
林其美		65	臺北縣
陳定國	以仁	69	臺灣
楊仲佐	嘯霞	76	臺灣
李夢彪		72	陝西
黃舜民		59	臺北縣
林凌霜		62	臺北市
卓周紐	孟庵	59	臺灣
孫奐崙	藥癡	64	河北玉田
陳含光		72	江蘇江都
戴君仁		50	浙江

〔註73〕《庚寅上巳新蘭亭修禊集》（臺北市：薇閣詩社，1950 年），頁（一）至（九）。
〔註74〕「釣鯨漁父」筆者初不知姓氏，經論文口試委員傅錫壬教授指出，係名畫家
　　　　溥心畬（1896～1963）之別號，謹此致謝。

王師復		41	福建林森
謝汝銓	雪漁	80	臺北
胡慶育		46	廣東三水
倪登玉		52	臺灣臺北
魯蕩平	若衡	55	湖南寧鄉
林德璽	召宣	46	湖南
洪蘭友		51	江蘇
狄膺	君武	56	江蘇太倉
張家坤		75	臺北市
謝尊五		79	臺北市
黃純青	晴園	76	臺北市
施教堂		59	臺北市
陳瀅一	甘簃	59	江西黎川
鍾伯毅	槐村	71	湖南藍山
羅敦偉		50	湖南長沙
吳愷玄		48	湖南
李文範	君佩	67	廣東南海
林嘯鯤	友鵬	50	臺灣
林熊祥	文訪	55	臺灣
林衡道		36	臺灣
管笠	雪廬	77	安徽霍邱
傅秋鏞		36	臺北縣
許劍亭		49（1901）	臺北
簡荷生		60	臺灣
許葛	天民	42	江西臨川
賀嗣章	賜湖	67	湖南瀏陽
孫穆迦		43	湖南長沙
錢公來		65	遼寧黑山
李學樵		57	臺灣臺北
于右任		72	陝西三原
陳天來		31	臺灣
雷寶華	孝實	58	陝西

賈景德	煜如	71	山西沁水
曾今可		49	江西
李騰嶽	鷺村	56	臺灣臺北
吳承燕	翼予		江西寧岡
李友泉	嘯庵	58	臺灣
李鴻文	子範	70	山西霍縣
李遂初		56	臺北縣
劉延濤		43	河南
袁金茂	史修	44	臺北市
郭海鳴		48	臺灣
王水源		60	臺北縣
陳炳添	橫秋	48	臺北縣
郭桂林	逸人	49	臺北縣
彭醇士		55	江西
陳世慶		36	臺中
傅宗堯		45	河北
陳天錫	伯稼	66	福建福州
王開節	符武	37	湖北
汪怡	一厂	74	浙江杭縣
董作賓	彥堂	55	河南
魏清德	潤庵	65	臺灣
黃贊鈞	石衡	77	臺北
鄭雲從	水龍	39	臺灣淡水
薛大可	子奇	70	湖南益陽
成惕軒	滌軒	39	湖北
趙守鈺	友琴	70	山西太谷
陳國榮	子仁	50	河南
盧執競		39	安徽
倪炳煌		76	臺北市
盧鑄	滇生	61	江西南康
陳清秀	元芝	54	臺北市
鄒魯	海濱	66	廣東大埔

張默君		53	湖南湘鄉
居正	覺生	75	湖北廣濟
錢歌川		48	湖南湘潭
陳冰如		50	江蘇南通
陳逢源	南都	58	臺灣
李漁叔		46	湖南
張善	希舜	56	臺灣
林錫牙		38	臺灣
林述三	怪星	63	臺北市
王溫石		60	臺北市
李天風	逸鶴	48	臺灣
吳垂昆		42	江西臨川
計 103 人			

　　至於歷代其他小型上巳修禊之詩作，當亦不在少數。唯限於篇幅不具論。至如論及參與人數之多、作品體式之全、規模之大及時間跨度之長者，則非《華岡禊集分韻詩》莫屬。中華詩學研究所於民國六十二年至六十四年（癸丑、甲寅、乙卯），就王羲之《蘭亭序》三百二十五字，動員所中同仁分韻聯吟，共分三年完成。並結集成書，顏曰《華岡禊集分韻詩》，於民國六十五年出版。嗣臺灣商務印書館於六十八年以《人人文庫》發行。參與創作詩友（研究委員）計有一三一人，其中題詠一首至數首不等，計得詩、詞、曲等共三百六十五件。

第三節　中華詩學研究所之成立

　　在進入主題之前，需先就中華詩學研究所之成立略作作說明。中華詩學研究所成立於民國五十七年三月三十日（農曆三月初二），成立地點為華岡右任樓。乃是中華民國國防研究院主任及陽明山中華學術院主持人張其昀所創辦，張氏也就是後來的中國文化學院（中國文化大學前身）創辦人。成立之初，組織成員為：所長張維翰、副所長彭醇士，易大德為研究委員兼執行秘書，委員有丁治磐、木下彪、王家鴻、朱玖瑩、成惕軒、江絜生、李漁叔、吳春晴、吳萬谷、何志浩、李猷、林熊祥（1896～1973）、易君左（1899～1972）、宗孝忱（1891～1979）、林尹、胡慶育（1905～1970）、俞大綱（1908～1977）、

胥端甫、梁寒操、陳逢源、陳定山、陳南士、陳季碩（？～？）、許君武、張
惠康、張泰祥、彭國棟、曾今可、劉太希、顧翊羣等三十三人。〔註 75〕

　　該所於成立第二年，即舉行上巳修禊之聯吟，於《中華詩學》第二卷第
五期即載有〈庚戌上巳修禊聯吟〉之作品，計有三十五人參與創作。〔註 76〕
而在民國六十一年五月《中華詩學》第六卷第五期亦載有〈壬子上巳暨本所
成立四週年〉詩作。〔註 77〕當年上巳雅集暨成立四周年大會，於四月十六日
上午十一時在華岡陽明堂舉行〔註 78〕。

第四節　　《華岡禊集分韻詩》成書背景

　　《華岡禊集分韻詩》是由中華詩學研究所全體同仁於民國六十二年至六
十四年就東晉王羲之〈蘭亭集序〉中三百二十五字分韻集體創作彙集而成的。
據時任中華詩學研究所所長張維翰於〈華岡禊集分韻詩‧序〉云：

> 中華學術院詩學研究所於中華民國五十七年戊申成立，迄今歲丙辰
> 已八周年矣！六十二年癸丑，距晉永九年之癸丑，蓋二十七周甲。
> 本所同人咸以「蘭亭修禊」為一千六百二十年前盛事，而〈蘭亭序〉
> 一文流傳至今，為世珍視。欲以此文分韻賦詩，此文凡三百二十四
> 字，而本所同人數止百餘，須分三年為之。於是癸丑禊集分韻，自
> 「永和九年」至「亦足以暢敘幽情」；翌年甲寅禊集分韻自「是日也
> 天朗氣清」至「感慨系之矣」；又翌年乙卯禊集分韻，自「向之所欣」
> 至「有感於斯文」。……本所及海外各分所同人，與國內各大專學校
> 青年詩人，多有巨作，美不勝收，將以彙刊行世，此亦本所成立八
> 周年之一大紀也歟！〔註 79〕

已備言梗概，另據當時任副所長之易大德於《華岡禊集分韻詩‧序》云：

〔註 75〕見《中華詩學》第一卷第一期（臺北市：中華詩學雜誌社，民 58 年 6 月），
　　　　頁 9。
〔註 76〕見《中華詩學》第二卷第五期，（臺北市：中華詩學雜誌社，民 59 年 4 月），
　　　　頁 10～18。
〔註 77〕見《中華詩學》第六卷第五期，（臺北市：中華詩學雜誌社，民 61 年 5 月），
　　　　頁 7～11。
〔註 78〕見《中華詩學》第六卷第五期，頁 63。
〔註 79〕中華詩學研究所：《華岡禊集分韻詩》（臺北市：中華詩學研究所自印本，1976
　　　　年）

禊集分韻聯吟由來已久矣！然未聞有以〈蘭亭序〉全文分韻者，
有之，則自吾所始。民國六十二年，歲在癸丑，距蘭亭禊集適為
二十七周甲，凡一千六百二十載。時大德任本所副所長，因思吾
儕之在今日修禊華岡，上接蘭亭，歲同事同，良非偶然。乃建議
所中諸賢竣此三載禊集聯吟，請以逸少〈蘭亭序〉文分韻以紀其
盛。詢謀僉同，遂逐年分賦。歷癸丑、甲寅、乙卯三歲而樂觀厥
成，參與聯吟者百三十一人。其中有男有女，有長有少，得作品
三百四十篇。〔註80〕有詩、有歌、有詞、有曲……。

則更為詳細介紹以〈蘭亭序〉分韻創作之緣由，並揭示出乃是前無古人之創
舉。

　　至於中華詩學研究所就王羲之〈蘭亭序〉分韻聯吟之消息，首見於民國
六十二年之《中華詩學》第八卷第二期〈騷壇動態‧蘭亭修禊二十七周年本
所將擴大舉行紀念〉：

本所成立日期即為上巳，故今年舉行三三紀念，具有雙重意義：即
（一）紀念蘭亭修禊二十七周甲，（二）紀念本所成立五周年。本所
現已決定於是日擴大舉行紀念，除於華岡舉行大會外，並同時舉辦
下列幾件事：（一）請每一委員作詩（以王羲之蘭亭序文首段分韻各
委員擔任寫作）……〔註81〕

　　其後，就〈蘭亭序〉三百二十五字分成三年賦就，六十二年〈癸丑華岡
分韻詩〉自「永」字至「情」字，計八十四字，登載於《中華詩學》月刊第八
卷第四期，題名〈癸丑華岡禊集分韻詩〉；〔註82〕六十三年上巳雅集於三月二
十四日（星期日）上午十時，假臺北市吉林路中國文化學院城區部大禮堂舉
行。〔註83〕詩題為〈甲寅上巳禊集暨本所成立六周年紀念大會紀盛〉，計百十
六字，自「是日也」至「感慨繫之矣」，登於同刊第十卷第三期〔註84〕；六十

〔註80〕實際篇數共三百六十五，如下所述。

〔註81〕《中華詩學》第八卷第二期（臺北市：中華詩學雜誌社，民62年2月），頁
　　　　65。

〔註82〕《中華詩學》第八卷第四期（臺北市：中華詩學雜誌社，民62年4月），頁
　　　　5～30。

〔註83〕《中華詩學》第十卷第三期（臺北市：中華詩學雜誌社，民63年3月），頁
　　　　42。

〔註84〕《中華詩學》第十卷第三期，頁11～40。自63年10月至64年3月只出刊
　　　　一期。

四年四月十三日，在文化學院大恩館九樓舉行總統蔣公追悼會及詩學研究所成立七周年紀念。題為〈乙卯上巳禊集分韻詩〉，計百二十五字，自「向之所欣」至「亦將有感於斯文」，登載於六十五年元月同刊第十二卷第四期。同年三月（據張維翰序），中華詩學研究所另行印製單行本。《臺灣商務印書館‧人人文庫》於民國六十八年二月以「特六四五」號發行。此即《華岡禊集分韻詩分韻詩》成書經過。

　　為使以下各章引述方便，本文將王羲之〈蘭亭序〉各字，均標以序號。

1	2	3	4	5	6	7	8	9	10	11	12	13	14	15
永	和	九	年	歲	在	癸	丑	暮	春	之	初	會	於	會
16	17	18	19	20	21	22	23	24	25	26	27	28	29	30
稽	山	陰	之	蘭	亭	脩	禊	事	也	羣	賢	畢	至	少
31	32	33	34	35	36	37	38	39	40	41	42	43	44	45
長	咸	集	此	地	有	崇	山	峻	嶺	茂	林	修	竹	又
46	47	48	49	50	51	52	53	54	55	56	57	58	59	60
有	清	流	激	湍	映	帶	左	右	引	以	為	流	觴	曲
61	62	63	64	65	66	67	68	69	70	71	72	73	74	75
水	列	坐	其	次	雖	無	絲	竹	管	弦	之	盛	一	觴
76	77	78	79	80	81	82	83	84	85	86	87	88	89	90
一	詠	亦	足	以	暢	敘	幽	情	是	日	也	天	朗	氣
91	92	93	94	95	96	97	98	99	100	101	102	103	104	105
清	惠	風	和	暢	仰	觀	宇	宙	之	大	俯	察	品	類
106	107	108	109	110	111	112	113	114	115	116	117	118	119	120
之	盛	所	以	遊	目	騁	懷	足	以	極	視	聽	之	娛
121	122	123	124	125	126	127	128	129	130	131	132	133	134	135
信	可	樂	也	夫	人	之	相	與	俯	仰	一	世	或	取
136	137	138	139	140	141	142	143	144	145	146	147	148	149	150
諸	懷	抱	悟	言	一	室	之	內	或	因	寄	所	託	放
151	152	153	154	155	156	157	158	159	160	161	162	163	164	165
浪	形	骸	之	外	雖	趣	舍	萬	殊	靜	躁	不	同	當
166	167	168	169	170	171	172	173	174	175	176	177	178	179	180
其	欣	於	所	遇	蹔	得	於	己	快	然	自	足	曾	不
181	182	183	184	185	186	187	188	189	190	191	192	193	194	195
知	老	之	將	至	及	其	所	之	既	倦	情	隨	事	遷

196	197	198	199	200	201	202	203	204	205	206	207	208	209	210
感	慨	係	之	矣	向	之	所	欣	俯	仰	之	間	已	為
211	212	213	214	215	216	217	218	219	220	221	222	223	224	225
陳	跡	猶	不	能	不	以	之	興	懷	況	脩	短	隨	化
226	227	228	229	230	231	232	233	234	235	236	237	238	239	240
終	期	於	盡	古	人	云	死	生	亦	大	矣	豈	不	痛
241	242	243	244	245	246	247	248	249	250	251	252	253	254	255
哉	每	覽	昔	人	興	感	之	由	若	合	一	契	未	嘗
256	257	258	259	260	261	262	263	264	265	266	267	268	269	270
不	臨	文	嗟	悼	不	能	喻	之	於	懷	固	知	一	死
271	272	276	274	275	276	277	278	279	280	281	282	283	284	285
生	為	虛	誕	齊	彭	殤	為	妄	作	後	之	視	今	亦
286	287	288	289	290	291	292	293	294	295	296	297	298	299	300
猶	今	之	視	昔	悲	夫	故	列	敘	時	人	錄	其	所
301	302	303	304	305	306	307	308	309	310	311	312	313	314	315
述	雖	世	殊	事	異	所	以	興	懷	其	致	一	也	後
316	317	318	319	320	321	322	323	324	325					
之	覽	者	亦	將	有	感	於	斯	文					

附表一：《華岡禊集分韻詩》作者分韻一覽表

作　者	分得之字
張維翰	1 永、85 是、201 向
易大德	4 年、88 天、202 之、203 所
王家鴻	7 癸、90 氣、205 俛
江絜生	10 春、93 風、188 所、208 間
吳萬谷	13 會、96 仰、163 不、210 為、211 陳、232 云
胥端甫	16 稽、99 宙、124 也、157 取、214 不、322 感
陳定山	19 之、101 大、216 不
張惠康	22 修、86 日、104 品、147 寄、219 興、305 事
劉太希	25 也、107 盛、222 修
張仁青	27 賢、176 然、301 述
張夢機	30 少、175 快、299 其
袁爵人	34 此、239 不

蕭繼宗	37 崇、119 之
余祖明	40 嶺、122 可、236 大
汪中	43 修
張達修	46 有、127 之、241 哉
李雄	49 急、130 俯
姚蒸民	52 帶、133 世、247 感
蘇笑鷗	55 引、136 諸、249 由
簡明勇	57 為、277 殤
舒曼霞	60 曲、141 一、254 未
黃湘屏	63 坐、143 之、256 不
吳天聲	66 雖、146 因、259 嗟
陳民耿	69 竹、149 託、262 能
范道瞻	72 之、152 形、265 於
陳寶書	75 觸、156 雖、269 一
蕭子明	78 亦、159 萬、273 虛
陳本	81 暢、190 既、290 昔
楊嘯農	84 情、167 欣、280 作
孫百熙	112 騁、306 異
傅清石	125 夫、200 矣、312 致、313 一
王奬卿	142 室、315 後
周曼沙	170 遇、316 之
陳荊鴻	177 自、319 亦
劉達梅	187 其、304 殊
余璞慶	191 倦、293 故
梁漢	197 概、292 夫、314 也
宋郁文	215 能
李和功	233 死
張忠蓋	270 死
傅子餘	282 知
楊福鼎	291 悲
林仁超	316 之
黃光學	320 將

繆黻平	2 和、60 曲、186 及
丁治磐	5 歲、89 朗、204 欣
朱玖瑩	8 丑、91 清、206 仰
李猷	11 之、94 和、168 於、209 已、238 豈
何志浩	14 於、97 觀、212 迹
周邦道	17 山、183 之、295 敘
陳南士	20 蘭、102 俯、217 以
張太翔	23 禊、220 懷
顧翊羣	26 羣〔註85〕、108 所、223 短
陳邁子	28 畢、185 至、297 人
盧元駿	31 長、113 懷、227 期
伏嘉謨	35 地、117 視、230 古
黃社經	38 山、120 娛、234 生
韋仲公	41 茂、123 樂、173 於、237 矣
申丙	44 竹、126 人、240 痛
阮毅成	47 清、128 相、242 每
龔嘉英	50 湍、131 仰、182 老、245 人
于清遠	53 左、134 或
朱任生	56 以、137 懷、25 若
文守仁	58 流、139 晤、252 一
張作梅	61 水
劉孝推	64 其、144 內、257 臨
林德璽	67 無、260 悼
翁一鶴	70 管、150 放、263 喻
李家源	73 盛、153 骸、266 懷
蕭遙天	76 一、157 取
薛逸松	79 足、160 殊、274 誕
陳祖平	82 敘、163 不、276 彭
李嘉德	100 之、311 其

〔註85〕案：中華詩學研究所及商務印書館版本，表中顧翊羣分得之 223 號「疑」字，
　　　　經考乃「短」字之訛，今據《中華詩學》正，見十二卷四期（1976 年 11 月），
　　　　頁 17。

張雪茵	116 極、310 懷、324 斯
謝大荒	129 與、283 視、308 以
曾文新	164 同
林寄華	172 得、309 興
王國璠	178 足、303 世
蘇文擢	189 之、294 列
梁隱盦	193 隨、288 之
汪連芳	198 繫、287 今
蔡愛仁	220 懷
王冠青	244 昔
黃徵	271 生、321 有
廖從雲	284 今、285 亦
張昊	300 所
王韶生	317 覽
蔡念因	323 於
梁寒操	3 九、87 也
宋天正	6 在、169 所
成惕軒	9 暮、92 惠、130 俯、207 之
吳春晴	12 初、95 暢
林尹	15 會、98 宇、213 猶
尉素秋	18 陰、33 集、115 以、171 暫、229 盡
許君武	21 亭、103 察、162 躁、218 之
彭國棟	24 事、106 之、221 況
鄭鴻善	27 賢、109 以、224 隨
姚琮	29 至、111 目、225 化
賓默園	32 咸、114 足、228 於
劉宗烈	36 有、118 聽、181 知、231 人、298 錄
何敬羣	39 峻、121 信、235 亦
侯暢	42 林、184 將、196 感、296 時
楊向時	45 又、179 曾、194 事、302 雖、325 文

王彥	48 流、243 覽
李芳	51 映、132 一、246 興
莊幼岳	54 右、135 取、248 之
吳天任	57 為、192 情、291 悲
甄陶	59 觴、140 言、253 契
王則潞	62 列、154 之、267 固
王師復	65 次、124 也、145 或、258 文
吳語亭	68 絲、148 所、261 不
涂公遂	71 絃、151 浪、264 之
周紹賢	74 一、155 外、268 知
謝鴻軒	77 詠、158 舍、272 為
秦維藩	80 以、161 靜、275 齊
禚夢庵	83 幽、105 類、166 其、279 妄
陳廣深	110 游
潘新安	124 也
胡鈍俞	138 抱、251 合
張家輝	165 當、278 為
張兆儒	174 己
楊柏西	180 不
莫儉溥	189 之
趙民治	195 遷、289 視
章斗航	199 之、307 所
孫克寬	226 終
黃尊生	255 嘗
林咏榮	281 後
駱香林	286 猶
麥友雲	310 懷
文疊山	318 者
計 131 人	

　　表中「名」與「字」互用者有：李猷（龍磵居士、龍磵）、蘇笑鷗（福疇）、孫方鐸（百熙）、張惠康（佐辰）、繆黻平（夷盦）

　　案：中華詩學研究所及臺灣商務印書館版本《華岡禊集分韻詩》分韻一覽表中，各作者所分的韻字，略有出入，經重新與原稿覆核，修正如下：

1. 李猷分得之字，除原來 11 號「之」字、94 號「和」字、209 號「已」字外，尚有 168 號「於」字（署名「龍磵居士」）、238 號「豈」字（署名「龍磵」），皆係李猷所作。

2. 張夢機分得之字，除 30 號「少」字、299 號「其」字之外，尚有 175 號「快」字。

3. 劉宗烈表中列有「有」、「聽」、「之」、「人」、「死」、「死」、「錄」七字，經考 233 號「死」字為李和功之作；270 號「死」字為張忠藎之作。

4. 孫百熙除原分得之 112 號「騁」字之外，尚有 306 號「異」字，係以本名「孫方鐸」署名。

5. 賓默園除原分得之字 114 號「足」字、228 號「於」字外，尚有 32 號「咸」字。

6. 傅清石分得之字，除原 125 號「夫」字、200 號「矣」字、313 號「一」字以外，尚有 312 號「致」字。

7. 梁漢分得之字，除原 197 號「慨」字、292 號「夫」字以外，尚有 314 號「也」字。

　　以上就上巳修禊之由來及《華岡禊集分韻詩》成書背景，各個作者就〈蘭亭序〉中分得之韻字，做一統計。就同一韻字之中一人題詠數首，亦或數人同詠一字之情況，亦予統計揭出，以便於往後行文與敘述。而作者之中，以本名或字號相互雜用者亦有數人，這些情況，皆應先與釐清，庶不致往後之行文與敘述茫無頭緒。

第三章 《華岡禊集分韻詩》作者傳略

　　藝文作者，如非高官顯爵，抑或在當代享有盛譽，史籍、方志往往不載。
是故其人亡，則其文亦亡。本章有關《華岡禊集分韻詩》之作者，雖相隔未久，
其生平事略，蒐羅已是不易，相信往後將益加困難。本論文經積極翻閱前人詩
作，如胥端甫《抑盦詩詞集》、王彥《海南王彥詩集》、禚恩昶《巴山夜雨集》、
秦維藩《雙寄樓詩》、涂公遂《浮海集》、龔嘉英《景勝樓集》等，因係編年繫
事，故而可收以詩載史之功。又因事涉眾多詩家，而各人生平之記載多寡不一，
為省篇幅，只就其重要經歷及著作略作敘述，難免遺漏之處，敬祈見諒。

　　（作者小傳編排順序，係依照作者姓氏筆畫排序）

作　者	小　傳
丁治磐	丁治磐（1894～1988），初名介石，參軍後更名，字似庵、石安，齋號補閒齋。江蘇省東海縣人。少治經史制藝，清末諭停科舉，民初畢業於陸軍講武學堂暨陸軍軍官教育團。歷任連、營、團長，而至參謀長，又至旅長。民國二十二年入陸軍大學二十二期，後任師長、軍長。抗日戰爭時任同盟軍中國陸軍第四方面軍副司令官，因協助盟軍戰績卓著，獲頒美國銀橡葉自由勳章。國共內戰時任江蘇省政府主席兼保安司令、京滬杭警備總司令部副總司令。政府遷臺，任總統府國策顧問。一九八八年三月八日逝世於臺北榮民總醫院，壽九十有六。平生詩書雙絕，著有《丁治磐日記》《拾閒詩社題畫詩鈔》，主編《春六詩選》等。〔註1〕

〔註1〕據〈國策顧問丁似庵先生行狀〉，載丁治磐先生逝世周年紀念會籌備會編：《丁治磐先生紀念集》（新北市：龍岡彩色印刷公司，1989 年 3 月）；曾今可：《臺灣詩選》（臺北市：中國詩壇，1953 年，10 月），頁 1；熊鈍生：《中華民國當代名人錄》（臺北市：臺灣中華書局，1978），頁 1。

于清遠	于清遠（1903～1974），號个園。湖南祁陽人。國立武昌商科大學畢業（1924），任教衡陽女師，後轉湖南教育廳視學（督學），湖北咸寧縣縣長（1933）、鄂、湘、川、黔邊區綏靖主任公署政務處副處長。來臺後，任中央陸軍官校、臺灣師範大學教授。著有《洞庭秋詩集》《个園隨筆》《王陽明傳習錄注釋》《現代應用文》《聽松館詩鈔》等。卒於民國六十三年三月。〔註2〕
文守仁	文守仁（1909～1987），字毅遠。四川省新津縣人。清宣統元年生。民國二十三年國立中央大學政治系畢業。供職審計部、立法院預算委員會主任秘書、專門委員，當選國大代表。曾印行《財政學原理》一書。其為詩，淵源經史，上溯唐宋，而於杜少陵最為心契。並曾創辦《四川文獻月刊》。卒於民國七十六年四月十九日，年七十九。〔註3〕
文疊山	文疊山（1916～？），湖南湘潭人。文天祥族人。早年入讀廣州大學法律系。抗戰時投筆從戎。一九四九年赴港從商。參加南薰詩社、披荊文會、獅子山雅集及錦山文社等。晚年旅居加拿大溫哥華。著有《楚辭探賾》《歷代詩選》等，詩詞刊有《松樓詩文集》。〔註4〕
王天賞	王天賞（1903～1994），字獎卿，號高峰。臺灣高雄人。創辦永達技術學院以及高雄企銀。一生愛詩，自稱「愛詩如嗜雅片」，先後出版《環翠樓吟草》《環翠樓吟草續集》，平生作詩逾千首。一九二〇年九月，與臺語漢文老師陳錫如及陳皆興等發起創立高雄第一個詩社——旗津吟社。一九五三年端午節，復與王隆遜、鮑國棟等成立「壽峰詩社」，出任社長達十四年，一九八〇年代又創立高雄市「詩人聯誼會」（今高雄市詩人協會）擔任創會會長。一九九四年以九十二高齡逝世。〔註5〕
王冠青	王冠青（1905～？），又名冠卿。民前七年生。廣西桂林人，隨父寄居浙江。畢業於國立廣州中山大學。一九三六年高考及格，轉入國民黨中央黨部宣傳指導處指導科科長。一九三七年抗日戰啟，赴重慶任國民黨中央宣傳部宣傳指導處處長，兼任國民政府軍事委員會委員長侍從室上校秘書。一九四二年為中韓文化協會宣傳委員會一員。一九四九年來臺，任臺灣省政府參議。一九六四年，赴美歐各國考察政黨及議會政治。一九六七年受聘為駐韓國大使館顧問。一九七一年返臺，任教於中國文化學院。著有《議學新解》《最新實用議學》《民權初步教程》《國父思想》

〔註2〕生年據于清遠：〈六十自述五首〉，載《聽松館詩鈔》（臺北市：世界書局經銷，1972年7月），頁48；易君左：《四海詩心》（臺北：臺灣商務印書館 1977年6月），頁48。卒年據《中華詩學》12卷1期（1975年1月），頁68〈編輯後記〉。

〔註3〕據國史館編：《民國人物傳記史料彙編·第三輯》（臺北：國史館，1988年1月），頁16～19。

〔註4〕據鄒穎文：《香港古典詩文集經眼錄》（香港：中華書局有限公司，2011年2月），頁6。

〔註5〕《傳統詩集》（臺北市：中華民國傳統詩學會，1979年7月），第一輯，頁18。

	《唯物辯證法批判》《民權初步與現代議學》等。〔註6〕
王則潞	王則潞（1907～1983），字子異，號易齋，晚號質廬。福建福州人。清光緒三十三年丁未生於胥江（廣州黃埔）。少入私塾，年十二，就學於石井巷朱敬亭先生。民國八年，轉入青年會中學。嗣就讀廣州英文專修學校、國學專修學院，民國十四年畢業。曾旅滬，與黃公渚、王彥行遊。民國二十七年任職海軍總部參謀處。抗戰勝利後，任職銀行界。大陸易幟，三十八年任職青島中國工礦銀行。三十九年間道赴港。曾任教於新法書院、格致書院等。一九七一年來臺定居，任教於臺灣銘傳女子商專、中國文化學院。性嗜書畫並以古聖賢之學為志。著有《論語分類選註》《質廬存稿》等。〔註7〕
王彥	王彥（1913～？），號潔生。廣東省海南儋縣人。中央軍校七期及中央訓練團畢業，抗戰期間嘗代工兵指揮，兼中學文史教席。民國三十七年任職空軍防空學校，移駐花蓮。著有《海南王彥詩集》《歷代七絕探韻》等書。〔註8〕
王家鴻	王家鴻（1896～1997），字仲文、號蓬廬，後改劬廬。湖北羅田人。畢業於湖北外國語學校，赴德國柏林大學留學，獲哲學博士學位。先後任駐瑞士、埃及、比利時、多明尼加大使館參事兼理領事事務，國立四川大學、武漢大學教授。一九四九年來臺。一九六四年自外交部退休，任中國文化學院德文系教授。著有《中國鋼鐵經濟論》《中德文化論集》《外交詩話》及《劬廬詩集》（含初、二、三、四集）《劬廬雜組》《孫中山傳》等。〔註9〕
王師復	王師復（1910～？），福建林森人。民國前二年生。畢業於廈門大學。曾任國民政府海軍部編輯、國立湖南大學、復旦大學、臺灣大學經濟學教授，瑞士國際研究院名譽經濟學博士。著有《中西商業比較發展史》《經濟學方法論》《從易經看知識論與經濟制度》等中英文著作。並頗負詩名。〔註10〕
王國璠	王國璠（1917～2009），字璞盦，號粹甫。安徽省舒城人。生於民國六年。弱冠涉江訪父執江天羽，介謁石遺老人陳衍於梁溪，列門牆。大陸易幟隨國民政府來臺。任職臺灣大學總務處，因史料接觸之便，開啟臺灣史研究之門。民國五十二年至臺北市文獻委員會服務。臺北市改制為直轄市，擔任首任執行秘書及副主任委員。王氏對臺灣史料之鑽研，常有精闢之論述，

〔註6〕熊鈍生：《中華民國當代名人錄》，頁542。
〔註7〕據王則潞：《質廬存稿·自傳》（臺北市：華正書局，1978年2月），頁43；易君左：《四海詩心》，頁60；鄒穎文：《香港古典詩文集經眼錄》，頁6。
〔註8〕據駱香林：《海南王彥詩集·序》（花蓮：華光書局　1965年10月）；易君左：《四海詩心》，頁56。生年據《中華詩學》8卷4期（1973年4月），頁59，王氏〈次韻吉翔先生見壽兼呈駱香老〉一作。
〔註9〕據易君左：《四海詩心》，頁62；熊鈍生：《中華民國當代名人錄》，頁545；生年據龔嘉英：〈王家鴻詩翁九十大慶〉（1986），載《景勝樓詩集》（手寫本：1999年），頁104。
〔註10〕據熊鈍生：《中華民國當代名人錄》，頁545。

	當年即為同道學者林衡道先生所佩服。服務文獻會前後長達三十七年，任內大力推行文獻保存及推廣工作，辦理耆老座談會、臺灣史蹟研習會、蒐藏早期字畫、族譜、古文書、推廣傳統詩詞及編印《臺北市志》《臺北文獻》不遺餘力，對臺灣史研究人才之培育，學術研究與推廣之影響可謂既深且遠。民國九十八年六月五日病逝，享壽九十三歲。著有《中華民國詩人及其詩》及《明史雜錄》等。〔註11〕
王韶生	王韶生（1904～1998），乳名朝忠，廣東豐順人。早歲入讀廣東高等師範學院，北京師範大學國文系、北京大學研究所，從高步瀛及黃晦聞諸先生游。任教廣東省立勷勤大學教育學院中國語言文學系。五十年代定居香港，任教崇基學院。參加堅社，從廖鳳舒、劉伯端等遊。退休後任珠海學院文史研究所主任。著有《懷冰室詩詞鈔》《懷冰隨筆》《懷冰室經學論集》《懷冰室文學論集》《國學常識新編》及《當代人物述評》等。一九九八年三月十一日在香港逝世〔註12〕。
申丙	申丙（1896～1987），號鳳蓀。浙江黃巖人。清光緒二十二年生。嘗講學花蓮女中，歷任總統府戰略顧問委員會委員。卒于民國七十六年。為詩清脫閑麗，其配王佩芸亦工韻語，合著《雙穗樓吟草》。〔註13〕
伏嘉謨	伏嘉謨（1912～1997），字壯猷，一字嘉禾，別署神鼎山房。湖南湘陰人。民國元年生。畢業於國立湖南大學政治系，獲法學士學位。湖大保送至第九戰區司令部抗戰前線工作，後任第四十六補訓處少校秘書、上校書記長。民國三十九年來臺，曾任《大道》半月刊社長、高等考試典試委員，國立政治大學、中興大學、私立文化大學、銘傳大學教授。著有《大道論文集》《神鼎山房駢散文存》《詩集》《聯語選》《橫貫公路名勝聯粹》《湖南文獻社八百字長聯》《清代科舉與文官考試》《儒家思想與中國文化》《堯曰篇的政治哲學思想》等。〔註14〕
成惕軒	成惕軒（1911～1989），字康廬，號楚望。湖北陽新縣人。清宣統三年生。高等文官考試及格。曾任國防最高委員會秘書、考試院秘書、總統府參事、國史館纂修、高考典試委員、特考試典試委員長、考試委員。並兼國立臺灣師範大學、政治大學、中央大學、文化大學、正陽法學院教授。為詩瓣香杜老，善駢文，著有《尚書新論》《藏山閣詩》《楚望樓詩》《楚望樓聯語》《楚望樓駢體文內篇、外篇、續篇》《汲古

〔註11〕據臺北市政府文化局新聞稿〈終生奉獻臺北文獻推動—王國璠先生 28 日告別式〉，2009 年 6 月 25 日；王國璠：《中華民國詩人及其詩》（臺北：臺北市文獻委員會端午詩社，1973 年 12 月），頁 18。

〔註12〕鄒穎文：《香港古典詩文集經眼錄》，頁 10。

〔註13〕據王彥：《海南王彥詩集》第一冊，頁 94；易君左：《四海詩心》，頁 76；生卒年據廖一瑾：《臺灣古典詩選詩集詩社與詩人》（臺北市：文津出版社，2013 年 9 月），頁 9。

〔註14〕據王國璠：《中華民國詩人及其詩》，頁 30；《春人詩選》第三輯（新北市：春人詩社，1985 年 10 月），頁 52；熊鈍生：《中華民國當代名人錄》，頁 2495。生年據龔嘉英〈伏嘉謨詞長八十大慶〉（1991），載《景勝樓詩集》，頁 132。

	新議》及續編等多種。〔註 15〕
朱任生	朱任生（1902～1993），安徽太湖人。私立同文書院畢業。歷任中學校長、縣長、司長、教授等職。著有《詩論分類纂要》《古文法纂要》《杜詩句法舉隅》《姚曾論文經要類徵》《曾氏修治方略》《曾文正全書析粹》等書。所著《虛白室詩存》曾獲七十二年中山文藝創作獎。〔註 16〕
朱玖瑩	朱玖瑩（1898～1996），湖南長沙人。民前十四年生。晚年曾居於臺南安平，因自號安平老人、安平久客。堂號「師掃帚齋」。曾任湘軍總司令部政務委員兼秘書、衡陽市長、湖南省民政廳長、財政部鹽務總局局長兼臺灣製鹽總廠總經理等。其書法以顏體楷書最出色，民國七十九年獲中華民國國家文藝獎書法教育特別貢獻獎。著有《學書淺說》《臨池三論》等。一九九六年五月返鄉探親，同年九月病逝於湖南。〔註 17〕
江絜生	江絜生（1903～1983），安徽合肥人。青年時代得到散原陳三立的詩教，一生創作頗豐，曾入于右任幕，弟子有宋天正，韋仲公，蘇文婷等，五十年代定居臺灣，曾任《大華晚報‧瀛海同聲》主編。主辦《臺灣詩壇》，著有《瀛邊片羽》，含詞一一九闋，詩五十五首，所用詞牌六十餘種，受到臺灣李猷，大陸唐圭璋的高度評價。與張大千交厚。〔註 18〕
何志浩	何志浩（1904～2007），浙江象山人。第二屆國際桂冠詩人。清光緒三十年（甲辰）十二月四日生。黃埔軍校第四期畢業，隨國民革命軍北伐，歷任軍中要職。來臺後調任總政治部設計委員會副主任委員。曾在陸軍參謀大學將官班、國防大學等高級院校研究。以總統府中將參軍職退役。後任文化大學教授。擅作詞，〈神木頌〉〈軍紀歌〉〈中國抗日軍歌〉〈陸軍軍歌〉〈一江山烈士歌〉〈松山菸廠廠歌〉等皆其所作。曾擔任中華民族舞蹈協會理事長。其著作含詩、詞、賦、論文、典章、傳記、文學等，由各相關單位分類編印出版者達五十二種。〔註 19〕
何敬羣	何敬羣（1903～1994），又名鑒琮，號邅翁。以字行。齋曰益智仁室。江西清江人，早歲從商鬻藥，一九四九年旅港。五十歲後從事教育，任香

〔註 15〕據謝鴻軒：〈成惕軒先生事略〉，載《成惕軒先生逝世十周年紀念集》（臺北市：文史哲出版社，1999 年 6 月）；王國璠：《中華民國詩人及其詩》，頁 31；熊鈍生：《中華民國當代名人錄》，頁 628；曾今可：《臺灣詩選》，頁 43；易君左：《四海詩心》，頁 101。

〔註 16〕據朱任生：《虛白室詩存‧作者簡歷》（臺北：孚佑印刷有限公司，1982 年 11 月）；易君左：《四海詩心》，頁 85。

〔註 17〕據熊鈍生：《中華民國當代名人錄》，頁 22；《走讀臺灣：臺南市 2》（臺北市：國家文化總會，2010 年 12 月），頁 77～78。

〔註 18〕據龔嘉英：《景勝樓詩集》，頁 33。婁希安：《楚望樓聯語箋注》，搜韻網站：2020.02.22 .https://sou-yun.cn/Query.aspx?type=poem&id=852840

〔註 19〕據《何志浩先生鄉情詩文選集‧作者介紹》（臺北市：臺北市寧波同鄉會，2002 年 1 月），頁 17～20；易君左：《四海詩心》，頁 145；熊鈍生：《中華民國當代名人錄》，頁 1264；《傳統詩集》第一輯，頁 20。

	港中文大學新亞書院及珠海文史研究所教授。著有《老子新釋》《易義淺述》《莊子義繹》《楚辭精注》《宋六家詞導讀》《楚辭屈宋文研究導論》《楚辭·天問詮釋》《孔孟要義探索》《遯翁詩詞曲輯》及《益智仁室論詩隨筆》等。〔註20〕
余祖明	余祖明（1903～1990），號筱風、少颿。廣東南海人。廣東大學畢業。曾任廣東警衛軍政治部特別區黨務指導員，南京中央軍校政治訓練處中校組織科長，中央訓練團上校政治教官。抗日時期任第三十一集團軍總司令部少將政訓處長，重慶防空司令部政治部主任。一九四六年退役後轉任中央政治大學教授，後來臺擔任教職。著有《自強不息齋吟草》《廣東歷代詩鈔》等。〔註21〕
余璞慶	余璞慶（？～？），廣東台山人，旅港。從事教育。抗戰期間參與縣政，以鯁直稱，有聲於時。其後從商，又潛心於古文辭，亦儒亦賈。為麗精美術學院、南薰詩社成員，著有《未肥樓吟草》。〔註22〕
吳天任	吳天任（1916～1992），初名鬱熙，號荔莊。廣東南海人，旅港。早歲即以詩名。抗戰時曾任空軍司令部秘書。一九四九年移居香港，創中華藝苑教授詩詞，與學生連同鄭水心教授學生創「青社」，發行詩刊，亦「南薰詩社」成員。歷任金文泰中學、伊利沙白中學、葛量洪教育學院、經緯書院、樹仁學院教席。一九九二年逝世，年七十七。著有《章實齋的史學》《章實齋經修方志考略》《胡著姚定章實齋年譜商榷》《何翽高年譜》《集大成的賦家庾信》《王安石變法考》《元遺山黃公度評傳》《楊守敬與水經注》《楊守敬與古逸叢書》《古詩十九首新箋》《楊惺吾年譜》《水經注學史》《國史治要》《中國詩學簡史》《荔莊詩稿》《牧課山房隨筆》及梁節庵、梁任公、蔡松坡、鄺湛若、澹歸等人年譜。〔註23〕
吳天聲	吳天聲（1901～1980），江西修水縣人。畢業於廣東大學，嘗受業於散原老人。任國民政府海軍司令部秘書，後棄職為文官，歷任興國、餘江知事。三十八年來臺。是近代江西詩派人物。其詩風格悲雄，稜稜有骨，與憂世之悲慨纏結交融。陳三立評說：「風格遒上，脫棄凡近，句法實得宋賢黃、陸諸公勝處。」著有《畫虎集》《春聲閣詩存》。〔註24〕

〔註20〕據鄒穎文：《香港古典詩文集經眼錄》，頁62；易君左：《四海詩心》，頁401。

〔註21〕據易君左：《四海詩心》，頁20；余祖明：《自強不息齋吟草·序》（出版地不詳，1978年出版）。

〔註22〕鄒穎文：《香港古典詩文集經眼錄》，頁70。

〔註23〕據易君左《四海詩心》，頁405；鄒穎文：《香港古典詩文集經眼錄》頁40。

〔註24〕據王國璠：《中華民國詩人及其詩》，頁69；曾今可：《臺灣詩選》，頁64；易君左：《四海詩心》，頁107；《傳統詩集》第一輯，頁59；吳新雄主修《江西省人物志》（江西：江西省地方志編纂委員會，2007年12月），頁465；卒年據涂公遂：〈哭天聲〉，載《浮海集》（香港：珠海書院文史學會，1981年出版），頁58。

吳春晴	吳春晴（1909年～？），福建南安人。生於宣統元年。一九三五年擔任泉州《國民日報社》副社長兼編輯。一九四八年當選為福建省第三選區立法委員。著有《尋夢草存》五卷。〔註25〕
吳萬谷	吳萬谷（1914～1980），原名敬模，以字行。湖南長沙人。畢業於群治法政專科學校。平時沈潛國學，工詩擅書。曾任國民政府秘書，廣州警備總司令部參議、海南防衛總司令部主任秘書。來臺後任職國防部、臺灣銀行，主編《民族晚報·南雅詩欄》長達二十年，為中國書法學會發起人之一。著有《超象樓詩集》《微漚集》。〔註26〕
吳語亭	吳語亭（1897～1997），初名玉亭，福建延陵人。清光緒二十三年六月二十一日生。陳民耿教授夫人。著有《語亭吟草》《今國風》《越縵堂國事日記》《吳語亭日記》《吳語亭畫集》等，於一九四八年後在臺期間所出版。一九九二年年逾九十五，隻身在台，女陳曼宜接至美國馬里蘭州侍奉，一九九七年十二月六日於美國逝世。〔註27〕
宋天正	宋天正（？～？），字海庚。安徽合肥人。著有《海庚詞》一卷（民55～58），獲五十九年中山文藝創作獎。並著有《大學今註今譯》《中庸今註今譯》《海曙詞》等。〔註28〕
宋郁文	宋郁文（1916～1985），名湘，以字行。廣東鶴山平岡村人。一九三七年抗戰爆發，主編《鐵血畫報》，一九三八年轉任香港《大公報》戰地記者。一九四一年任《大光報》粵南版副主任兼總經理，創辦《立言報》，先後兼辦《西南日報》《前鋒報》。一九四九年任《星暹日報》《星泰晚報》編輯。一九五二年任珠海書院編輯學教授、樹仁學院文科教授、信義宗書院新聞系主任。一九六九年任香港電臺《咬文嚼字》節目主持人，一九七八年任《名流》月刊總編輯。一九八五年八月於香港法國醫院因為癌症病逝，終年六十九歲。著有《三國雜談》《杜甫詩話》《唐詩戲講》《俗語拾趣》《廣州常用語僻字》等。〔註29〕
李和功	李和功（？～？），生卒履歷不詳。
李芳	李芳（1888～？），字亦卿，號彊盦，署夢秋。江蘇南通人。清光緒十四年生，畢業於北大，精研法律、經濟，留校任教十年，同時在國務院任僑務局科長，後入銀行界任高級職員歷三十年。一九四九年居香港，一九五四年遷台定居。任復興航業公司董事，著有《中國幣制統一論》《經濟原論》《原幣》《財政學》《彊盦詩稿》《文稿》《秋夢樓囈語》等書。〔註30〕

〔註25〕維基百科：2019.12.17 https://zh.wikipedia.org/zh-tw/%E5%90%B3%E6%98%A5%E6%99%B4。

〔註26〕據易君左：《四海詩心》，頁114；王國璠：《中華民國詩人及其詩》，頁76。

〔註27〕據易君左：《四海詩心》，頁119；維基百科：2019.12.19 https://zh.wikipedia.org/zh-tw/%E5%90%B3%E8%AA%9E%E4%BA%AD。

〔註28〕據易君左：《四海詩心》，頁93。

〔註29〕維基百科：2020.03.26 https://zh.wikipedia.org/wiki/%E5%AE%8B%E9%83%81%E6%96%87

〔註30〕據易君左：《四海詩心》，頁126；鄒穎文：《香港古典詩文集經眼錄》，頁28。

李家源	李家源（1917～2000），字惢淵，號淵民。韓籍，本貫真城，生於京畿北道安東市。明倫專門學院研究科及成均館大學國文科畢業。曾任延世大學教授，退休後受聘檀國大學客座教授，並榮任大韓民國學術院會員、教授協會理事、文教部圖書翻譯審議會委員，中華學術院院士，一九七五年任韓國漢文學研究會會長。著有《中國文學思潮史》《漢文新講》《韓國漢文學史》《漢文學研究》《玉溜山莊詩話》《淵民國學散稿》《淵民夜思齋文稿》。〔註31〕
李雄	李雄（1905～1976），號俠廬。浙江縉雲人。民前七年生。國立中央大學畢業。民國十五年參與北伐及清黨工作。曾任監察院參事，中興大學法商學院、政工幹校、軍法學校、政治大學及臺灣大學教授，國大代表、公務員懲戒委員會委員。著有《五權憲法之研究》《三民主義辭典》《俠廬五七言集附長短句》。〔註32〕
李猷	李猷（1915～1997），字嘉有，晚號龍磵老人。江蘇常熟人。民初就讀虞山國學專校，畢業後考入交通銀行，抗戰期間，曾調職漢口、香港、四川等地。工書法，早年受教於楊圻、張鴻、金鶴衝等人。尤精小楷，善篆刻。一九四九至一九五四年居香港，後赴臺定居，一九七九年退休。晚年任淡江大學中文系兼任教授。有齋室名「紅竝樓」。著有《紅竝樓詩》《紅竝樓文存》《近代詩介》《紅竝樓詩話》《龍磵詩話》《紅竝樓詩文集續》等。一九九七年卒於臺北。〔註33〕
李嘉德	李嘉德（1914～1985），字衣靈。江蘇宜興人。生於民國三年十月十日。畢業於上海復旦大學新聞系。曾任江西《民國日報》總編輯、江西省圖書雜誌審查委員會處長、江西省稅務局分局長。民國三十八年來臺，任職高雄市政府建設局、基隆水產學校，協助戴行悌創辦基隆海事專科學校（海洋大學前身），後任中國海專及東吳大學中文系教授。民國七十四年六月二十八日去世，年七十一。著有《連雅堂詩詞析論》《平凡集》及創作小說《滄桑》〔註34〕。
汪中	汪中，字履安（1926～2010），號雨盦。安徽桐城人。民國十五年生。早年就讀安徽大學，一九四九年來臺，考入臺灣師範學院國文系，一九五二年畢業。任臺灣師範大學國文研究所教授，講授《詩經》、樂府詩、專家詩、書法研究；講杜詩、李義山詩於臺灣大學。一九九〇年退休，獲聘為東海大學中文研究所教授至一九九五年。著有《詩品注》《詩經朱注斠補》《清詞金荃》《樂府詩紀》《儒城雜詩》《雨盦和陶詩》《汪中書法集》等。〔註35〕

〔註31〕據李家源著，趙季、劉暢譯：《韓國漢文學史·中譯本·序》（南京市：鳳凰出版社，2012年10月第一版）；易君左：《四海詩心》，頁488。
〔註32〕據易君左：《四海詩心》，頁233；熊鈍生：《中華民國當代名人錄》，頁1963。
〔註33〕據易君左：《四海詩心》，頁 136；鄒穎文：《香港古典詩文集經眼錄》，頁36。
〔註34〕見〈李教授嘉德事略〉，載《平凡集》（無出版項，家屬印贈，書藏國立政治大學圖書館）頁1。
〔註35〕據熊鈍生：《中華民國當代名人錄》，頁2521。

汪蓮芳	汪蓮芳（？～？）女性，字祖年。安徽桐城人。國立政治大學中國文學系畢業，大專院校副教授，四可吟社社友，現任洛杉磯中華詩會會長。〔註36〕
阮毅成	阮毅成（1905～1988），字靜生，號思寧。浙江餘姚臨山人。清光緒三十一年生。民國二十年，法國巴黎大學法學碩士。回國後，歷任各大學教授、系主任、法學院院長。抗戰勝利後，參與籌建浙江大學法學院，並擔任首任院長。曾任制憲國民大會代表。一九四九年來臺。先後擔任《臺灣日報》《中央日報》社長、《東方雜誌》主編、中山學術文化基金會董事兼總幹事、國立政治大學教授兼法律系主任、世界新聞專科學校教授等職。著有政法、文史、文藝專書四十餘種。分由商務印書館、中華書局、正中書局、中央文物供應社及傳記文學社出版。〔註37〕
周邦道	周邦道（1898～1991），字慶光，號龍霧山樵、龍霧居士。江西瑞金人。清光緒二十四年生。畢業於南京高等師範教育系。任教河南省立第四師範學校及江西省立寧都中學校長等職。民國十九年第一屆高等文官考試，以教育行政人員最優等第一名及格，因有「民國狀元」之稱。任教育部編審、督學等，主編第一部《中國教育年鑒》《中國人口數目考》，主辦《中國教育視導》《當代教育文獻》等書刊。民國三十四年主持國家考試院，兼江西省教育廳長和國立中正大學教授等職。三十八年來臺，曾任臺灣省立農學院（今國立中興大學）教授，中國醫藥學院代理院長，考選部政務次長，文化大學教授等。著有《近代教育先進傳略初集》。〔註38〕
周曼沙	周曼沙（？～？）旅馬，餘不詳。
周紹賢	周紹賢（1908～1993），名延著。山東海陽縣人。山東大學國文系畢業。任教山東政治學院。一九四九年來臺，任東吳大學、臺灣師範大學、政治大學教授，兼輔仁大學哲學研究所教授。著有《老子淺釋》《莊子要義》《孟子要義》《先秦諸子論文集》《魏晉清談述論》《文言與白話》《道家與神仙》《列子要義》《孔孟哲學》《應用文》《荀子要義》《佛學概論》《中國文學論衡》《論李杜詩》《兩漢哲學》《松華軒詩稿》等十餘種。一九八七年返陸，定居于西魯家岙村。〔註39〕

〔註36〕據易君左：《四海詩心》，頁 145，「現任洛杉磯中華詩會會長」據陳慶煌教授補充。

〔註37〕據阮毅成：《阮毅成自選集》（臺北市：黎明文化事業有限公司，1978 年 5 月初版），頁 9；王國璠：《中華民國詩人及其詩》，頁 64；曾今可：《臺灣詩選》頁 97；熊鈍生：《中華民國當代名人錄》，頁 683。

〔註38〕據熊鈍生：《中華民國當代名人錄》，頁 689；生年據冀嘉英〈壽周邦道先生八十〉（1976），載《景勝樓詩集》頁 70。卒年據維基百科 2019.12.17 http://www.bodhi.org.tw/index.php?sid=5.3.31

〔註39〕據周紹賢：《松華軒詩稿・作者簡介》；易君左：《四海詩心》，頁 155；熊鈍生：《中華民國當代名人錄》，頁 692；百度百科：2019.12.20 https://baike.baidu.com/item/%E5%91%A8%E7%BB%8D%E8%B4%A4

易大德	易大德（1910～1996），字太白。江西宜春人。清宣統二年生。畢業於上海法學院、陸軍參謀大學、國防研究所。曾任華中軍政長官公署政務委員、臺灣國防研究院中將副教育長等、考試院典試委員、文化大學副校長、中華詩學研究所所長、獲國際「桂冠詩人」銜。著有《苔盧類稿》。〔註40〕
林仁超	林仁超（1914～1993），字偉立、心鏗。廣東惠州人。高中畢業後入廣東省政府工作，後轉廣東鹽務局、廣州海關，公餘就讀廣州文化大學法律科。一九四九年定居香港，歷任香港遠東書院教務長兼教授，金陵工商業務學校副校長，香港漢山文化事業公司董事長等職。四十年代在廣州工作時即出版有詩集、散文集、紀實文學、學術論著等近十種。五十年代任《漢山雜志》主編，并創立香港的新詩團體「新蕾詩壇」，任社長兼主編。大量詩作在海內外發表，多首詩作入選《亞洲現代詩選》，在漢城舉行的世界詩人大會上，被授予「桂冠詩人」。三任香港中國筆會會長。著有《銀幕》《石灰集》《新蕾集》《登月集》《新詩創作論》《詩的國度》《瓊島血痕》《瓊崖洞奇觀》等〔註41〕。
林尹	林尹（1910～1983），字景伊。浙江瑞安人。師事黃侃，得其小學真傳，畢業中國北京大學中國文學系、北京大學研究所。歷任天津南開大學、河北大學、南京金陵女子大學、北平師範大學兼東北大學、民國大學教授。來臺後任國立臺灣師範大學國文研究所教授兼主任前後三十年，造就博碩士人數眾多。並兼政治大學、淡江大學、東吳大學、中國文化大學等校教授。擅長文字、聲韻、訓詁之學，亦肆力於莊子與中國思想史。在臺被推為中國文字學會理事長、臺灣師範大學國文研究所「常用國字編纂處」主任委員、「中華文學協會」會長、「常用國字標準字體研訂小組」顧問、「重編國語辭典指導委員會」委員、「中國百科全書」編纂委員、「孔孟學會」常務理事、《中文大辭典》編纂委員會副主委等。著有《中國聲韻學通論》《中國學術思想大綱》《文字學概說》《訓詁學概說》《中國文字學》等。一九八三年六月八日因肺癌病逝於臺北榮民總醫院，年七十四。〔註42〕
林咏榮	林咏榮（1913～？），字沁芬，筆名雷一鳴，號友梅軒主。福建閩清人。日本明治大學法學博士。早歲歷任福建周墩、屏南、清流等縣縣長。抗戰末期赴桂，任廣西大學教授。來臺後，任中興大學教授及法律研究所

〔註40〕據何南史：《中華民國詩選》（臺北市：中國詩經研究會，1982年9月），頁276。易君左：《四海詩心》，頁166；熊鈍生：《中華民國當代名人錄》，頁307；《傳統詩集》第一輯，頁5。卒年據張仁青：〈輓易大德中將聯〉，載《張仁青學術論著集》（臺北：文史哲出版社，2012年8月），頁1028；鄒穎文：《香港古典詩文集經眼錄》頁116。

〔註41〕據百度百科：2020.02.27 https://baike.baidu.com/item/%E6%9E%97%E4%BB%81%E8%B6%85

〔註42〕據凌亦文、黃靖軒編輯：《紀念林尹教授國際學術研討會論文集》（新北市：景伊文藝基金會，2013年），頁12～15；易君左：《四海詩心》，頁161。

	所長、東吳大學教授、高等考試及司法官特種考試典試委員。法學著作外有《友梅軒吟稿》《連雅堂先生詩傳》等。〔註43〕
林寄華	林寄華（？～1991），字君蕙。福建林森人。林文忠公（則徐）玄孫女。大學畢業後從事文化工作，歷任黨政機關學校要職。加之受到書法家于右任的指點（曾任于氏秘書），草書造詣頗深。其詩文受到臺靜農、梁實秋等名家的好評。作品在臺灣《中央日報》等報刊上發表，著有《荼蓼集》。一九九一年在臺去世。〔註44〕
林德璽	林德璽（？～？），字召宣。湖南人〔註45〕。臺北行天宮有其聯對「關念在江山，行義周仁，不願三分天下；聖心同日月，履忠篤信，永傳萬世人間。」餘不詳。胥端甫有〈敬和林德璽學長大貝湖〉原韻詩：「十年新膽海天東，定亂匡時願未空。南下盡呈中惆赤，北還應在夕陽紅。乾坤老去風塵客，歲月新生竹馬童。地利人和天道合，旌旗指顧九州同。」〔註46〕
侯暢	侯暢（1911～？），號叔達。湖南衡山人。清宣統三年生。群治大學政治經濟系畢業。習政法，通經史。歷任黨、政、軍、教、新聞工作。後任考試院考試委員、典試委員長。著有《西南行吟草》《中國考銓制度》《行政學通論》等書。〔註47〕
姚琮	姚琮（1889～1977），字味辛。浙江瑞安人。清光緒十五年生。保定通國陸軍速成學堂第一期，與蔣介石同學。一九一五年考入北京陸軍大學第四期，畢業後任浙江督軍公署參謀、國民革命軍總司令蔣介石副官長。國民政府成立後，兼南京要塞司令。參加龍潭戰役，擊敗軍閥孫傳芳。一九三一年，承蔣氏命赴日考察警政。旅日半年，寫有《日本警政考察記》。一九三四年任軍事委員會第三廳中將副廳長兼副官處處長。抗戰勝利，任制憲國大代表。一九四七年第一屆國民大會代表，次年任總統府戰略顧問委員會中將委員。一九四九年來臺。一九七七年十月五日在臺北病逝，享壽八十九。著有《味筍齋詩文鈔》《味筍齋天遊詩草》〔註48〕
姚蒸民	姚蒸民（1923～？），四川威遠縣人。民國十二年生。國立中央大學政治系、政治大學高等科畢業。曾任監察院參事，考試委員。逢甲工商學院

〔註43〕據曾今可：《臺灣詩選》，頁 129；林咏榮：《友梅軒吟稿・何序》（臺北市：正中書局，1970 年 4 月）；熊鈍生：《中華民國當代名人錄》，頁 709；鄒穎文：《香港古典詩文集經眼錄》，頁 206；《傳統詩集・第一輯》，頁 84。

〔註44〕據林寄華：《荼蓼集・跋》（臺北市：榮民印刷廠，1974 年 2 月）；《春人詩選》第一輯（新北市：春人詩社，1981 年 7 月），頁 127；何南史：《中華民國詩選》，頁旅 3。

〔註45〕據《庚寅上巳新蘭亭修禊集・作者名錄》。

〔註46〕見胥端甫：《抑盦詩詞集》（臺北市：成文出版社，1973 年，詩人節），頁 220。

〔註47〕據熊鈍生：《中華民國當代名人錄》，頁 68；易君左：《四海詩心》，頁 204。

〔註48〕據曾今可：《臺灣詩選》，頁 145；易君左：《四海詩心》，頁 175；《百度百科》：2019.12.08 https://baike.baidu.com/item/%E5%A7%9A%E7%90%AE。

	兼任副教授，中央大學、中國文化大學、淡江及東吳大學兼任教授。著有《蒸民詩存》《鶴軒詞》《諸子治術發凡》《亦思蜀齋吟稿》《見來生齋吟稿》《韓非子通論》《人事行政論文集》《法家哲學》《中國政治制度史稿》《韓非子通論》。〔註49〕
胡鈍俞	胡鈍俞（1901～？），江西永新人。清光緒二十七年生。國立中央大學畢業，英國倫敦大學政治經濟學院研究。曾任國立中山大學教授、國立四川大學教授兼主任。民國三十七年在南京市選區當選第一屆立法委員。曾任《新聲雜誌》《夏聲雜誌》《中國詩季刊》發行人。著有《矛盾與平衡》《唐詩千首選評》《在發展中的臺灣經濟》《寧遠詩集》《詩經繹評》《楚辭發微》《漢代樂府及古詩》《魏晉詩箋》等。〔註50〕
胥端甫	胥端甫（1906～1992），字鐵橋，號抑庵。四川鹽亭縣人。民國二十六年畢業于國立四川大學中國文學系。抗戰時從軍，糧賦徵運，歷經徐、海、豫、鄂、湘、秦中、隴上。民國三十七年隨軍來臺，駐紮花蓮。曾兼任省立花中、羅東中學教席，《花蓮縣志》編纂委員，嗣轉陽明山莊國防研究院。退役後，任中國文化大學及銘傳大學教授。一九八〇年旅居美國，一九八二年回大陸定居成都。著有《詩史與世運》《劉銘傳抗法保台史》《明清史事隨筆》《芝山藝談錄》《洪葉先生遺書》《抑庵詩集》《芝山精廬退休隨筆》等。〔註51〕
范道瞻	范道瞻（？～？），字夔生。四川永川人。資深外交官，畢業於中央政治學校外交系，高等考試及格。曾任駐韓公使、〔註52〕「北美事務協調會」首席顧問。與張大千常有詩唱和。〔註53〕
韋仲公	韋仲公（1926～？），字兼堂。江蘇鹽城人。二十歲以前，耕田學稼；二十歲以後，從軍學劍；四十歲起，逃禪學畫；惟皆學未終卷，即脫然捨去，故自名其居曰「半卷樓」。曾任淡江大學、中國文化大學（曾指導中文系文學組學生習作）、東吳大學教授兼主任秘書。以餘力為詩，著有《北來堂詩稿》。〔註54〕
孫方鐸	孫方鐸（1914～？），字百熙。安徽壽縣人。民國三年生。清華大學畢業，美國密西根大學航太科學碩士、博士。投效空軍十二年。停役後執教國立臺灣大學暨成功大學、密西根大學航太學系、麻省理工學院數學系，

〔註49〕據熊鈍生：《中華民國當代名人錄》，頁2387。
〔註50〕據胡鈍俞：《寧遠詩集·著者略歷》（臺北市：夏聲雜誌社，1985年5月）；易君左：《四海詩心》，頁179；熊鈍生：《中華民國當代名人錄》，頁328。
〔註51〕據胥端甫：《抑盦詩詞集》，凡例、頁75、330、438；王彥：《海南王彥詩集》第一冊（花蓮：華光書局，1965年10月，初版），頁104；易君左：《四海詩心》，頁183；王國璠：《中華民國詩人及其詩》，頁116。
〔註52〕見胥端甫：〈送范道瞻公使赴韓任所〉，載《抑盦詩詞集》，頁272。
〔註53〕據《中華民國當代名人錄》，頁79；《春人詩選》第三輯，頁144。
〔註54〕據韋仲公：《北來堂詩稿·作者簡介》（臺北市：臺灣商務印書館，1968年11月）；易君左：《四海詩心》，頁187；廖師一瑾補述。

	並任堪州大學、麻省大學波士頓分部客座教授。六十年秋應國立清華大學之聘返臺任教，協助該校創辦應用數學研究所，並兼任首屆所長。曾獲教育部頒贈六十四年度學術獎。孫氏於科學外，篤好文史，偶以筆名發表之文字與詩詞，散見報章雜誌。〔註55〕
孫克寬	孫克寬（1904～1993），字今生，別署繭廬，一作簡廬。筆名萌。安徽舒城人。清光緒三十年生。孫立人將軍之姪，北平中國大學畢業。曾任內政部參事。一九四九年渡海來臺，隱於教職。一九五五年東海大學創立，因戴君仁之邀，擔任詩選等課程。與同儕徐復觀、戴君仁、彭醇士、孔德成為莫逆，與同鄉王斌、詩友周棄子等人折節相從，與葉榮鐘、林培英等人義氣相挺。一九七二年退休前往加拿大。著有《元初儒學》《海角閒雲》《蒙古初期之軍略與金之崩潰》《蒙古漢軍及漢文化研究》《杜詩欣賞》《繭廬叢槀》《詩與詩人》《山居集》《元代漢文化之活動》《分體詩選》（附《學詩淺說》）《詩文述評》《元代金華學述》《寒原道論》《繭廬詩續》等。計有專書十五種；論文一一七篇，文學創作六十五篇。一九九三年病逝於美國加州洛杉磯市嘉菲醫院，享年八十八歲。〔註56〕
涂公遂	涂公遂（1905～1991），族名源道，學名士淵，聖名約瑟，晚號艾廬，齋名不慍齋。江西省修水縣人。師範畢業後轉入北京大學畢業。一九二六年北京各大學師生遊行任總指揮，遭段祺瑞武力鎮壓，釀成三一八慘案，死者五十餘人，公遂受刀傷，並遭通輯。北伐、抗日期間，歷任黨政要職。民國三十八年來臺。應顧孟余邀請，赴香港籌辦《大道》雜誌。先後出任珠海書院教授、新加坡南洋大學教授，新亞書院、德明書院、清華書院教授，曾任南薰社社長。旅港期間，往返臺北出席立法院會議。一九八七年辭去教職，專任立法委員。一九九二年病逝，年八十七歲。著有《中國文學概述》《文學概論》《國學概論》《修辭學講義》《浮海集》附《反芻集》。〔註57〕
秦維藩	秦維藩（1915～？），字毅大。湖南衡陽人。北平中國大學肄業，獲聘臨武、湘鄉兩縣政府工作。衡陽縣長胡安悌邀任雁峰鎮長。民國二十八年考取第卅一集團軍司令部上尉書記官，歷任軍中要職。民國三十八年隨軍來臺，改編離職。任板橋、新莊、樹林等校國文、歷史教職。四十二年恢復軍籍，任職國防部、陸總、警總。五十九年以陸軍少將退役，轉任勞工保險局簡任主秘。著有《雙寄樓詩》。〔註58〕

〔註55〕據熊鈍生：《中華民國當代名人錄》，頁767。
〔註56〕據謝鶯興：〈孫克寬先生著作目錄〉，載《東海大學圖書館館訊》第四十八期（2005年9月）。
〔註57〕據熊鈍生：《中華民國當代名人錄》，頁341；鄒穎文：《香港古典詩文集經眼錄》頁98。
〔註58〕據王涵：〈故陸軍少將秦維藩先生事略〉，載秦維藩：《雙寄樓詩》（未署出版所，2007年8月出版，中國文化大學圖書館藏）。

翁一鶴	翁一鶴（1911～1993），原名錦嘉，以字行。廣東潮安人。曾任報社社長。一九四九年定居香港，任輔人書院、中國書院、新法書院、樹仁學院等校中文系教授。「南薰詩社」成員。著有《乒乓集》《紀事詩》《赤馬謠》《長春詠秣陵吟》《香海百詠》《暢然堂詩詞集》，皆係題詠時事之作。〔註59〕
袁爵人（珏）	袁珏（1910～？），字爵人，以字行。湖南湘潭人。清宣統二年生於縣城湘江東岸之板子廠。六歲就傅，其尊翁以厚禮延聘宿儒宮子雲先生在家課讀，宮師通於經義，嫻於文詞，尤擅長教學，先生之國學基礎因以奠立。畢業於群治大學政經系，其間經陳季虞、孫蔚鄰、黃守遼諸名師之薰陶指點，文章詩詞尤膾炙人口，與李漁叔、胡鳳毛，並稱河東三鳳。歷隨楊綿仲所主管之皖、贛、鄂、湘諸省財政廳擔任機要。〔註60〕
尉素秋	尉素秋（1908～？），字江月。江蘇碭山人。國立中央大學文學系畢業。任教國立成功大學、臺灣師範大學、私立東海大學，講授詩詞課程，曾任成功大學中文系主任。著有《秋聲詞》等。〔註61〕
張仁青	張仁青（1939～2007），字同塵，號梅山。臺灣花蓮人。臺灣師範大學國文研究所畢業，獲國家文學博士。歷任考試院典試委員，行政院國軍退除役官兵輔導會設計委員，臺灣師範大學、臺灣大學、中央警察大學、中山大學、成功大學、中央大學、中國文化大學、香港珠海大學、香港新亞研究所等校教授。著有《歷代駢文選詳註》《中國駢文發展史》《魏晉南北朝文學思想史》《應用文》《六十年來之駢文》《中國文學思想史》（譯著）《楚望樓駢體文內篇及外篇詳註》《李商隱詩研究論文集》（編纂）《唐詩采珍》《唐宋詩髓》《揚芬樓詩文集》等三十餘種，文史哲學術論文百餘篇。〔註62〕
張兆儒	張兆儒（？～？），生卒履歷不詳。
張佐辰	張佐辰（？～？），字惠康。浙江湯溪人。北平朝陽大學法律系畢業。曾應縣長及高等考試及格。歷任專員、縣長、教授、主編、律師等職。曾任《中華詩學》月刊發行人。〔註63〕
張作梅	張作梅（1908～1973），字一霞、千哀。福建金門人。髫齡入里塾，年十五，輟學往鷺門就業。一九三五年渡海來臺從事茶葉，翌歲，創設製衣廠。戰後，兼營製茶、貿易、紡織，一九五四年結束一切業務。翌年，創辦《中華詩苑》月刊，聘梁寒操任社長，自任發行人及編輯。一九六〇年七月（總第67期），更名《中華藝苑》，直至一九六七年八月（總第138期）停刊。

〔註59〕據翁一鶴：《長春詠》（手抄本，未有出版項，自序1970年於香江旅次，中國文化大學圖書館藏）；翁一鶴：《香海百詠》（香港：興亞印刷廠，1974年10月）；易君左：《四海詩心》，頁415；鄒穎文：《香港古典詩文集經眼錄》頁108。

〔註60〕郭人湘：〈潭州名詩人袁爵人先生〉，載《湖南文獻》第11卷第4期（1983年10月15日）。

〔註61〕易君左：《四海詩心》，頁254。生年據《成功大學尉素秋教授八秩榮慶論文集》（臺北市：文史哲出版社，1988年出版）推定。

〔註62〕據《張仁青學術論著集‧簡介》（臺北：文史哲出版社，2012年8月再版）。

〔註63〕據易君左：《四海詩心》，頁210。

	著有《一霞瑣稿》，編訂《詩學叢論》《詩鐘集粹》等。〔註64〕
張忠蓋	張忠蓋（？～？），生卒履歷不詳。
張昊	張昊（1913～2003），字禹功。湖南長沙人。生於民國二年十二月二十七日。作曲家，旅居德國。西柏林自由大學教授，晚年與德籍夫人包瑟任教於中國文化大學德文系。張氏並應邀為張其昀的《孔學今義》德文版作翻譯。民國九十二年二月十一日逝世。〔註65〕
張家輝	張家輝（1923～？），字郁亞。福建林森馬江人。來臺後曾任教於花蓮高中（英文）。中社社員，著有《飲水集》。〔註66〕
張泰祥	張泰祥（1907～？），字太翔。湖北黃岡縣人。清光緒三十三年生。曾任南京衛戍司令部政治部主任、中國國民黨臺灣省黨部委員兼書記長、中央黨部社會工作會副主任、中國文化學院暨政工幹校政治研究所教授、《中華詩學》月刊副社長。出版《回波閣詩鈔》收古近體詩一千四百餘首，並有詞集、曲稿、聯語及言論集等。〔註67〕
張雪茵	張雪茵（1909～1987），字雙玉。湖南長沙人。清宣統元年生。湖南大學畢業。曾任湖南《湖南湘報》《霹靂報》主編，一九三四年與謝冰瑩、李芳蘭合營文藝刊物《瀟湘漣漪》。來臺後入公路黨部。出版小說集《風雨之夜》《愛與恨》《十八號黨章》《風雨蔚霞村》《飄忽的雲影》，散文集《南燕小語》《拾回的夢》《雪茵散文集》《親情似海》《雙玉集》《雪之夢》《江南風雨夜》《一串夢珠》《春思在天涯》《落葉季節》《散文寫作與欣賞》《海濱拾夢》《綠蔭庭院》《詩歌集》《夢痕歌集》《清溪吟》《雙玉吟草》等。編印《南山集》《金門馬祖澎湖》《大道文藝》《臺灣二十年婦女》。一九七九年因腦中風中斷寫作。一九八七年辭世。〔註68〕
張達修	張達修（1906～1983），號篁川，別號少勳。臺灣南投竹山人。年十九，入新化廩生王則修之門，習經史詩文。一九三六年，任《臺灣新聞》漢

〔註64〕據張作梅《一霞塡稿·卷首》（新北市：龍文出版社，2009年3月，《臺灣先賢詩文集彙刊·第六輯》）；林子惠、張作梅、莊幼岳合著：〈瀛社記事補遺〉，載《臺北文物》5卷2/3期（臺北市：臺北市文獻委員會，1957年1月15日），頁89；瀛社編委會：《瀛社創立六十週年紀念集》（瀛社辦事處發行，1969年），頁121；邱奕松：〈北臺詩苑〉，載《臺北文獻》直字81期（臺北市：臺北市文獻委員會，1987年9月），頁375；廉永英、崔仁慧合著：《臺北市志·卷八·文化志·文學篇》（臺北市文獻委員會，1991年10月），頁212。
〔註65〕據廖師一瑾補述；《中華詩學·編輯後記》：「旅西德湘籍詩人張昊博士因公返國……」載第一卷第四期（臺北市：中華詩學雜誌社，1969年9月）；胡建國：《近代華人生卒簡歷表》（新北市：國史館，2003年12月出版），頁246。
〔註66〕《傳統詩集》第一輯，頁115；張家輝：《飲水集·自序》（花蓮：華光書局，1965年，2月），生年據1963年〈四十母難日述懷〉逆推。
〔註67〕據易君左：《四海詩心》，頁214；熊鈍生：《中華民國當代名人錄》，頁111。
〔註68〕據熊鈍生：《中華民國當代名人錄》，頁1322；臺灣作家作品名錄：2019.12.19 http://www3.nmtl.gov.tw/Writer2/writer_detail.php?id=1686。

	文部編輯，抗戰期間內渡，在滬從事文化工作。光復後返臺，任台中女中國文教師，轉高雄市政府、省農林廳、彰化縣政府秘書，彰化自來水廠廠長，省民政廳機要秘書。生前著有《醉草園詩集》。後透過張氏高足林文龍資料蒐集與整理，輯成《張達修先生全集》問世，靜宜大學臺灣研究中心於二〇一二年完成張達修手稿數位典藏。〔註69〕
張夢機	張夢機（1941～2010），湖南永綏人，出生於四川。畢業於師範大學體育系，該校國文系主任林尹鼓勵報考國文研究所，入李漁叔門下，同時受詩人吳萬谷、詞家江絜生指導。一九六九年以《近體詩發凡》獲文學碩士學位，入師大國文研究所博士班，由高明、鄭騫指導。以《詞律探原》獲國家文學博士。一九九〇年任中央大學中文系主任。次年於醫院探視兄長時中風，因養病而遷居新店玫瑰中國城。仍任教於中大中文系，選課學生前往新店居所上課。病後恢復創作，累積詩詞達一千餘首。與臺灣古典詩壇仍維持密切互動，擔任各項古典詩比賽詞宗。二〇一〇年中，臺師大退休教授汪中、王更生相繼辭世。夢機聞訊頗有感觸，八月間因微恙入院至八月十二日逝世。著有《近體詩發凡》《思齋說詩》《唐宋詞選注》（與張子良選注）《杜律指歸》《古典詩的形式結構》《詞律探原》《鷗波詩話》《讀杜新箋：律髓批杜詮評》《唐宋詩髓》《詩詞曲賞析》《詩學論叢》《藥樓文稿》《詞箋》《師橘堂詩》《西鄉詩稿》《碧潭煙雨》《藥樓詩稿》《鯤天吟稿》《鯤天外集》《夢機詩選》《夢機六十以後詩》《藥樓近詩》等。〔註70〕
張維翰	張維翰（1886～1979），字蒓漚。雲南大關人。清光緒十二年生。先後畢業於省立法政學堂、日本東京帝國大學。躬與辛亥革命光復雲南之役。曾任鹽興縣知事、雲南省政府委員，旋兼外交特派員、立法委員、雲貴監察使、制憲行憲國大代表及監察委員。五十四年當選監察院副院長。六十一年代理院長，六十二年三月辭院長職，仍任監委。曾獲國際「桂冠詩人」榮銜。民國六十八年逝世，享壽九十有三。著有《采風集》《環游集》《蒓漚類稿》上下集及《大關縣志》等。〔註71〕
梁寒操	梁寒操（1899～1975），原名翰藻，號君默（時用「均默」），別署伏龍。寒操乃從政後以字行。第二屆國際桂冠詩人。祖籍廣東省肇慶府高要縣，清光緒二十五年生於鄰縣三水。一九二三年廣東高等師範學校畢業。畢生反對馬列主義，抗戰期間，出任遠征軍政治部主任，軍事委

〔註69〕 據張達修：《醉草園詩集·作者簡歷》（臺中市：張振騰，2007 年 12 月）；王國璠：《中華民國詩人及其詩》，頁 225；《傳統詩集》第一輯，頁 24。

〔註70〕 顏崑陽：〈大詩人張夢機教授傳略〉，載於李瑞騰、孫致文主編《歌哭紅塵間——詩人張夢機教授紀念文集》（桃園市：國立中央大學中文系印行，2010 年 9 月），頁 2～3。

〔註71〕 易君左：《四海詩心》，頁 166；熊鈍生：《中華民國當代名人錄》（臺北市：臺灣中華書局，1978），頁 368～413；《傳統詩集》第一輯，頁 172。卒年據龔嘉英：〈恭輓張公維翰所長〉（1979 年）載《景勝樓詩集》，頁 77；鄒穎文：《香港古典詩文集經眼錄》，頁 138。

	員會中將宣傳部長。一九三三年任立法委員兼秘書長，抗戰勝利後任中華日報董事長及新亞書院教官。一九四八年赴港，任培正中學及新亞書院教授。一九五四年回臺，任中國廣播公司董事長，並歷任東吳大學教授至一九七二年退休。一九七五年初，任總統府國策顧問。同年二月二十六日逝於臺北，享年七十七歲。著有《梁寒操言論選集》《梁寒操先生文集》〔註72〕
梁漢	梁漢（？～？），字樹強。湖南長沙人。中學時即以詩投《長沙日報》。十七歲入陸軍官校，嗣隨軍南北征討，發為戰歌。其詩以性靈為主，嘗想鎔鑄新舊詩體，以創造新時代新精神之新詩學。著有《硯石詩稿》，與易大德，何志浩二將軍同為軍中詩人。〔註73〕
梁隱盦（庵）	梁隱盦（1911～1980），廣東順德人，旅港。廣州大學畢業。精研佛家、儒家思想，曾與羅時憲、劉銳之諸先生創立「三輪佛學社」，一九六六年成立「明珠佛學社」，提倡佛學。次年，任孔聖學堂中學校長。竭盡所能發展校務，協助窮困學生升學。課餘推廣儒學及中華文化，先後舉辦國學研習班、中英翻譯班，徵文詩詞對聯等活動，出版《孔道專刊》。亦「南薰詩社」成員。著有《隱盦詩稿》《佛學十八講》及《佛學課本》等。〔註74〕
章斗航	章斗航（1903～1982），江西豐城人。民前八年三月二十四日生。江西心遠大學中文系畢業。歷任中央社記者、星子縣長、行政院編審。應桂永清、黎玉璽二公召，先後任海軍總司令辦公室組長、副主任，綜理文案。退休後為政治大學、東吳大學中文系教授，講貫寫作，諸多創格。間關攜藏古籍善本，多交中華、華正二書局出版。民國七十一年七月二十四日，病逝榮民總醫院，年七十有九。〔註75〕
莊幼岳	莊幼岳（1916～2007），本名銘瑄，筆名文兒，以字行。民國五年生。彰化鹿港人，莊太岳之子。一九三一年入霧峰一新義塾接受漢文教育，學詩於林幼春。曾組織一新吟會與洛江吟會，亦曾入櫟社。歷任省民政廳股長、行政院秘書、瀛社副社長、《中華詩學》月刊總編輯等。著有《紅梅山館詩草》《紅梅山館瑣稿》《紅梅山館詩文集》，編有《虛谷詩集》《太岳詩草》《太岳詩草補遺》《庸社風義錄》等。〔註76〕

〔註72〕據〈梁寒操先生行狀〉，載《梁寒操先生紀念集》（未有出版項，中國文化大學圖書館藏）；易君左：《四海詩心》，頁194；鄒穎文：《香港古典詩文集經眼錄》，頁116。

〔註73〕據王國璠：《中華民國詩人及其詩》，頁182；易君左：《四海詩心》，頁201。

〔註74〕據鄒穎文：《香港古典詩文集經眼錄》，頁118；楊永漢：《孔聖堂詩詞集》（臺北市：萬卷樓圖書公司，2013年12月），頁1。

〔註75〕《江西文獻》第110期，1982年10月　2020.03.26　https://www.tongxianghuicn.com/article/1567732.jhtml?libId=1364

〔註76〕據莊幼岳《紅梅山館詩草·卷首》（新北市：龍文出版社，2011年5月《臺灣先賢詩文集彙刊·第九輯》）；林正三、許惠雯編《瀛社會志》（臺北市：文

莫儉溥	莫儉溥（？～？），字劍甫。廣東番禺人。國立中央大學文學士。高等文官考試及格，分發粵省以縣長任用，未署實缺。玄黃驟變，避地香江，曾任香港敦梅中學校長、香港中文大學外部講師。秩滿復充漢師諸校監督凡八所，用是積勞謝世，年六十。著有《經訓》四卷，《周易玩占》《鯉門教育隨筆》等。嘗與耆宿組國學演講會，按月親臨主持。並集諸家講稿彙為《宏道》年刊，嘉惠學子。〔註77〕
許君武	許君武（1905～1988），譜名昌威，號筠廬，自號雙青閣主。湖南湘鄉人。光緒三十一生，民國十二年冬入北京中國大學英文系。民國十五年因為文評張作霖為軍閥而被通緝，乃潛赴歸綏投效國民革命軍第三十二軍軍長商震將軍，任中校秘書。十七年商震贋河北省主席，先生任機要秘書。民國十九年任福建惠安縣長。後赴英國倫敦大學進修，二十二年獲文學碩士學位。歸國後任浙江省政府秘書，河北省政府主席機要秘書，中央政治學校教授。抗日戰爭爆發後任中央文化運動委員會委員、《中央日報》主筆。三十八年初任《掃蕩報》總社主筆。後被聘為臺灣《掃蕩報》總編輯，乃乘中興輪來臺。《掃蕩報》停刊後，從事教育工作。先後兼任清華大學、東吳大學、文化大學、淡江大學、中正理工學院等校教授。發起成立學術社團二十餘，如「國父遺教研究會」、「春人詩社」、「四可吟社」等。民國七十五年十月應馬尼拉《晨光文藝社》邀前往講學，翌年返國。七十七年逝世，年八十四。三兒一女均居大陸。所作詩文向不留稿。著有《論中國之命運》《中國新聞學大綱》《孔教孔道師儒》《雙青閣詩文集》等。〔註78〕
陳本	陳本（1906～1996），字斡卿、一字斡盦，號參天閣主。廣東增城人。廣東法官專科學校畢業，為陳濟棠記室。中歲移居香港沙田。歷任德明、香江、廣大、經緯、華僑、珠海各書院教授。南薰詩社、健社、清遊會、香港中國筆會及國風藝苑成員。與黃維珺、余少颿、莫儉溥、梁漢釗遊，人稱巴山五友。遺作由門人輯入《參天閣集》。〔註79〕
陳民耿	陳民耿（1897～1990），初名登昊，父改登皞，後再改為民耿。福建人。清光緒二十三年生，遜清陳寶琛重姪孫。早年赴英入倫敦大學攻讀經濟，副修地緣政治學。一九二四年學成歸國與表妹吳語亭在福州結婚。一九二六年任北京國際聯盟會總編纂，兼法政大學、中央大學教授。一九四六年受委任聯合國華文翻譯組主任，一九四八年自美返臺，途中經由菲律賓首都馬尼拉、香港九龍滯遊，後搭船抵基隆，住居於臺北。一九五七年應聘赴星洲南洋大學任教。一九六〇年一月自星返臺。在臺三十一

史哲出版社，2008年10月）頁316；易君左：《四海詩心》，頁249。

〔註77〕據余祖明：《廣東歷代詩鈔》（香港：能人書院叢書第一種，1980年1月），頁935；易君左《四海詩心》，頁422。

〔註78〕據《筠廬許故教授君武先生詩文遺稿·事略》（2005年10月遺族輯印）。

〔註79〕鄒穎文：《香港古典詩文集經眼錄》，頁146；《中華詩學》十二卷第三期，（臺北市；中華詩學研究所，1975年10月），頁4。

	年期間，夫妻詩畫吟詠樂在其中，不言功名利祿，只專注詩畫述志。著有《英國現勢》《地緣政治學》等。〔註80〕
陳定山	陳定山（1896～1989），本名蘧，字蝶野，又字小蝶。人稱「定公」。浙江杭州人。天虛我生陳栩園長子，解音律，詩文、詞曲、書畫、戲劇、小說無不精通，有「江南才子」之譽。上海書畫學會創辦人，上海中國美術協會發起人，曾任杭州市修志館館長。一九四八年來臺，歷任中興大學、淡江大學、靜宜大學等校教授。中社第一任社長。著有《明清五百年畫派概論》《近百年名家畫傳》《春申舊聞正續集》《蝶夢花酣》《五十年代》《留臺新語》《蕭齋詩存》《定山居士詩文集》等。〔註81〕
陳南士（穎昆）	陳穎昆（1899～1988），字南士。江西高安人。清光緒二十五年生。國立武昌高等師範畢業。曾任江西心遠中學校長，國立政治大學教授、國民大會代表、春人詩社名譽社長。卒于民國七十七年仲秋。著有《待歸草堂詩稿》〔註82〕。
陳祖平	陳祖平（1903～1982），字衡夫。浙江人。曾任中社第三任社長。〔註83〕生年據張達修壬戌年（1982）〈陳祖平社長八十壽慶〉：「中社推盟主。迦陵羨此翁。紀齡朝可杖。退隱道尤崇。湖海高人氣。行藏處士風。荷花欣並誕。齊醉大墩東。」〔註84〕
陳荊鴻	陳荊鴻（1903～1993），字文潞、號蘊廬。廣東順德人。嶺南三家陳恭尹族人。少時客居上海研習書畫詩文，及長，在南京等地舉辦個人書法展，廣交名家如吳昌碩、黃賓虹、張大千、齊白石、黃晦聞、康有為等。南歸後歷任粵港各大報社總編輯、社長、大專院校教授等職。曾遊歷澳國及菲律賓、新加坡、馬來西亞、日本、韓國、加拿大等國，舉辦個人書畫作品展覽。兼擅多體，尤以行草見長，其書取法「二王」，並糅以章草筆意，勁健古拙，風神灑脫。一九八六年獲香港政府頒贈英女皇榮譽獎章。著有《獨漉堂詩箋釋》《蘊廬詩草》《蘊廬文稿》《藝文叢稿》《蘊廬

〔註80〕維基百科：2020.02.22　https://zh.wikipedia.org/wiki/%E5%90%B3%E8%AA%9E%E4%BA%AD。

〔註81〕據《蕭齋詩存·卷首》（臺灣先賢詩文集彙刊）第九輯，（新北市：龍文出版社，2011年5月）王彥：《海南王彥詩集》第一冊，頁92；易君左：《四海詩心》，頁232；熊鈍生：《中華民國當代名人錄》，頁1336。

〔註82〕據龔嘉英：〈陳校長南士先生八秩晉八米壽之慶〉（1986）載《景勝樓詩集》，頁107，卒年據龔嘉英〈陳公南士校長輓詞〉，載《景勝樓詩集》，頁114；易君左：《四海詩心》，頁242；何南史：《中華民國詩選》，頁旅3；《春人詩選》第三輯，頁238。

〔註83〕據張家輝：〈壽衡夫先生五秩晉四〉（1957），載《飲水集》，頁46；《中華詩學》六卷五期（臺北市：中華詩學雜誌社，1972年5月），頁11；《中社詩存·作者姓氏》（臺中：瑞成印刷廠，1969年3月）。

〔註84〕據《中社詩存·卷首》；張達修：《醉草園詩集續編》（臺中市：張振騰，2008年12月），頁274。

	書畫》及《海桑藝語》等。〔註85〕
陳廣深	陳廣深（1914～？），字天海，別號白雲村主。民國三年生。原籍河南固始，明末遷廣東饒平。畢業於香港培英學校，曾兩度返回家鄉就學，國學基礎甚佳。曾奉母命回泰國為僧。兼習拳擊與兵法，六韜三略，奇門遁甲之術。嘗組華僑反共軍于李彌將軍麾下。後來臺入鳳山步兵學校高級班及革命實踐研究院，曾任中華會館理事長。著有《白雲村雜稿》《越戰與東南亞》《易學先後天物理解》《羅經理氣辯證》等。〔註86〕
陳邁子	陳邁子（1914～1981），陝西漢中人。民國三年十一月生。十五歲畢五經四史，及長遊學上庠，無書不讀。歷任民族大學、北京交通大學、東吳大學教授，總統府秘書。來臺後，任總統府專門委員，東吳、中興、銘傳、淡江、文化等校教授。為學出入經史，汎覽百家。第二屆國際桂冠詩人。著有《邁子中英文合刊詩選》及學術論著、政論、史乘、序跋等約百萬言，詩、詞、楹聯、題記等三千餘首。〔註87〕
陳寶書	陳寶書（1902～？），字明淳。廣東潮安人。少從澄海蔡劍秋（鍔鋒）、榕江郭介吾（穎仁）、馮印月（嘉鑄）諸耆宿遊，研究國學。弱冠南渡星洲從商。退休後任新聲詩社社長。著有《留香室吟草》《詞鈔叢刊》。〔註88〕
麥友雲	麥友雲（1907～？），字浩明。廣東南海人。早歲好詞，曾刊《樵山詞稿》，惜散佚。任教於香港孔聖堂中學。代理校長（1980～1981），一九八五退休後，遷居新界元朗，以詩詞自娛，著有《樵山詞鈔》《小詩一百首》。曾居上海，為上海永安公司總經理郭琳爽創設之永安樂社撰寫劇本，其著作有《荊軻傳》《桃花扇》《西施》《楚霸王》《王寶釧》等名劇。〔註89〕
傅子餘	傅子餘（1914～1997），原名斅、字子餘、號靜庵，齋曰抱一堂、桐花館。廣東番禺人。任教廣州大學語文系，並歷任廣州《廣東日報・嶺雅》周刊主編。後旅居港澳，任香港廣僑學院講師。晚年隱居廣州。著有《靜菴詩詞》《抱一堂詩》《桐花館詞》（並附新會李羣亮《溪堂詩稿》）。〔註90〕
傅清石	傅清石（1904～1982），湖南瀏陽人。長沙省立湖南第一師範學校、北京大學文科畢業。一九二六年春入武漢中央軍事學校，畢業後歷任團政訓主任。抗日期間任空軍總指揮部少校主任，一九四七年任空軍總司令部

〔註85〕據曾今可：《臺灣詩選》，頁 200；鄒穎文：《香港古典詩文集經眼錄》頁 160；毛谷風：《近百年七絕精華錄》（北京：中國電影出版社，2006 年 6 月），頁 207；陳荊鴻：《薀盧詩草・自序》（出版者不詳，約 1975 年）。

〔註86〕據熊鈍生：《中華民國當代名人錄》，頁 2286。

〔註87〕據陳邁子：《邁子中英文合刊詩選・陳邁子小傳》（未有出版項，中國文化大學圖書館藏）；何南史：《中華民國詩選》，頁先 11；《傳統詩集》第一輯，頁 139；熊鈍生：《中華民國當代名人錄》，頁 909。

〔註88〕據易君左：《四海詩心》，頁 474；黎國昌等：《寰球詞苑》第四集（美國加州，1981 年 10 月），頁 28。

〔註89〕鄒穎文：《香港古典詩文集經眼錄》，頁 140；楊永漢：《孔聖堂詩詞集》，頁 219。

〔註90〕見鄒穎文：《香港古典詩文集經眼錄》，頁 206；傅子餘：《靜菴詩詞》（未有出版項，中國文化大學圖書館藏）。

	政治部少將主任。一九四九年來臺，一九六六年退役。任輔仁大學、文化大學、銘傳商專教授。著《楚辭闡微》《中國歷代政治制度》《中國文學概念》。〔註91〕
彭國棟	彭國棟（1902～1988），字滄園，號郁文。湖南茶陵人。清光緒二十八年生。國立山西大學畢業，曾任第九戰區政治總教官、湖南第五區行政督察專員兼保安司令、國大代表、徐州綏靖公署政務處中將處長、山東省民政廳長等職。三十九年四月來臺，從事教育和著述。曾任香港珠海學院、中國文化大學教授，一九五九年創辦亞洲詩社，被選為社長。著有《重修清史藝文志》《清史文獻志》《清史開國前紀》《唐詩三百首詩話薈編》。年五十始為詩，有《春暉草堂詩文存》《春暉集》（附《鴒原集》）以詩志史。其中《春暉吟》百首，《鴒原集》含〈哭弟〉六十首、〈招魂〉九首、〈勗弟婦〉十三首、〈先君冥誕感懷〉三首，全為集句，亦屬創格。編有《廣臺灣詩乘》《臺灣民族詩選》〔註92〕
曾文新	曾文新（1909～1997），名啟銘，號了齋，晚號了翁，又號老愚、小冬郎。新竹人。自幼敏而好學，由宗叔曾秋濤啟蒙，復入張純甫、施梅樵之門。髫齡已能詩，其緣情之作，或可謂追踵韓偓，因號小冬郎。壯歲任《台灣新生報》駐花蓮記者，遂移花蓮定居。入奇萊吟社，偕同好創蓮社，復設東北六縣市聯吟會。晚年定居台北。主編《台灣新生報·新生詩苑》達十二年。著有《五六庵詩稿》《了翁詩鈔》。〔註93〕
舒曼霞	舒曼霞（？～？），號笑眉。廣西南寧人。任教多年。亦中華詩學研究所研究委員，曾任洛杉磯中華詩會會長，餘不詳。〔註94〕
黃光學	黃光學（1915～？），字巨峰。江西南昌人。民國四年元旦生。畢業於上海復旦大學。留美獲哥倫比亞大學碩士學位、英國聖奧拉夫學院哲學博士學位。曾任中央陸軍官學校政治教官、中國國民黨南昌市黨部書記長。一九四八年當選為行憲國民大會會代表。一九四九年來臺，歷任國防部新中國出版社少將社長等職。曾兼任國防研究所講座、中國文化學院永久教授。一九七〇年赴美，任哥倫比亞大學研究教授、紐約東方文化學院院長、中國國民黨海外工作會委員等職。有《棠芸樓詩》（含《顧影集》《海天集》《比鄰集》）《四海同聲》等二十餘種行世。〔註95〕

〔註91〕據熊鈍生：《中華民國當代名人錄》，頁328；百度百科：2019.12.19 https://baike.baidu.com/item/%E5%82%85%E6%B8%85%E7%9F%B3。

〔註92〕參考彭國棟：《春暉集》（臺北：中央文物供應社，1953年5月初版）；鄒穎文：《香港古典詩文集經眼錄》頁188。

〔註93〕據《了齋詩鈔·卷首》，《臺灣先賢詩文集彙刊》第五輯（新北市：龍文出版社，2006年6月）；王彥：《海南王彥詩集》第一冊，頁87。洪寶昆：《現代詩選》（臺北市：詩文之友社，1967年1月），頁529。

〔註94〕據易君左：《四海詩心》，頁264。

〔註95〕據易君左：《四海詩心》，頁258；黃光學：《四海同聲》（臺北：黎明文化事業有限公司，1981年1月初版）；熊鈍生：《中華民國當代名人錄》，頁413；《傳統詩集》第一輯，頁172。

黃成春	黃成春（1910～1983），字湘屏，以字行。臺北萬華人。曾任「謙德貿易行」董事長，《中華詩苑》經理，中華詩學研究所委員。著有《寒香室吟草》。〔註96〕
黃社經	黃社經（？～？），字興華。廣東中山人。僑美經商數十年。於中外學科與詩文均有深造。餘不詳。〔註97〕
黃尊生	黃尊生（1894～1990），名涓生，又名鵑聲。廣東番禺（今屬廣州）人，幼居馬來西亞怡保。赴香港就學，皇仁書院畢業，一九一二年入世界語夜校第一期。次年，往香山縣開班教授世界語，又次年，回怡保等埠從事新聞工作，並致力推廣世界語。一九二一年，公費赴法國留學。先後出席國際世界語教育會議，當選國際世界語運動中央委員會委員，參與主持歐洲以外各國世界語運動。一九二六年獲里昂大學文科博士學位。回國任教於廣州中山大學，同年夏任廣州市市立世界師範講習所所長。一九三三年受聘為《世界語百科全書》主編之一。一九三八年赴貴州，任教於內遷遵義的浙江大學。一九四六年回粵執教中山大學。一九四九年赴海外教書。一九五五年參加第四十屆國際世界語大會，當選為世界語學院院士。一九六六年起隱居香港。一九七〇年任中國文化學院教授，一九九〇年八月二十四日逝世。著有《中國語文新論》《小滄桑齋詩草》《嶺南民族與嶺南文化》《詠史》《述懷》等。〔註98〕
黃徵	黃徵（？～？），字伯度，江西豐城人。來臺後曾任教新竹女中等校。著有《舫齋詩稿》〔註99〕，然書中曹昇、楊向時諸人之序文集其自識皆署《春草吟》。據其自識云：「民國二十六年，遊幕太湖……。」推測應是出生於民元前後。王星華《懷鄉眾吟集》曾見其詩作。〔註100〕
楊向時	楊向時（1917～1987），字雪齋。江西豐城人。生於民國六年三月十九日。無錫國專畢業。嘗從陳石遺、夏劍丞游，許為入室弟子。工詩文詞曲，尤擅駢體。所作不主故常，自成機杼，名其集曰《吹萬樓》，以示引類之不齊也。歷任教育部要職、八易其長，而酬應之文一出其手。蔣總統夫人委以書牘之任。曾任國立臺灣大學、政治大學及中國文化學院、淡江文理學院、東吳大學法學院等校教授，國際詩人聯吟大會顧問、春人詩社第九任社長。卒於民國七十六年六月十四日，年七十一。所著《詞學

〔註96〕據瀛社編委會：《瀛社創立六十週年紀念集》，頁136；瀛社編委會：《瀛社創立七十週年紀念集》（瀛社辦事處發行，1979年），頁90；《中國詩文之友》300期（中國詩文之友社，1980年1月1日）；《中國詩文之友》324期（中國詩文之友社，1982年1月1日）；鄭喜夫：〈臺北著述志稿〉（載《臺北文獻》直字69期，1984年9月），頁34；邱奕松：〈北臺詩苑〉，載《臺北文獻》直字81期，1987年9月，頁389。

〔註97〕據易君左：《四海詩心》，頁339。

〔註98〕據鄒穎文：《香港古典詩文集經眼錄》，頁200；顧潔、李江主編：《廣東省志·人物卷》（北京：方志出版社，2014年8月，第一版），頁207；吳志良、楊允中編：《澳門百科全書》（澳門：澳門基金會，2005年），第328頁。

〔註99〕黃徵：《舫齋詩稿》（手寫自印本，1969年），未標頁碼。

〔註100〕王星華：《懷鄉眾吟集》（臺北：王星華，1982年11月），頁7及頁96。

	纂要》《左傳賦詩引詩考》《新三字經》等書，皆梓行於世。〔註 101〕
楊伯西	楊伯西（1914～？），字一純。民國三年生，福建安溪人。幼承家學，雅善吟詠。曾任花蓮縣政府合作室主任兼秘書，與編縣志。奇萊吟社中，能兼為各體者，唯伯西與陳雄勳。民國四十五年，曾參與創立花蓮「蓮社」，並擔任幹事多年。〔註 102〕
楊福鼎	楊福鼎（1903～？），字南孫，號遜盦。福建福州人。民前八年生。少承家學，長習航空工程。民國十二年海軍學校畢業，供職海軍飛機處及執教海軍學校。抗戰軍興，轉役空軍。洊歷課長、處長、副廠長、庫長、科長、主任、組長等職。四十六年除役，息影台中。中社社員，著有《遜盦詩草》（1982 年自印本，時年 79 歲）。〔註 103〕
楊嘯農	楊嘯農（？～1982），卒於民國七十一年，據張達修壬戌年（1982）〈楊嘯農先生挽辭〉：「馳騁騷壇六十秋。西江一老譽風流（先生之詩。醇老甚激賞）。醫名早為詩名掩。應社真堪洛社伴。難得暮年篤鴻雁。不關大樹憾蚍蜉。定軍山下招魂去。回首班荊憶舊遊」，〔註 104〕餘不詳。
廖從雲	廖從雲（1915～？），字任仁，號梅庵。福建林森人。國立廈門大學法學士。歷任福建省政府簡任秘書、中學校長、福建省政府委員。來臺後，任中國文化大學教授、春人詩社副社長。著有《耕雲心影》《梅庵詞》《歷代詞評》《梅庵吟草》《中國歷代縣制考》《詩鑑（中華五千年史詩）》等。〔註 105〕案：《梅庵吟草》中有〈梅花百詠〉七律力作。
甄陶	甄陶（1907～1982），字伯駿。廣東台山人。少年時參加南社湘集。居香港後，任教珠海書院。一九五九年與彭國棟創立亞洲詩壇，主編詩刊《亞洲詩壇》。著有《中國文學概論》《秀蘭館嶺南書畫》《秀蘭館詞人書畫記》《袖蘭館詞》。〔註 106〕

〔註 101〕據謝鴻軒：《千聯齋類稿‧豐城楊向時先生事略》（臺北市：謝述德堂千聯齋，2001 年），頁 105；王國璠：《中華民國詩人及其詩》，頁 241；易君左：《四海詩心》，頁 265；何南史：《中華民國詩選》，頁 222；《傳統詩集》第一輯，頁 188。生年據秦維藩〈壽楊向時先生七秩雙慶〉（1987 年，丁卯），載《雙寄樓詩》頁 112。

〔註 102〕據王彥：《海南王彥詩集》第一冊，頁 99。生年據張家輝：〈得「百」字吟祝楊伯西兄五秩〉，載《飲水集》。

〔註 103〕據楊福鼎：《遜盦詩草》（1982 年自印本，無出版地）；《中社詩存‧卷首》（新北市：龍文出版社，2009 年 3 月）；《春人詩選‧第四輯》（新北市：春人詩社，1987 年 10 月），頁 446。

〔註 104〕張達修：《醉草園詩集續編》，頁 274。

〔註 105〕據廖從雲：《梅庵吟草‧自序》（臺北市：三文印書館有限公司，1975 年 7 月）；王國璠：《中華民國詩人及其詩》，頁 258；《春人詩選》第三輯，頁 382。卒年據林恭祖：《梅庵詩詞集續編‧序》（臺北市：春人詩社，2006 年 8 月）。

〔註 106〕據甄陶：《袖蘭館詞‧自序》（香港：亞洲詩壇社，1968 年）；鄒穎文：《香港古典詩文集經眼錄》頁 224。

賓國振	賓國振（1909～1977），號默園。湖南湘潭人。私立群治大學政治經濟系畢業。曾任軍法學校副教授、臺北女子師專教授。卒於民國六十六年三月三十一日。著有《中國文學史分論》《默園詩話》《辛稼軒其人其詞》《兩宋湘籍詞人考》《晚悔樓詩》《晚悔樓詩餘集》等。〔註107〕
趙民治	趙民治（？～？），旅美，餘不詳。
劉太希	劉太希（1899～1989），字錯翁。江西信豐人。生於清光緒二十五年。與陳方、彭醇士並稱「江西三才子」。民國七年入北京大學，得識國學大師黃侃，獲贈詩有：「盡掃秕糠繼雅聲，眼中吾子快平生」之句。就學北大之際，常親近劉師培、樊增祥、楊昀谷、林琴南諸大家。大陸變色後，避居香港。民國四十三年秋渡海來臺，任教於屏東潮州中學。民國四十六年應南洋大學中文系主任佘雪曼之邀，赴星洲南洋大學任教。回臺後任教政治大學、師範大學、輔仁大學、文化大學、東吳大學、淡江大學，晚年自「竹林精舍」遷至所任教的政大教職員眷舍，與好友盧元駿、同為黃侃門人的高明，卜居「化南新村」。著有《無象庵詩詞》《竹林精舍詩詞集》《詩選注》《無象庵文集雜記》《千夢堂詩集》《現代文藝叢談》等。〔註108〕
劉孝推	劉孝推（1914～1980），別名肖樞。山東沂水人。書法家。山東政治學院肄業。高等文官考試及格。曾任嚴家淦秘書，典試委員，行政院參議等。多次於《中央日報》《中國時報》等發表文章。〔註109〕
劉宗烈	劉宗烈（1908～？），字承周。江蘇金壇人。清光緒三十四年生。國立中央大學畢業。曾任國立四川大學教授、中央政治學校主任秘書、政治學大、臺灣大學、師範大學、交通大學、輔仁大學、文化大學、銘傳大學等校文哲教授，東吳大學教授兼主任秘書、總統府參議、高考、特考典試委員。春人詩社社長。著有《碧筠館詩鈔》《寒星樓詞集》《忠烈吟》《孟子學說研究》《宋四家詩選》《旅遊韓日紀行詩稿》附《歐遊雜詠》等詩詞文集多種。〔註110〕
劉達梅	劉達梅（1912～？），字雪圃。廣東平遠縣人，三十五年夏畢業於廣州國立中山大學。任廣東防城縣立中學高中部文史教員。抗戰時奔走於東南各省，從事抗建工作。來臺後任屏東市政府秘書。民國六十五年寓次臺北市松江路132巷12號。著有《唐宋愛國詩鈔》。〔註111〕

〔註107〕 據易君左：《四海詩心》，頁292；生卒年據賓陳玉蘭〈輯印晚悔樓詩餘後記〉，載於賓國振《晚悔樓詩餘集》（臺北：大中書局，1979年1月），頁41。

〔註108〕 據熊鈍生：《中華民國當代名人錄》，頁1015；生年據涂公遂：〈壽太希八十臺北〉，載《浮海集》（香港：珠海書院文史學會，1981年出版），頁3；鄒穎文：《香港古典詩文集經眼錄》頁262。

〔註109〕 據易君左：《四海詩心》，頁288；何南史：《中華民國詩選》，頁先9。

〔註110〕 據易君左：《四海詩心》，頁284；熊鈍生：《中華民國當代名人錄》，頁2195；王國璠：《中華民國詩人及其詩》，頁264；《春人詩選》第三輯，392。

〔註111〕 據劉達梅：《唐宋愛國詩鈔·自序及版權頁》（臺北：華岡出版部出版，1976年）；章子惠：《臺灣時人誌·大陸來臺人士篇》（新北市：龍文出版社，2009

潘新安	潘新安（1923～？），香港出生，祖籍廣東南海。亦儒亦商，活躍文壇。六十年代於香港島大坑道建居所曰幼稚園，廣邀文友雅集，成一時佳話。並主持碩果社後期活動、創立「愉社」廣結詩緣，詳見其所著詩話《草堂詩緣》。《南海潘新安先生草堂詩緣翰墨選輯》收錄潘氏及其友儕吳肇鍾、馮康侯、陳荊鴻、梁簡能、黃思潛、翁一鶴、張紉詩、潘小磐、吳天任、關殊鈔、蘇文擢、何叔惠、楊舜文、李鴻烈等六十三人之翰墨逾二百幅，其中詩詞手卷五卷，既保存上世紀香港詩人墨跡，從而窺見五十至七十年代香港文壇盛況。著有《小山草堂詩稿》《小山草堂文稿》《草堂詩緣》，記錄香港文壇活動及友儕詩文〔註112〕
禚恩昶	禚恩昶（1912～？），號夢菴（庵）。山東郯城人。華西協和大學文學士。工詩文史論，歷任教職。來臺後，領教於（右任）賈（景德）二公。著有《三國人物論正續集》《巴山夜雨集》《銀杏堂集》《夢庵詩話》《楊柳詩話》《宋代人物與風氣》《古今詩人評述等》〔註113〕。
蔡念因	蔡念因（1914～2013），廣東三水人，幼年隨父到香港就讀「華仁書院」，畢業後投身洋行，因工作勤奮，深受賞識，從事法國洋行代理，由荷蘭進口國外雜牌煉奶，逐戶推銷，後創立壽星公煉奶公司。善詩，亦香港「南薰詩社」成員。事業有成，舉家移居美國。二〇一三年七月五日在美國洛杉磯阿罕布拉市因病過世，享壽一百零一歲。〔註114〕
蔡愛仁	蔡愛仁（1886～1984），名吉生，號愛廬。江西省寧都縣人。一九〇九年宣統己酉科拔貢，參加保和殿殿試名列一等，分發部曹任職。一九一一年響應武昌起義，任同盟會寧都分會副會長。一九二五年北伐戰爭爆發，隨部隊轉戰蘇、浙、贛等省。北伐勝利後回鄉任教。一九三四年任江西省東鄉縣縣長。翌年奉派主持贛南錫礦開發。一九三七年辭職返里，先後任教江西省立第九中學、第三農校、第四中學、第二女中，後任寧都中學校長。一九四九來臺，任臺灣省立地方行政專校、法商學院、中興大學教授。一九六八退休。晚年致力于經學研究，寫成《論語吟哦集》和《中庸研究》。〔註115〕

年12月），頁152；生年據章子惠《臺灣時人誌》1947年版，謂「現年36歲」推算。

〔註112〕據鄒穎文：《香港古典詩文集經眼錄》頁242；《南海潘新安先生草堂詩緣翰墨選輯》，2019.12.19 https://www.lib.cuhk.edu.hk/tc/about/library/publication/pun-so。

〔註113〕據禚恩昶：《巴山夜雨集·作者簡介》（臺北市：臺灣商務印書館，1976年10月初版）；王國璠：《中華民國詩人及其詩》，頁263；易君左：《四海詩心》，頁296。

〔註114〕梁柳英：〈蔡念因期頤（壽星公）盛宴誌記：2020.03.26 http://www.khaiminh.org/tac_gia/luong_lieu_anh/cai_nian_yin_100.htm。

〔註115〕吳新雄主修：《江西省人物志》（江西：江西省地方志編纂委員會，2007年12月），頁383。

鄭鴻善	鄭鴻善（？～？），號餘澤。福建永春人，長於馬來西亞，旅菲貨殖。曾參與組織菲律賓華商聯合總會，歷任該會外交各委員會主任。第五屆副理事長。耽好文事，能詩，擅書法。一九六九年第一次世界詩人大會在馬尼拉召開，榮獲中國傳統詩社桂冠詩人。著有《菲華詩選全集》《澤餘吟存》《澤餘吟存續稿》《餘澤山莊擊鉢集》。〔註116〕
盧元駿	盧元駿（1912～1977），字遹民，號聲伯，筆名寒影、涵影。江西清江人。民國元年生。國立暨南大學中國文學系畢業。從詞家江西萬載縣龍沐勛暨曲家盧冀野遊，遂以詞曲見長。曾任正中書局總編輯，編輯各級學校教科書及叢書。歷任中學校長、政治大學中國文學系教授兼主任暨研究所所長。臺灣師範大學國文研究所教授。著有《微芒文集》《詩經中古代社會風俗考》《周禮輯要》《說苑今註今譯》《新序今註今譯》《四書五經要旨》《宋代民族精神詞選》《曲學》《詞選註》《詩詞曲選註》《四照花室曲稿》《四照花室詞譜》《四照花室論文集》等。〔註117〕
蕭子明	蕭子明（1914～1992），名繼光，以字行，號正山。江西崇義縣人。生於民國三年農曆五月初二。國立浙江大學師範學院國文系畢業。歷任縣長、委員、政治教官及各大專教授，第一屆國大代表。著有《憶琳詩草》《憶琳詞草》《詩經與楚詞之研究》《三民主義之教育政策》《老莊政治哲學》等。卒於民國八十一年元月六日，年七十九。〔註118〕
蕭遙天	蕭遙天（1913～1990），字薑園，又字公畏。生於廣東潮陽棉城，定居檳榔嶼。馬來西亞作家、學人、書畫家，曾任教鍾靈國民中學，素有「天南一枝筆」雅號。〔註119〕
蕭繼宗	蕭繼宗（1915～1996），字幹侯，自署友紅軒主人，晚號信天翁。湖南湘鄉人。民國四年生。中央政治學校法律系畢業。曾任新聞處長，來臺後任東海大學教授兼中文系主任、研究所長、教務長，韓國延世大學、日本國際基督教大學、美國加州大學客座教授、國民黨中央黨史會主任委員、正中書局董事長等職。著有《澹夢集》《友紅軒詞話》《評校麝塵蓮寸集》《蕭齋夜話》《實用詞譜》《友紅軒詞》《孟浩然詩說》《先秦文學選

〔註116〕據鄭鴻善：《澤餘吟存續稿·序》《澤餘山莊擊鉢集》合編本（臺北市：世紀書局，1985年10月）。易君左：《四海詩心》，頁368。

〔註117〕據易君左：《四海詩心》，頁298；王國璠：《中華民國詩人及其詩》，頁287；吳新雄主修《江西省人物志》，頁527；卒年據盧元駿：《曲學·鄭騫序》（臺北市：黎明文化，1980年出版）。

〔註118〕據謝鴻軒：《千聯齋類稿·崇義蕭子明行狀》（臺北市：謝述德堂千聯齋，2001年），頁102；王國璠：《中華民國詩人及其詩》，頁303；曾今可：《臺灣詩選》，頁316。

〔註119〕方美富：〈冬蟲夏草：蕭遙天生平與文學攷辨〉，載《變遷中的馬來西亞與華人社會：2014年第二屆馬來西亞華人研究國際雙年會論文集》（Malaysia and the Chinese Community in Transition）（吉隆坡：華社研究中心，2015年9月），頁67～88。

	注》《中華民族詩歌》《評校花間集》《獨往集》等。〔註120〕
駱香林	駱香林（1895～1977），名榮基，以字行。原籍新竹，隨父移居臺北大稻埕。一九一四年，與同窗七人共組「星社」，並與「星社」諸友合創詩刊《臺灣詩報》。之後受聘於泰北中學及涵虛樓教授漢學，一九三三年移居花蓮，於自宅設「說頑精舍」傳授漢文、弟子以千計。藝蘭養石，並參與創立「奇萊吟社」，擔任《東臺日報》主筆。一九四九年任花蓮縣文獻委員會主任委員，主修《花蓮縣志》、主編《花蓮文獻》《臺灣省名勝古蹟集》外，著有《俚歌百首》初、二集，《聯語》，一九七六年出版《題詠花蓮風物》攝影集等。歿後，一九八〇年，其詩友王彥為編《駱香林全集》〔註121〕
繆黻平	繆黻平（1882～1975），字士衡、號夷盦。江蘇溧陽人。前清秀才。年十五，從崇明楊寶仁學。其後，隨軍旅食四方，抗戰時期居重慶。一九四九年來臺。著有《恬愉齋詩集》。〔註122〕
薛逸松	薛逸松（1903～1988），號月庵。江西省南康縣人。畢業於江西法政專門學校。歷任江西省政府秘書、視導、主任，贛北《民國日報》社長。民國三十八年端午前一日來臺，歷任頭城、中壢中學教師。幼從邑中耆宿董毓珊、盧雲生遊，工詩、古文詞。著有《松盧詩槀》〔註123〕。
謝大荒	謝大荒（1906～1982），字成則，號君魯。江蘇省武進縣人。清光緒三十二年生。上海私立法學院及黃埔軍校畢業。北伐期間任隨軍政治指導員，轉山東嶧縣縣長，中國國民黨上海市黨部委員，來臺後任大陸救濟總會專員，士林中學校長，救總人事室主任等。著有《易經語解》《學儒七講》《鐵窗夢影錄》《南窗追記》《涵盧吟草》等〔註124〕。
謝鴻軒	謝鴻軒（1917～2012），譜名佑海，以字行。安徽繁昌人。民國六年生。收藏書畫甚富，因名其室曰「千聯軒」。入無錫國學專修學校，從校長經學大師唐文治學。後考入中央陸軍軍官學校。畢業後歷任第三戰區司令

〔註120〕 據蕭繼宗：《獨往集・著者簡介》（臺北市：正中書局，1991年12月，臺初版第四刷）；謝鶯興編：《吳福助教授著作專集》第一冊，頁62；《中華民國當代名人錄》，頁1383；王國璠：《中華民國詩人及其詩》，頁305；易君左：《四海詩心》，頁307；鄒穎文：《香港古典詩文集經眼錄》頁270。

〔註121〕 據王彥編：《駱香林全集・卷首》（臺北市：龍文出版社，1992年3月）；廖美玉主編：《區域與城市》（臺南市：臺灣文學館，2011年12月），頁782。

〔註122〕 生年據繆黻平：《恬愉齋詩集・自序》（臺北：正中書局，1960年10月出版）謂「時年七十五」推算。卒年據莊幼岳248號詩中所注。其略歷見《恬愉齋詩集》，頁19及其他詩作之中。

〔註123〕 據王國璠：《中華民國詩人及其詩》，頁293；薛逸松：〈八十書懷〉（70年辛酉），載《松盧詩槀》（臺北市：孚佑印刷有限公司，1984年11月），頁265；卒年據秦維藩《雙寄樓詩》，頁114。

〔註124〕 據謝大荒：《涵盧吟草・作者傳略》（臺北縣：謝穎毅，1982年12月），頁23；王國璠：《中華民國詩人及其詩》，頁295；曾今可：《臺灣詩選》，頁322。

	長官部秘書。一九四八年當選江西省主席、第一屆行憲國大代表。一九四九年來臺。任嘉義女子中學、嘉義工職校長，臺灣師範大學、輔仁大學、淡江大學及文化大學等校教授。著有《駢文衡論》《鴻廬詩文稿》《中外歷史綱要》《本國史表解題綱》《千聯齋類稿》，纂有《繁陽謝氏戊子宗譜》《謝氏文獻甲編》《謝鴻軒教授回文百聯集》，選印《近代名賢墨跡》初、二、三、四輯。〔註125〕
簡明勇	簡明勇（1941～），字昭義。臺灣桃園人。民國三十年生。國立臺灣師範大學國文學系教授，在該校服務達三十餘年。現任中國名人書畫研究院榮譽院長、兩岸和平文化藝術聯盟書法研究委員會主任委員、中華民國大專院校退休同仁協會理事長、第一屆世界簡姓宗親會總會主席。研發彩墨書法，持續書法推動及運作。著有《律詩研究》《杜甫七律研究與箋注》等〔註126〕。
蘇文擢	蘇文擢（1921～1997），廣東順德人。幼承家學，先祖蘇若瑚、父蘇寶盉為嶺南名儒。無錫國專肄業，師從錢基博、唐蔚芝、馮振心、金松岑、陳柱尊諸先生，於經史詞章造詣甚深，並善書法。一九五〇年定居香港。執教於香港各大專院校，退休後獲邀出任珠海文史研究所教授。其學出入義理、考據、詞章之間，尤長於三禮與左氏公羊學。著有《邃加室詩文集》《邃加室講論集》《邃加室詩文續稿》《邃加室詩文叢稿》《說詩晬語詮評》《韓文四論》《經詁拾存》《孟子述要》《黎簡年譜》《淺語集》《靈芬聯集》《陳希夷心相篇述疏》《三峽吟草》《太平洋會議前後中國外交內幕及其與梁士詒之關係》《梁譚玉櫻居士所藏書翰圖照影存》《邃加室遺稿》，而單篇著述，散見於中、港、臺各大刊物。〔註127〕
蘇福疇	蘇福疇（1904～？），字笑鷗。福建龍巖人。福建私立法政學校出身，北京司法官考試及格。歷任推、檢、軍法官，在滬執行律師業務。民國三十八年來臺，寓居臺中，仍執律師業。六十一年，移臺北定居。著有《遜庵詩屮》（1982年仍在世）〔註128〕
顧翊羣	顧翊羣（1900～？），字季高。江蘇淮安人，旅美。光緒二十六年生。北京大學舊制三年預科畢，入北京政府財政部任職。民國十年赴美，在印州、俄州學府與紐約大學就讀，獲學士、碩士、M.B.A等學位。一九三六年任行政院參事，偕陳光甫、郭秉文等赴美，與美國財政部交涉白銀問題，訂立《中美白銀協定》。曾任農民銀行總經理、國際貨幣基金會首任執行幹事、中國文化學院（中國文化大學前身）教授。晚年定居美國。

〔註125〕據王國璠：《中華民國詩人及其詩》，頁299；熊鈍生：《中華民國當代名人錄》，頁1086。

〔註126〕維基百科：2020年12月21日 https://zh.wikipedia.org/zh-tw/%E7%B0%A1%E6%98%8E%E5%8B%87。

〔註127〕鄒穎文：《香港古典詩文集經眼錄》頁292；蘇文擢教授紀念網站 2020年11月11日 https://somanjock.org。

〔註128〕據蘇福疇：《遜庵詩屮‧吳序及自序》（未署出版項，最後稿件署1982年）；易君左：《四海詩心》，頁312。

	著有《李商隱評論》《危機時代的中西文化》《危機時代國際貨幣金融論衡》《中西社會經濟論衡》《管艇書室學術論叢》《管艇書室人文論著譯述彙刊》《管艇書室詩鈔——美京集》《臺瀛集》。〔註 129〕
龔嘉英	龔嘉英（1920～2005），字稼雲，別號三宜叟。（宜茶、宜酒、宜詩）江西靖安人。民國九年農曆庚申年十一月十五日，出生於江西省靖安縣仁首鄉。國立中正大學畢業，民國三十六年高等考試及格。三十九年來臺。任中國文化學院等各大專院校教授，考試院高等考試典試委員，重修《台灣省通志》特約編纂，中華學術院詩學研究所副所長。著有《詩學述要》於民國五十八年獲第七屆嘉新優良著作獎。又著《詩聖杜甫》一書，於民國八十三年榮獲中山文藝創作獎。民國八十八年依編年體手寫《景勝樓詩集》。本文即依其〈著作人簡介〉節略。《景勝樓詩集》之中多有詩友之壽、輓作品，可據以推算詩友之生卒年等，蓋以其為手寫之第一手資料也。〔註 130〕

　　由上表中統計，《華岡禊集分韻詩》作者省籍分布情形：廣東 23 人、湖南 18 人、江西 17 人、福建 14 人、江蘇 10 人、安徽 9 人、浙江 9 人、臺灣 8 人、四川 4 人、山東 3 人、湖北 3 人、廣西 2 人、雲南 1 人、陝西 1 人、海南 1 人、韓國 1 人（李家源），里籍未詳者 7 人。據統計分析，《華岡禊集分韻詩》作者偏於山東、江蘇、浙江、福建、廣東、安徽、江西、湖北、湖南、四川，其原因有二：一是沿海地區與台灣地緣相近，往來方便。二是華中湖南、湖北、四川各省分大都以軍公教職人員居多，於民國三十八年隨樞府轉進來臺。其他華北、東北、西北、西南地區省分，因距臺灣較遠，來往不便之故，是以人數偏低。

　　另一原因，乃是從事詩詞創作者，須能辨別平仄聲調，而華北、東北、西北、西南等地區，在漢語方言之聲韻系統中，屬於中原音韻系統的北方官話地區。語言聲韻中無入聲，以致平仄辨別困難，故而從事詩詞創作者，人數較少。（見下《華岡禊集分韻詩》作者省籍分布圖）

　　此外，《華岡禊集分韻詩》之作者群，亦有原隸母社者，如：隸屬春人詩社者有：丁治磐、王家鴻、伏嘉謨、阮毅成、林寄華、陳穎昆、許君武、張佐辰、劉宗烈、廖從雲、蘇福疇、吳萬谷、劉孝推等〔註 131〕；隸屬中華民國傳統詩學會者有：張維翰、易大德、王天賞、何志浩、張家輝、張達修、吳天聲、林咏榮、陳邁子、黃光學、楊向時；〔註 132〕隸屬香港南薰詩社者有：吳天任、余璞

〔註 129〕據易君左：《四海詩心》，頁 318；熊鈍生：《中華民國當代名人錄》，頁 1686。
〔註 130〕卒年據張仁青：〈敬悼龔嘉英先生〉，載《張仁青學術論著集》，頁 988。
〔註 131〕見《春人詩選》第一輯（臺北縣：春人詩社，1981 年 7 月），頁 12～13。
〔註 132〕《傳統詩集》第一輯。

慶、梁隱盒、王韶生、文叠山、蔡念因、陳本、翁一鶴、涂公遂、傅子餘、蘇文擢、何敬群、宋郁文、林仁超等（散見於〈作者傳略〉一節）；隸屬中社者有：陳定山、陳祖平、張家輝、楊福鼎、張達修等〔註133〕；隸屬瀛社者有：莊幼岳、張作梅、黃湘屏等〔註134〕；隸屬中華民國漢請詩學會者有：何志浩、林咏榮、張英傑等〔註135〕；隸屬花蓮奇萊吟社（蓮社前身）者有：曾文新、楊伯西等。〔註136〕

華岡禊集作者省籍分布圖

未詳 5%
四川 3%
江西 13%
山東 2%
臺灣 6%
廣西 2%
浙江 7%
韓籍 1%
安徽 7%
湖北 2%
江蘇 8%
陝西 1%
福建 11%
海南 1%
湖南 14%
雲南 1%
廣東 18%

■廣東 ■雲南 ■湖南 ■海南 ■福建 ■陝西 ■江蘇 ■湖北 ■安徽
■韓籍 ■浙江 ■廣西 ■臺灣 ■山東 ■江西 ■四川 ■未詳

〔註133〕見《中社詩存・作者姓氏》。
〔註134〕瀛社編委會：《瀛社創立七十週年紀念集》（臺北市：瀛社辦事處發行，1979 年）。
〔註135〕中華民國漢詩學會編：《網溪詩集》第四輯（臺北市：中華民國網溪詩社，1992 年）。
〔註136〕王彥：《海南王彥詩集》第一冊，87～2、99。

第四章 《華岡禊集分韻詩》之形式分析

　　構成文藝作品的要素，主要是在於形式與內容。形式是在講求怎麼去表現；內容則是敘述要表現麼。古典詩的形式，包括體裁、格律與韻部及句型、句法、對偶等。

　　一切文學的來源，大都是來自民間，尤其是詩，它本是民間歌謠，經採詩之官所採集，而加以整理與潤飾。我國詩體發展的脈絡，大體乃是由《詩經》而《楚辭》，而五言、七言古詩（含樂府），再進展到盛唐時期的近體詩。其後再轉為詞、曲。於詩方面，可大別為古體詩與近體詩，目前學界大都將樂府詩別出於古風之外，唯樂府與古風之間頗難界定。樂府詩原指合樂的詩，然如今詩之樂譜皆已無考，惟歌詞流傳下來。通常凡是標題上以「歌、行、吟、曲、樂、弄、操、引、調、歎、思、辭、篇、唱、愁」等命題者，類皆屬於樂府。如以此作為認定標準，則《杜工部集》之樂府詩即達數百首以上。

第一節　《華岡禊集分韻詩》體裁分析

　　在《華岡禊集分韻詩》三百六十五件作品中，就體裁來區分，約可分為五絕、七絕、五律、七律、五排、七排、五古、七古、四言、六言、寶塔、騷體、柏梁體、詞、曲等，表列如下：

詩體					數量
五絕	24 彭國棟	61 張作梅	222 劉太希			3
七絕	22 張惠康	72 范道瞻*2	84 楊嘯農*2	97 何志浩*2	106 彭國棟	32
	167 楊嘯農*2	176 張仁青	204 丁治磐*2	215 宋郁文	231 劉宗烈*5	
	248 莊幼岳*2	305 張惠康	309 林寄華*2	310 張雪茵*4	316 林仁超*3	
	323 蔡念因					
五律	16 胥端甫*4	37 蕭繼宗	38 黃杜經	43 汪中	48 王彥	24
	57 吳天任	120 黃社經	137 朱任生	140 甄陶	152 范道瞻	
	164 曾文新	183 周邦道	187 劉達梅	234 黃社經	245 龔嘉英	
	黃尊生 255	286 駱香林	291 吳天任	296 侯暢	304 劉達梅	
	311 李嘉德					
七律	2 繆黻平	11 李猷	12 吳春晴	14 何志浩	19 陳定山	65
	27 鄭鴻善	27 張仁青	42 侯暢	47 阮毅成	50 龔嘉英	
	57 簡明勇	59 甄陶	67 林德璽	68 吳語亭	71 涂公遂	
	75 陳寶書	91 朱玖瑩	94 李猷	97 何志浩	100 李嘉德	
	110 陳廣深	126 申丙	127 張達修	128 阮毅成	136 蘇笑鷗	
	143 黃湘屏*2	146 吳天聲	154 王則潞	156 陳寶書	160 薛逸松	
	165 張家輝	170 周曼沙	179 楊向時	184 侯暢	189 蘇文擢	
	192 吳天任	193 梁隱盦	195 趙民治	207 成惕軒	210 吳萬谷	
	211 吳萬谷	213 林尹	218 許君武*2	220 張太翔	226 孫克寬	
	232 吳萬谷	249 蘇福疇	256 黃湘屏	258 王師復	262 陳民耿	
	264 涂公遂	265 范道瞻	268 周紹賢	271 黃徵	272 謝鴻軒	
	275 秦維藩	276 陳祖平	278 張家輝	288 梁隱盦	292 梁漢	
	299 張夢機	316 周曼沙	324 張雪茵			
五排	64 劉孝推	241 張達修				2
七排	277 簡明勇					1
五古	4 易大德	5 丁治磐	7 王家鴻	9 成惕軒	13 吳萬谷	134
	15 林尹	29 姚琮	34 袁爵人	36 劉宗烈	39 何敬羣	
	41 韋仲公	44 申丙	45 楊向時	46 張達修	51 李芳	
	52 姚蒸民	54 莊幼岳	56 朱任生	58 文守仁	60 繆黻平	
	62 王則潞	63 黃湘屏	65 王師復	69 陳民耿	74 周紹賢	
	76 蕭遙天	77 謝鴻軒	78 蕭子明	79 薛逸松	81 陳本	
	82 陳祖平	83 褚夢庵	87 梁寒操	88 易大德	90 王家鴻	
	92 成惕軒	95 吳春晴	98 林尹	101 陳定山	102 陳南士	
	105 褚夢庵	109 鄭鴻善	111 姚琮	112 孫百熙	117 伏嘉謨	

	118 劉宗烈	125 傅清石	130 成惕軒	131 龔嘉英	132 李芳	
	133 姚蒸民	134 于清遠	135 莊幼岳	139 文守仁	142 王獎卿	
	145 王師復	148 吳語亭	150 翁一鶴	151 涂公遂	155 周紹賢	
	157 胥端甫	158 謝鴻軒	159 蕭子明	161 秦維藩	162 許君武	
	168 龍磵居士	172 林寄華	173 韋仲公	174 張兆儒	175 張夢機	
	177 陳荊鴻	178 王國璠	180 楊伯西	182 龔嘉英	188 江絜生	
	189 蘇文擢	189 莫儉溥	190 陳本	191 余璞慶	196 侯暢	
	199 章斗航	200 傅清石	202 易大德	203 易大德	205 王家鴻	
	209 李猷	212 何志浩	214 胥端甫	217 陳南士	220 蔡愛仁	
	221 彭國棟	223 顧翊羣	225 姚琮	230 伏嘉謨	233 李和功	
	235 何敬羣	236 余祖明	237 韋仲公	238 龍磵	240 申丙	
	243 王彥	246 李芳	247 姚蒸民	250 朱任生	251 胡鈍俞	
	252 文守仁	253 甄陶	256 黃湘屏	260 林德壐	261 吳語亭	
	263 翁一鶴	267 王則潞	269 陳寶書	273 蕭子明	274 薛逸松	
	281 林咏榮	283 謝大荒	284 廖從雲	285 廖從雲	290 陳本	
	291 楊福鼎	294 蘇文擢	295 周邦道	300 張昊	301 張仁青	
	302 楊向時	303 王國璠	307 章斗航	308 謝大荒	312 傅清石	
	313 傅清石	317 王韶生	319 陳荊鴻	321 黃徵		
七古	1 張維翰	3 梁寒操	17 周邦道	20 陳南士	21 許君武	60
	23 張太翔	25 劉太希	28 陳邁子	30 張夢機	32 賓默園	
	35 伏嘉謨	40 余祖明	49 李雄	53 于清遠	55 蘇笑鷗	
	66 吳天聲	70 翁一鶴	73 李家源	80 秦維藩	85 張維翰	
	89 丁治磐	96 吳萬谷	103 許君武	107 劉太希	108 顧翊羣	
	119 蕭繼宗	121 何敬羣	122 余祖明	123 韋仲公	124 胥端甫	
	124 王師復	129 謝大荒	130 李雄	144 劉孝推	149 陳民耿	
	153 李家源	157 蕭遙天	163 吳萬谷	163 陳祖平	166 禇夢庵	
	185 陳邁子	186 繆夷盦	197 梁漢	201 張維翰	206 朱玖瑩	
	224 鄭鴻善	228 賓默園	239 袁爵人	242 阮毅成	259 吳天聲	
	266 李家源	280 楊嘯農*2	289 趙民治	293 余璞慶	297 陳邁子	
	314 梁漢	315 王天賞	318 文疊山	322 胥端甫		
四言	124 潘新安	216 陳定山	279 禇夢庵			3
六言	138 胡鈍俞					1
寶塔	149 陳民耿					1
騷體	26 顧翊群					1
柏梁	320 黃光學					1

詞	6 宋天正 （玉樓春）	8 朱玖瑩 （缺詞牌）	10 江絜生 （望江南）	18 尉素秋 （人月圓）	33 尉素秋 （蘭陵王）	33
	60 舒曼霞 （桂枝香）	86 張佐 （點絳脣）	93 江絜生 （浣溪紗）	99 胥端甫 （醉花陰）	104 張惠康 （點絳脣）	
	114 賓默園 （謁金門）	115 尉素秋 （卜算子）	116 張雪茵 （蝶戀花）	118 劉宗烈 （齊天樂）	141 舒曼霞 東風第一枝	
	147 張惠康 （點絳脣）	169 宋天正 （點絳脣）	171 尉素秋 （金縷曲）	181 劉宗烈 （一萼紅）	194 楊向時 （蘇幕遮）	
	198 汪蓮芳 （掃花陰）	208 江絜生 （風入松）	219 張惠康 （南歌子）	229 尉素秋 （一斛珠）	244 王冠青 （滿江紅）	
	254 舒曼霞 蘇幕遮	257 劉孝推 （一萼紅）	270 張忠蓋 （水龍吟）	282 傅子餘 （越溪春）	287 汪蓮芳 （一叢花）	
	298 劉宗烈 （乳燕飛）	306 孫方鐸 （蝶戀花）	310 麥友雲 （臨江仙）			
曲	31 盧元駿	113 盧元駿	227 盧元駿	325 楊向時		4
總計						365

其中因有多人同詠一字者，如：27 號「賢」字有鄭鴻善、張仁青題詠；57 號「為」字有吳天任、簡明勇題詠；60 號「曲」字有繆黻平、舒曼霞題詠；124 號「也」字有潘新安、胥端甫、王師復題詠；130 號「俯」字有成惕軒、李雄題詠；157 號「取」字有蕭遙天、胥端甫題詠；163 號「不」字有吳萬谷、陳祖平題詠；189 號「之」字有蘇文擢、莫儉溥題詠；220 號「懷」字有張太翔、蔡愛仁題詠；391 號「悲」字有吳天任、楊福鼎題詠；310 號「懷」字有張雪茵、麥友雲題詠；316 號「之」字有周曼沙、林仁超題詠。另有一字而一人題詠多首者，如：16 號「稽」字，胥端甫有五律五首；72 號「之」字，范道瞻有七絕二首；76 號「一」字，有蕭遙天五古三首；84 號「情」字，楊嘯農有七絕二首；97 號「觀」字，何志浩有七律一首、七絕二首；118 號「聽」字，劉宗烈有五古一首、詞一闋；143 號「之」字，黃湘屏有七律二首；149 號「託」字，陳民耿有七古二首；167 號「欣」字，楊嘯農有七絕二首；189 號「之」字，蘇文擢有五古一首、七律一首；204 號「欣」字，丁治磐有七絕二首；218 號「之」字，許君武有七律二首；231 號「人」字，劉宗烈有七絕五首；248 號「之」字，莊幼岳有七絕二首；256 號「不」字，黃湘屏有五古一首、七律一首；280 號「作」字，楊嘯農有七古二首；309 號「興」字，林寄華有七絕二首；316 號「之」字，林仁超有七絕三首。

茲將《華岡禊集分韻詩》中各體裁之作品製圖如下：

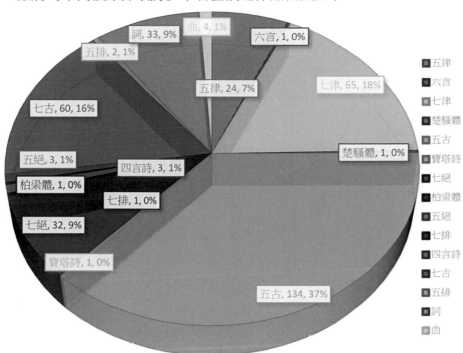

第二節　格律解說

　　文學創作，各有其形式與體裁，以上為《華岡禊集分韻詩》就各體詩之統計。在平仄及韻部方面，近體詩部分對於「孤平未救」、「平仄誤用」、「下三平」、「下三平」作品之解說。又有近體詩押韻之疏失，及用字訛誤之作品所衍生之出律、出韻等格律之問題，於今特為揭出，如有唐突前人之處，謹此告罪。此外近體詩押仄韻及古體詩採用《中華新韻》之作品，並無不可，只是體例較為特殊，特於以下陸續標出。

一、近體詩之平仄格律

　　近體詩有其一定的平仄格律。近體詩之平仄格律，一般稱為「平仄譜」。大體說來，平仄譜安排之原則有三：

　　（一）句中之字，兩字或三字為一組，平仄相間。

　　（二）出句（即單數句或稱「上聯」）與對句（即雙數句或稱「下聯」）平仄相反，此即謂之「對」或「反」。唯首句如為押韻式，則下

三字會有所變動。

（三）前聯之對句與後聯之出句平仄相叶，此即所謂之「黏（粘）」或「叶」。然由於押韻之故，下三字會有所變動。

本所研究委員宜賓羅尚（字「戎庵」，1923～2007）於《古典詩形式說》一書中有云：

> 詩在作意，不在聲調（即平仄），但聲調為詩的形式，其文學藝術性在音樂方面。〔註1〕

由於詩常發諸吟詠，故而音樂性極為重要。對於句中平仄格律之要求，亦較為嚴苛，尤以近體詩為最。凡未遵循應所具備之格律者，即不得稱之為合式之作品。古人於近體詩之格律有所謂「一三五不論，二四六分明」之說，卻因有幾個應注意之要點未曾揭出，以致讓後人如墜於五里霧中，而不知何所適從。其要點就是：一、不可犯孤平；二、不可有「下三平」的句子。所謂下三平，即是每句之最末三字，同為平聲字之謂，乃因音節過於單調之故。

二、犯孤平

清季王漁洋（1634～1711）氏於《律詩定體》云：

> 五律，凡雙句二、四應平仄者（即「平平仄仄平」句），第一字必用平，斷不可雜以仄聲，以平平止有二字相連，不可令單也。其「二、四」應仄平者，第一字平仄皆可用，以仄仄仄三字相連，換以平韻（即平聲字）無妨也。大約仄可換平，平斷不可換仄，第三字同此，若單句第一字可勿論。〔註2〕

就王漁洋氏「若單句第一字可勿論」一語，王力（1900～1986）於《詩詞格律》一書更為揭出：

> 犯孤平指的是平腳的句子，仄腳的句子即使只有一個平聲字，也不算孤平。如李白〈宿五松山下荀媼家〉：「我宿五松下」句，只算拗句，不算孤平。〔註3〕

羅尚於《古典詩形式說》中亦云：「孤平不用之說，在雙句不在單句，在仄調用韻句中（即「仄仄平平仄仄平」），不在平調中。」〔註4〕王力於《詩詞格律》

〔註1〕羅尚：《古典詩形式說》，92 年自印本，頁 6。
〔註2〕丁仲祜編：《清詩話》，（新北市：藝文印書館，1977 年 5 月），頁 145。
〔註3〕王力：《詩詞格律》，（北京市：中華書局，2000 年 4 月新 1 版），頁 31 注。
〔註4〕羅尚：《古典詩形式說》，頁 3。

一書云：

> 「一三五不論」這句話是不全面的。在五言「平平仄仄平」這個格
> 式中，第一字不能不論，在七言「仄仄平平仄仄平」這個格式中，
> 第三字不能不論，否則就要犯孤平。在五言「平平仄平仄」這個特
> 定格式中，第一字也不能不論；同理，在七言「仄仄平平仄平仄」
> 這個特定格式中，第三字也不能不論。以上講的是五言第一字、七
> 言第三字在一定情況下不能不論。至於五言第三字，七言第五字，
> 在一般情況下，更是以論為原則了。……總之，七言仄腳的句子可
> 以有三個字不論，平腳的句子祇能有兩個字不論。五言仄腳的句子
> 可以有兩個字不論，平腳的句子祇能有一個字不論。「一三五不論」
> 的話是不對的。〔註5〕

就前所述，可知孤平必救的重要性。

三、《華岡禊集分韻詩》中孤平未救之作品

在《華岡禊集分韻詩》之中，於近體詩孤平而未救者，如：

（一）第16號「稽」字，胥端甫五律（四首其三）首聯「治亂興亡事，
我曾往籍稽」。「我曾」二字孤平而未救。

（二）第48號「流」字，王彥五律首聯之「破日悲風木，報秦聚海陬」。
「報秦」二字孤平而未救。

（三）第64號「其」字，劉孝推五排一首「舉世方昏墊，異端誤詭隨。」
「異端」二字孤平而未救。

（四）第100號「之」字，李嘉德七律頸聯「湖亭倒影圖中識，椰樹挺
身眼底癡」。「挺身」二字孤平而未救。

（五）第106號「之」字，彭國棟七絕前半「斯文天喪欲何之，風雅附
庸亦我師」。「附庸」二字孤平而未救。

（六）第258號「文」字，王師復七律首聯「杜鵑滿地亦成文，休把墜
紅付土墳」。「墜紅」二字孤平而未救。

（七）第271號「生」字，黃徵七律頷聯「華岡雅韻題禊集，曲水勝流
結舊盟」。「勝流」二字孤平而未救。

（八）第304號「殊」字，劉達梅五律頷聯「淡水縈波綠，輞川繞畫圖」。

〔註5〕王力：《詩詞格律》，頁38。

「輞川」二字孤平而未救。

以上諸作，皆屬「孤平未救」之類。

四、下三平、下三仄

下三平（三平尾）係屬古風之格律，在近體詩中是決不容許的。《華岡禊集分韻詩》中：第304號劉達梅五律一首「陽春烟景召，花事<u>依何殊</u>。淡水縈波綠，輞川繞畫圖。緬懷禹甸刼，殘逞狗難屠。試問新亭淚，能添幾個無。」首聯「<u>依何殊</u>」即屬下三平之作。

至於下三仄之句，如：

（一）第126號申丙七律一首頸聯「狂浪翻成<u>去國恨</u>」。

（二）第268號七律周紹賢一首尾聯「空負虛名<u>列雅集</u>」。

（三）第304號劉達梅頸聯「緬懷<u>禹甸刼</u>」。

則較為通融，論者多主張不忌者，如唐人杜甫〈八陣圖〉：「江流<u>石不轉</u>，遺恨失吞吳」之句即是。

五、平仄誤用之作品

（一）第14號「於」字七律，何志浩作品頸聯「非關分韻誰先後，只恐唱<u>和</u>或有無。」之「和」字，雖有平仄兩讀，然作「唱和」之「和」字，應作仄聲，作者於此誤用了。

（二）第47號「清」字七律，阮毅成作品「祓禊良辰天氣清，蘭亭韻事喜重賡。相逢少長皆賢彥，紛貢珠璣共品評。已有佳章成擊缽，待抒椽筆賦收京。流觴獨恨難勝飲，媿繼吾家老步兵。」頸聯「已有佳章成擊缽，待<u>抒</u>椽筆賦收京。」之「抒」誤當平聲用，造成出律。

（三）第187號「其」字五律，劉達梅一首「憶昔江南地，蘭亭甚壯哉。神州蒙浩刼，雞狗亦淒其。臺島暮春日，華岡好賦詩。及時倡教運，報國在今茲。」尾聯「及時<u>倡</u>教運，報國在今茲」之「倡」字，於平讀時作「倡優」解，此處作動詞宜仄讀，故而造成孤平。

（四）第232號「云」字，吳萬谷七律一首「佳日呼儔脫世氛，打門風雨向來紛。蘭亭暄作濡毫地，上巳重咀修禊文。各挈羈懷成落落，稍揮詞翰且云云。後來倘視麻沙卷，有感他時定不群。」頷聯「蘭亭暄作濡毫地，上巳重<u>咀</u>修禊文。」之「咀」字仄讀，造成出律。

以上諸例，皆因平仄誤用而造成不合平仄格律情況，此在近體詩作品中，是絕不容許的。

第三節　韻部分析

所謂詩者，乃是最富音樂性之文體，欲求其能歌詠動聽，除於平仄格律上力求其協諧外，尚須押韻，使能增加聲韻之美。

何謂韻？劉勰（約495～？）於《文心雕龍》云：「同聲相應謂之韻。」〔註6〕易言之，「韻」即是「同一收音」之謂。如「東、公、空、通、同、聰、烘、紅、隆」等字，皆以（ㄨㄥ）為收音，即同屬一韻。而取「東」字為代表，稱之為「東」韻。又如「先、天、填、年、千、煎、綿、延、前」等字，皆以（一ㄢ）為收音，亦同屬一韻，而取「先」字為代表，稱之為「先」韻。而將某些詩句之末尾，綴上同韻之字，即稱為押韻。如王之渙〈登鸛雀樓〉：

　　　白日依山盡，黃河入海流。欲窮千里目，更上一層樓。

其中「流」與「樓」字，俱在「十一尤」韻中，稱之為押「十一尤」韻。

押韻之作用有二：（一）將許多渙散之音，聯絡貫串，以成為協諧之聲調，使詩歌之節奏更鮮明、更和諧。吟誦起來，令人覺得鏗鏘悅耳。（二）為便於成記憶，詩之有韻，令人讀之琅琅上口，即使篇幅較長，亦易於完成背誦。〔註7〕

在古典詩中，不論古體或近體，皆必須押韻，唯古體詩與近體詩所用之韻有所不同耳。大凡近體詩之韻部，臺灣地區大都以「平水韻」為押韻依據；而古體詩方面，亦偶有採用「中華新韻」〔註8〕者。蓋中華新韻（十八韻）係以北京音系為準，對於受國音教育者，較容易入手故也。

〔註6〕〔梁〕劉勰：《文心雕龍・卷七・聲律》（臺北：台灣開明書店，1967年5月）頁10。

〔註7〕案：本節〈韻部分析〉，原載於個人（林正三）《詩學概要》（臺北：廣文書局，1998年7月），頁71～72。該書於民國九十年代，經《藝文聚賢樓》網站版主陳耀東徵得個人同意，鋪貼於該網站，是為古典詩寫作實務第一本發表於網路的書籍。之後《網路古典詩詞雅集》及國內外網路詩壇或有經個人同意或未經同意，皆予轉載。當時因定稿時間匆促，錯訛之處極多，個人於2018年10月，已另行出版《詩學概要》增訂本。

〔註8〕教育部國語推行委員會編：《中華新韻》（臺北市：國語日報出版社，1992年3月），頁31～135。

一、近體詩押韻之疏失

近體詩押韻之錯訛部分：

（一）第 136 號「諸」字，蘇笑鷗七律一首，「釀寒細雨放晴初，詩被催成帶醉書。蕙畝椒臺尋往迹，烏頭馬角負居諸。六年歌哭聲誰訴，一寸山河血未除。老滯蠻荒識蠻語，郝隆也解賦姍 隅 。」全詩用六魚韻，卻於末聯用了「七虞」之「隅」字，在古體詩中，「魚」、「虞」兩韻固然可以通用，然而在近體詩中是不容許的。此稱「飛雁出群」格〔註9〕，是屬違式。

（二）第 187 號「其」字，劉達梅五律「憶昔江南地，蘭亭甚壯哉。神州蒙浩劫，雞狗亦淒其。臺島暮春日，華岡好賦詩。及時倡教運，報國在今茲。」全詩用「四支」韻，而首聯「憶昔江南地，蘭亭甚壯哉。」卻用的是「十灰」韻，是屬「飛雁入群格」〔註10〕的押韻法。

（三）第 211 號「陳」字，吳萬谷七律「蘭荃芳潔可無親，算有行吟楚澤人。七載所欣供俯仰，百端隨化見新陳。地無曲水萍仍聚，天放叢櫻世尚春。多謝右軍遺序在，臨觴何限感斯 文 」，全詩用「真」韻，而尾聯「多謝右軍遺序在，臨觴何限感斯文。」卻用上「文」韻字，是屬「飛雁出群」格。

（四）第 226 號「終」字，孫克寬七律「詩道懸知尚未窮，采蘭仍詠舞雩風。南遷俄及星三紀，讀曲剛逢樂再終。燕子桃花春事盛，流杯刻羽賦情 濃 」，全詩用「一東」韻，卻於頸聯「燕子桃花春事盛，流杯刻羽賦情濃。」用上「二冬」韻之「濃」字，亦屬違式。

（五）第 310 號「懷」字，張雪菌七絕（四之四）「浮觴上巳春留句，海島相逢盡捷才。莫怪天涯多索寞，且將勝事入吟懷。」一詩，「才」字屬「十灰」韻，「懷」字屬「九佳」韻，於近體詩亦在禁止之列。

（六）第 311 號「其」字，李嘉德五律一首「廿年歌上巳，餘響太淒其。曲水同君夢，流觴濕我 衣 。羣飛孤不語，獨往世皆遺。隔海飢寒在，摧腸總為誰」，全詩押「四支」韻，而頷聯「曲水同君夢，流

〔註9〕張仁青則界定為「孤雁入群」格，見《張仁青學術論著集‧揚芬樓文集》（臺北市：文史哲出版社，2007 年 3 月），頁 535。

〔註10〕張仁青則界定為「孤雁出群」格，見同上，頁 536。

觸濕我衣。」之「衣」字卻屬「五微」韻，出韻。

（七）第313號「一」字，傅清石五古一首「三陽慶禊期，欣豫清明日。觸流曲水溪，雋才抒彩筆。聯吟上巳春，高響靈境出。文武各奮飛，少長咸悅集。鏘鏘開八埏，融融芝蘭室。壯氣動雲漢，威鳳搏飛疾。蓬瀛佳麗地，豪情更飄逸。座上竹林賢，詩中建安七。茲辰冠蓋通，談調無終畢。呦呦聞鹿鳴，揮絃肆琴瑟。歲云羣英會，陶然百憂失。聖道合薪傳，危微精中一」，全詩押「四質」韻，而第三聯「文武各奮飛，少長咸悅集。」之「集」字屬閉口鼻音之「緝」韻，出韻。如將其視為採用「中華新韻」之作品，則通篇十二韻中，只此一字，且「聯吟上巳春，高響靈境出。」一聯之「出」字，與「中華新韻」又不合〔註11〕，故而只能算是誤用。

（八）第167號楊嘯農七絕，分得的是「欣」字，而兩首作品中卻無以「欣」字為韻腳之句，應是作者一時之疏忽。

二、近體詩押仄韻

一般近體詩，原則上皆以押平聲韻為主。所謂近體詩押仄韻者，係指平仄聲調及律詩中之對偶皆依照近體詩之格律，是一首工整之絕句或律詩，唯於韻部卻是押仄聲之字。如：

編　號	得字	體韻	作　者	內　文
24	事	五絕寘韻	彭國棟	癸巳又重逢，千年朝暮事。蘭亭迹已陳，孰灑新亭淚。
61	水	五絕紙韻	張作梅	華岡集上巳，風物蘭亭擬。癸丑恰重逢，流觴懷曲水。
170	遇	七律遇韻	周曼沙	冠蓋東南修禊歡，臺灣勝集飛觴處。諸公才調擅風流，獨我詩懷感遲暮。俯仰頻添異域愁，炎涼空作孤兒訴。扁舟卅載滯邊天，故國良辰安可遇。
201	向	七律漾韻	張維翰	高閣凌虛遙展望，崇山峻嶺環相向。蘭亭已矣覽遺文，華苑依然沿素尚。白日雲開氣朗清，青天雨過風和暢。新成樓宇顏均黟，撫景懷人同感愴。
305	事	七絕寘韻	張惠康	分韻詩驚三百餘，一觴一詠無遺字。八公破敵運籌人，曾到蘭亭修禊事。

〔註11〕「出」字「中華新韻」歸於「十模」，見《中華新韻》頁87。

另第 201 號張維翰的「向」字一首:「高閣凌虛遙展望,崇山峻嶺環相向。蘭亭已矣覽遺文,華苑依然沿素尚。白日雲開氣朗清,青天雨過風和暢。新成樓宇顏均默,撫景懷人同感愴。」依平仄及對偶判斷,應是仄韻七律。然而第七句最後一字卻用到仄韻字,乃係較為突兀之處,如以七古目之,其格律又屬工整之律句。此乃因「均默」乃係人名,無可移易之緣故。

三、古體詩中採中華新韻之作品

「古典詩」是用韻極為嚴格的文學作品,尤其是近體詩部分。由於唐宋時期語言之聲韻是屬中古音時期,當時詩詞創作所用之韻部乃以「平水韻」(《廣韻》之合併)為基準。其聲調、韻部與目前通行之國音(以「中原音韻」為基礎)有極大的差別。導致受國音教育者,無法辨別入聲字及韻部。民國以來,由於推行以北方音系為主之國音系統,故有部分古典詩作者,主張以《中華新韻》取代原有之詩韻。《中華新韻》乃是以所謂之官音(即北方官話)為押韻系統。其藍本為元朝周德清所編之《中原音韻》,兩者分韻數目略有不同,《中原音韻》分十九韻,將平、上、去三聲合為一韻,且將入聲字併於平、上、去三聲之中。而《中華新韻》又將《中原音韻》合併為十八韻(以民國 21 年國民政府教育部所公布的「國音常用字彙」為讀音依據,把可以通押的韻劃分作十八部)。民國三十年,教育部頒布了以現行國音為基礎的《中華新韻》,其韻部列表於下:

韻　部	注音符號	音　標
一、麻韻	ㄚ	a，ia，ua
二、波韻	ㄛ	o，uo
三、歌韻	ㄜ	e
四、皆韻	ㄝ	ie，üe
五、支韻	ㄓ	（一i）
六、兒韻	ㄦ	er
七、齊韻	一	i
八、微韻	ㄟ	ei，ui
九、開韻	ㄞ	ai，uai

十、模韻	ㄨ	u
十一、魚韻	ㄩ	（ü）
十二、侯韻	ㄡ	ou，iu
十三、豪韻	ㄠ	ao，iao
十四、寒韻	ㄢ	an，uan ian，üan
十五、痕韻	ㄣ	en，in，un，üen
十六、唐韻	ㄤ	ang，iang，uang
十七、庚韻	ㄥ，一ㄥ，ㄨㄥ	eng，ing，weng
十八、東鍾韻	ㄨㄥ	ong，iong

　　然而在台灣地區之居民，大都以閩、客籍為主，在日常語言中對於中古音的平、上、去、入四聲，可謂出口即辨，押韻的韻部也沒有困擾。但是對於受國音教育的年輕一代，以及由大陸來臺人士，凡使用中原語系及西南語系者，皆無法辨別入聲字和韻部。故而有部分主張採用「中華新韻」作為古典詩用韻的標準。然而在近體詩部分仍然無法獲得認同，只有在古體詩方面，較為通融。至於有關古體詩中採用「中華新韻」之界定分辨如下：

（一）首先應分析是否合乎「中華新韻」之韻部（「中華新韻」無入聲調，平、上、去聲同歸一部）。

（二）雜用「侵、覃、談、鹽、添、咸、銜、嚴、凡」諸韻，及其相承之上、去聲之韻字，而又雜亂無章者，因該類是屬閉口鼻音之字，與其他諸韻不同。而中華音韻則併入「人文韻」（ㄣ）、「寒山韻」（ㄢ）或「庚青韻」（ㄥ）。如 32 號「咸」字，賓默園七古一首「衫、間、咸、閒、山、還、函、顏、芟、銜」等是。

（三）一詩兼用數韻而又無倫次，不似轉韻之作品者。如第 121 號「信」字七古何敬羣一首「晉、信、應、興、韵、榮、獍、忿、奮、詠、振、陣、運、問、映」等字。其中「信、晉、陣、振」屬「震」韻，「問、運、韻、奮、忿」屬「問」韻，「應、興」屬「徑」韻，「獍、映、詠」屬「敬」韻，「榮」屬「庚」韻。

《華岡禊集分韻詩》中採用中華新韻之詩作，計有十三篇，列表如下：

編號	得字	詩體	作　者	韻　字	備　註
1	永	七古	張維翰	永、景、嶺、整、詠、影、猛、晉、鯁、窘、隱、甚、飲、忍、境、拯、認、盾、敬、振、奮、運	十五「痕」韻 十七「庚」韻
28	畢	七古	陳邁子	翁、逸、挹、逼、識、力、國、輯、一、息、集、謐、滴、筆、激、惻、色、臆、翼、畢、必、墨、寂	二「波」韻 三「歌」韻 七「齊」韻
32	咸	七古	賓默園	衫、間、咸、閒、山、還、函、顏、苙、銜	十四「寒」韻
39	峻	五古	何敬羣	憤、悶、峻、認、褋、淨、俊、鎮、晉、印、奮、震、問	十五「痕」韻
55	引	七古	蘇笑鷗	眼、晚、遠、引、嶺、眚、隱、綆 （【災眚】禍患。眚：《廣韻》所景切。）	十五「痕」韻 十七「庚」韻
76	一	五古	蕭遙天	日、集、質、急、浥、及、七、熠、物、術、逸、一、迫、惻、墨、力、筆、出、匹、立、祓、飾、息、臆、汲、式、抑、塞、實、尺、域、滴、溢、仄、室、鬱、得、泣　（案：原稿疑是誤分三段）	二「波」韻 三「歌」韻 七「齊」韻 十「模」韻
112	騁	五古	孫百熙	景、憬、騁、領、井、飲、屏、酊、炯、逞、警、噤、頃、境、窘、蚓	十五「痕」韻 十七「庚」韻
121	信	七古	何敬羣	晉、信、應、興、韵、榮、獷、忿、奮、詠、振、陣、運、問、映	十五「痕」韻 十七「庚」韻
123	樂	七古	韋仲公	昨、樂、酌、覺、作、學、角、嶽、濯、惡、喔	二「波」韻 四「皆」韻
163	不	七古	吳萬谷	祓、鬱、屋、出、拂、七、屈、不	七「齊」韻 十「模」韻 十一「魚」韻
186	及	七古	繆夷盦（庵）	邑、集、什、即、刻、色、極、臆、側、惡、國、億、測、泣、翼、力、克、息、及、德	二「波」韻 三「歌」韻 七「齊」韻
269	一	五古	陳寶書	集、逸、翼、側、密、翅、筆、一、惻	三「歌」韻 七「齊」韻
297	人	七古	陳邁子	渾、塵、聞、紛、人、論、民、侵、淪、騰、行、心、深、新、身、春、丁、魂、橫、濱、茵、存、辛、零、陳、珍、興、尋、靈、辰、雲、伸	十五「痕」韻 十七「庚」韻

第四節　用字疑訛之作

《華岡襖集分韻詩》之中，某些作品之用字，疑有差誤者，揭出如下：

（一）第16號「稽」字五律，胥端甫一首，「翹企無所羨，惟望楚天西」，「企」字該平而仄，出律。

（二）第124號「也」字七古，王師復一首「濟濟熙熙，蘭臭讔讔」，「讔」字疑有誤。

（三）第145號「或」字，王師復一首，全詩押「職」韻，卻於「詭譎幻雲波，觸景多新意」一聯，押上「意」字，蓋因於「意」字古音可協「億」、「臆」等字作「乙力切」，如秦代〈之罘刻石〉：「宇縣之中，承順聖意。群臣誦功，請刻於石，表垂常式。」

（四）第184號「將」字，侯暢七律一首，第三句「祓禊流觴同祓青」末一字應用仄聲字，緣何用上平聲之「青」字，頗感突兀。後據《四海詩心》已訂正作「眚」字為是。〔註12〕

（五）第225號「化」字五古，姚琮一首，「甲胄非攻心，干羽甘受和」，「和」字韻部不合，不知是否用上古韻。

（六）第281號「後」字，林咏榮五古一首，雖是分得「後」字，全詩卻皆押「紙」韻，唯「既有為之前。不難繼其後」一聯是用「後」字。若說手民之誤，卻也說不通，著實令人費解。

（七）第290號「昔」字，陳本五古一首計三十韻，其中二十九韻皆用「陌、錫、職」韻，唯「東南陸半沉，沛若萬水發」之「發」，卻屬「月」韻，頗覺突兀。

（八）另第76號「一」字，蕭遙天五古之作，原分三段，究不知是一首抑或三首，此蓋因三首中，單有一首押「一」字也，現姑以一首目之。

第五節　四言詩之用韻

四言詩指四字組成詩句之作品，我國最早的詩歌總集《詩經》，其體式大都以四言為主，故可稱為四言詩之代表，其所押之韻，屬於上古韻，與唐宋時期之中古韻截然不同。如〈國風·邶·擊鼓〉：「擊鼓其鏜，踊躍用兵。土國

〔註12〕見易君左《四海詩心》，頁206。

城漕，我獨南行。」一章，《詩經》屬「陽」部，而中古音「兵」、「行」歸於「庚」韻；「爰居爰處？爰喪其馬？于以求之？于林之下。」〔註13〕「處」、「馬」、「下」等字，在《詩經》屬「魚」部，而中古音「處」屬「語」韻、「馬」、「下」歸於「馬」韻。

《華岡禊集》中之四言詩，其中第124號潘新安一首及279號禠夢庵一首皆用平水韻。第216號陳定山一首，用韻則不古不今〔註14〕。韻字為「一」、「物」、「不」、「極」、「怫」、「笏」、「節」、「列」、「筆」、「刼」、「碣」。其中「一」字古今同屬「質」部、「極」字古今同屬「職」部、「碣」字古今同屬「月」部、「怫」、「物」二字古今同屬「物」部以外，「節」、「列」兩字今屬「屑」韻，古韻則「節」在「質」部、「列」在「月」部，「筆」、「笏」二字古屬「物」部，今韻則「筆」在「質」韻，「笏」在「月」韻，「不」字古屬「之」部，今屬「物」韻，「刼」字則古今同屬閉口鼻音。

第六節　詞曲中有疑義之作

《華岡禊集分韻詩》之中有詞三十三、曲四。經依照康熙《欽定詞譜》，查檢詞作格律，略有不合及出韻情況；而曲之部分，頗疑與曲譜字數不合之處。由於個人於詞曲方面僅屬半解，特地請教淡江大學陳慶煌教授（陳為盧元駿先生高弟），諸承不厭其煩加以分析解說，以「曲可以加襯字故」論定，無任感激，謹致謝忱。

一、詞

依照康熙《欽定詞譜》，查檢作品有平仄格律不合及出韻情況，列表如下：

序號	得字	作者	內　　文	備　註
10	春	江絜生	修禊事，上溯一千春。重賦蘭亭新雅集，風流如見永和人。綵筆繼清芬。　千載下，多難中興辰。落日樓頭遊子淚，憑欄雨歇楚歌[聲]。重度永和春。	望江南「聲」字出韻

〔註13〕《詩經》，（新北市：藝文印書館，1989年，〔清〕嘉慶二十年重刊宋本《十三經注疏》本），頁80下。

〔註14〕「古」謂上古韻部，「今」謂平水韻。

118	聽	劉宗烈	山陰誰續蘭亭序。登臨漫舒吟興。險韻初分。煩襟乍滌。依約花時同趁。詩魂漸醒。任芳席輕移。危闌閒凭。到眼螺峯。繫情飛翠上愁鬢。名都還共禊飲。萬般憂樂事。聊付觴詠。故國春殘。遙天夢絕。應有歸雲傳訊。關河正暝。便頓息兵塵。更消魔影。俊賞風流。浩歌方佇聽。	齊天樂「趁、鬢、訊」字出韻
287	今	汪蓮芳	煙巒勻翠乍憑臨。還檢舊遊心。浮觴幾處春深淺，掠鶯燕、波暖粼粼。迴望故山，遊情疏減，淒斷到而今。　林嵐無際趁閒吟。雅會契苔岑。香堤穌潤歸程緩，綴零亂、飛絮盈襟。蘭亭漸凋，蒲榴催映，芳夏待重尋。	一叢花「粼」字出韻
310	懷	麥友雲	雅會非關名利計，那還拘檢形骸。但逢臨水近青厓。催詩須仗酒，毋令有餘杯。　正是暮春三月許，風和景麗時佳。結盟山水不分乖。落花猶未了，休更動情懷。	臨江仙「厓、杯」字出韻〔註15〕
8	丑	朱玖瑩	海上羈遲吾誰與友。入門一笑，歲在癸丑。永和九年後。二十七周星，上巳逢辰覺非偶。華岡聯吟揮禿箒，敢與蘭亭爭不朽。偷安江左太非夫，游目騁懷忘北首。　後之視今，今之視昔，奮袖低昂競奔走。鰥鰥二十四年矣，一髮中原非我有。隔岸待援，人人引手。我持杯酒發狂言，若個偷安，不如喪家之狗。長嘯一聲否、否、否。	非詩非詞未附詞牌
60	曲	舒曼霞	登臨縱目。正小燕試飛，細柳新綠。隱隱紅樓深處，一叢修竹。華岡四季均如畫，百花池、桂芬蘭馥。杜鵑爭放，晴川明媚，水迴山曲。　看今歲郊原雨足。諒千畝良田，定獲嘉穀。上巳欣逢癸丑，鷺鷗盟續。中興鼓吹吾儕責，振黃魂、端正風俗。唱酬分韻，詩壇前輩，唾欬珠玉。	桂枝香「深、欬」出律
116	極	張雪茵	羅袂輕盈香暗度。上巳佳辰，人在天南北。鏡影慵窺愁瑟瑟。一枝瘦損桃花色。　柳拂行舟長惜別。修禊蘭亭，舊歡難再得。殘月曉風寒惻惻。山長水遠情無極。	鳳棲梧（蝶戀花）「度、別」字出韻
171	暫	尉素秋	莫道流光暫，細思量，老彭殤子，誰修誰短。但有奇文垂宇內，已擅乾坤一片。晉南渡、地旋天轉。禊集山陰觴詠地，剩蘭亭一紙毫光粲。羣賢往，風雲散。　從知文貴黃金賤。算縱能錦衣珠履，珍羞供饌。爭似風流王逸少，姓氏	金縷曲（賀新郎）「暫、忝」字出韻

			永標文苑。千載後、騷壇重建。上巳聯吟逢癸丑，仰前修、心跡託柔翰。今視昔，原無忝。	
198	繫	汪蓮芳	晚紅漲碧，漸杜宇頻催，動人歸思。亂香暗綴，想西園處處，閒情難繫。岫冷江湖，漫把流觴試醉。黯雲樹，掩一髮故山，迷望無際。　鵑夢沈萬里，付幾度東風，欲覓無地。畫欄自倚，悵吟懷易懶，滿襟新翠。寥落年光，倦客天涯尚寄。膩清淚。共飄零，峭寒春意。	掃花遊（掃地遊）「樹」字出韻

二、曲

序號	得字	作　者	內　　文	備註
31	長	盧元駿	山坡羊〔註15〕 恨當日蘭亭韻往、喜今朝華岡氣壯，且莫對千秋遺響驚消長，看樹蒼蒼、水泱泱、流觴恰似在雲台上，爭盼得南渡冠裳集一堂，風、也欲飛揚，雲、也欲飛揚。	
113	懷	盧元駿	殿前歡・雙調〔註16〕 放孤懷。蘭亭依舊落天涯。仰觀俯察情先改，春滿塵埃，啼痕不盡揩。新亭外一髮青山在，爭盼得橫跨瀚海，直上雲臺。	
227	期	盧元駿	水仙子・雙調〔註17〕 又傳修禊值佳期。分韻流觴逸興揮。祛除髒亂凝祥氣。暖風來醉客迷。忽驚聞杜宇長啼。眼底華岡秀，望中興曲水洄。總不如歸。	
325	文〔註18〕	楊向時	新水令・雙調 華岡景物四時新。乍凝眸碧遙紅近。依稀桃葉渡，隱約杏花村。舞燕紛紛，憑軟語傳春訊。 折桂令 問吟邊、多少騷人。看豪氣吞虹，健筆凌雲。有的是英簜尋盟，有的是旌旄寄閫，有的是儒雅將軍。欽詞宗、柏署揚勳。愛山林、慣與鷗羣。更有那、賦草青衿、詠絮紅裙。共賞這柳塢花岡，月夕風晨。	

〔註16〕此據陳慶煌教授定云：「《欽定曲譜》曲可以加襯字故也。襯字縮小為8號字。」（下同）。

〔註17〕陳慶煌定為：北曲〈殿前歡・雙調〉。

〔註18〕陳慶煌定為北曲〈水仙子・雙調〉。

〔註19〕陳慶煌定為北曲散套。

			行香子
			白日開樽。吟到黃昏。喜一身、留取春痕。招來酒意，警動詩魂。似曾見浙江潮，巫峽月，泰山雲。
			滴滴金
			曲水難儕，洛津莫逮，華林猶遜。盛會此無倫。看舞絮盈盈，飛花陣陣。流觴橐筆，雅懷今古何分。
			春閨怨
			序據蘭亭，依文限韻。三年逐字已全分。遙聯海外昌詩運。頻寄書，約得吟傳，俱似永和人。
			秋蓮曲
			花如錦，草如茵。勝遊共惜飛鴻印。塵網中任紛紜。慣看變風雲。不須誇獨醒屈靈均。便醉也無人問。
			收江南
			望春城紫陌起紅塵。對清樽絮果訴蘭因。且高歌揮袂挽斜曛。鸞鶴自成羣。北山也何必再移文。

第七節　修辭、造語、對偶

　　有關詩中之修辭、造語、對偶等，亦屬文學形式之一環，本節摘其要者，列表敘述於下，俾嘗其一臠，而知全鼎。

序號	作者	詩　句	詮　析	備註
2	繆黻平	明詩習禮青衿茂，扢雅揚風白髮多。	「青衿」、「白髮」，顏色與意義對比強烈，使詩中內容更具張力。	七律
6	宋天正	花前頭白漫相驚，天畔山青終不改。	〈玉樓春〉詞原不必用對偶句，本作卻是極其工整之對句。頗有「紅杏尚書」之意趣。	詞
11	李猷	佳日清明兼上巳，高文孫綽與羲之。	以「節日」對「人名」，詩意極寬而詞性工整，與人別開生面之感覺。	七律
11	吳春情	獸形不一雲翻徧，弓勢重三月上初。	「獸形」對「弓勢」極其靈活，「不一」、「重三」雖用數字對，不覺其俗。	七律
16	胥端甫	人心端雨化，倫紀重階梯。	「人心」為偏正結構（或述賓結構），轉為平行結構，以與「倫紀」相對；「階梯」本為平行結構，轉成主謂結構，以與「雨化」相對。見出作者之匠心。	五律

19	陳定山	人似永和脩曲水， 詩傳繭紙集臨池。	「曲水」、「臨池」之「曲」字，用轉品之法，將「曲」字轉為動詞，使對仗工整。	七律
27	鄭鴻善	流傳翰墨千秋炳， 俯仰乾坤萬象遷。	「翰墨」對「乾坤」，小與大之對比；「千秋」對「萬象」，時間與空間對比，不覺陳腐。	七律
27	張仁青	飛閣瓊樓凌秀樹， 綺霞屑玉落中天。	「飛閣瓊樓」與「綺霞屑玉」，既作句中對，又兩兩相對，「中天」之「中」轉為形容詞。	七律
29	姚琮	風月浩無邊， 河山殊有異。」 難銷杞人憂， 實下新亭淚。」 心與白雲閒， 身分春壑媚。」 悠然若有得， 忽覺無所寄。」 隨緣本有情， 獨樂匪吾意。」	平仄格律雖屬古體，然而整首之中，對偶句頗多。有類似六朝追求對偶工整之趨向。如左思〈詠史〉：「鬱鬱」、「離離」；劉琨〈扶風歌〉：「朝發」、「暮宿」；陶淵明〈歸田園〉：「歸鳥戀舊林」、「池魚思故淵」之句型與句式。	五古
41	韋仲公	綠水泛清樽， 白雲媚翠岫。	詞藻清麗，意態閒適。「綠水」、「白雲」，信手拈來，自有情趣，正不必苦心雕琢。	五古
50	龔嘉英	節近清明逢上巳， 心懸魏闕憶長安。	善於屬對，不蹈「兩句一意」之坑塹。就題敘說，亦覺玲瓏可愛。	五律
57	吳天任	異代同流集， 千秋一日為。	追憶蘭亭舊事，頻生結想，異代同流，俯仰乾坤，縮千古於一瞬。	五律
68	吳語亭	感深始信今猶昔， 悟徹應忘樂與悲。 雅詠羣賢才似錦， 羈愁二紀鬢成絲。	一聯曠達、一聯感慨，跌宕起伏。描寫渡海人才之盛，卻又感嘆時不我予。雖多用虛字，而不覺輕佻浮淺。	七律
71	涂公遂	承平隱切偏安痛， 撥亂憐餘望眼穿。	「偏安」、「望眼」，不對之對。使人不覺，非作手不能辦。	七律
75	陳寶書	筆陣墨林新洛社， 山陰峻嶺舊邦疆。	「筆陣墨林」與「山陰峻嶺」似略有參差，「新洛社」與「舊邦疆」是屬「差半字」。	七律
94	李猷	舉目蓬瀛生意足， 睠懷鄉國淚痕多。	「生意足」對「淚痕多」，是將「生」字由動詞轉化為名詞以構成對偶。	七律

100	李嘉德	大海東來猶有鉢，故園西望已無詩。	「大海東來」與「故園西望」詞性雖同而意義有別，「猶有鉢」與「已無詩」以沉痛出之。	七律
108	顧翊羣	「浮江宴」什懷王勃，「麗人行」賦憶杜甫。	兩兩用古事為對，〈浮江宴序〉為王勃仿王羲之〈蘭亭序〉之作；〈麗人行〉為杜甫詩題，構成對偶，令人不覺其陳腐。善於使事。	七古
128	阮毅成	舉目神州多涕淚，分題曲水好篇章。	一憂一喜、一遠一近，使詞意擴充，增加詩的強度與張力，也使內容更加豐富。	七律
146	吳天聲	榴具摩挲浮海嶽，朝昏嘗臥數松薪。入懷曲水容修禊，裊耳荒雞正唱晨。	「榴具摩挲」、「朝昏嘗臥」善於用事以及琢對，「入懷曲水」與「裊耳荒雞」詞句變化了無痕跡，「修禊」、「唱晨」亦極工穩熨貼，蓋善於修辭造語者。	七律
152	范道瞻	花飛頻中酒，蝶夢欲忘形。	出句用杜甫：「一片花飛減卻春」句意而令人不覺；對句用莊生化蝶之典則為人所共知。	五律
154	王則潞	中原火熱揚嬴政，末世人狂詆仲尼。	言之有物，前人所謂：「唐人有寄託，故使事靈；後人無寄託，故使事板。」〔註19〕	七律
156	陳寶書	隋珠和璧書同重，曲水流觴事可追。	用句中對而詞性句型極其工穩，並歸美王羲之蘭亭序之神妙，語不虛設。	七律
165	張家輝	六纖周歲羣賢集，百有餘家韻事揚。文物端宜追上世，楷模卻更仰華岡。	「六纖周歲」、「百有餘家」用流水對法，敘述華岡修禊盛事。「文物」、「楷模」，一層勝過一層，層層遞進，鋪敘得宜，非老手不能辦到。	七律
170	周曼沙	諸公才調擅風流，獨我詩懷感遲暮。俯仰頻添異域愁，炎涼空作孤兒訴。	本作雖用仄韻，卻是工整之律詩，此例較為罕見。前一聯人我相對，「才調擅風流」與「詩懷感遲暮」成正反對比；後一聯「俯仰」為動詞，「炎涼」為形容詞，兩組先做句中對，再兩兩相對，「異域愁」與「孤兒訴」，一敘地，一說人，使人不覺其呆板。	七律

〔註20〕〔清〕納蘭性德：《淥水亭雜識・卷四》（北京：學苑出版社。2005年9月，徐德明、吳平主編，《清代學術筆記叢書・第七冊・卷十八》），頁292上。

179	楊向時	金貂聊與吟摩詰，珠袚何因賦少陵。	「金貂」一句乃用王維〈奉和聖製上巳於望春亭觀禊飲應制〉一詩「畫鷁移仙仗，金貂列上公」之句意；「珠袚」則係節用杜甫〈麗人行〉中「珠壓腰袚穩稱身」之句意而反用之。對偶工穩。	七律
192	吳天任	廿年北望空懷抱，幾日東風不世情。爭道江南修禊好，敢從海外卜河清。	前後兩對皆用流水對法（兩句共言一事），亦屬難得之作。次聯隱有所期，故其自註云：「甲寅虎年，術者謂世局當變。」內中消息，可以覘知一二。	七律
207	成惕軒	依舊茂林修竹地，又當飛蓋落花時。星辰北極天無改，烽火南荒局要支。	前一聯亦是「流水對」法，首句言地，次句言時；後一聯序事，慨言高棉戰事。造語活潑生動。「飛蓋」一詞，暗用曹植〈公宴〉詩：「清夜遊西園，飛蓋相追隨」之意，使人不覺。	七律
211	吳萬谷	地無曲水萍仍聚，天放叢櫻世尚春。	寫實之作，「萍仍聚」、「世尚春」，別具弦外之音。善於喻事。	七律
218	許君武	鼎鼎應珍金石誼，悠悠永葆雪霜姿。堅為後約山陰去，遊騁蘭亭醉不辭。	作者自註：「梁副所長均默謝賓客未及二月，愚以近五十年故交，愴念尤難為懷。惟冀諸公各珍此身，俟禹向重光。共赴山陰道上，設席蘭亭，釃酒以酬故人於地下，庶稍慰耳！」情見乎辭，令人感慨系之。	七律
244	王冠青	處變不驚維大勇，慎謀能斷資長策。	〈滿江紅〉詞，並無規定用對偶句，然而本作卻是對得極為工整，亦一例也。（與前〈玉樓春〉同）	滿江紅
245	龔嘉英	世局仍多難，斯文尚可親。	造語用詞，有如行雲流水，一氣貫注，作意則不隨物而盡，留有餘情。	五律
256	黃湘屏	草嶺韶光殊旖旎，蘭亭韻事太風流。杯浮曲水人何醉，烽起南天世隱憂。	用詞一今一古、一此一彼；言事則由近而遠，井然不紊。語意則別具懷抱，令人思而得之，含蓄而有餘味。	七律
262	陳民耿	轉眼局亨猶可待，羈身地僻暫相仍。	亦是以「流水對」成章，詞意則藉以自寬，此蓋傷心人懷抱也。	七律
264	涂公遂	驚遘山崩梁壞痛，猶深國破陸沈悲。何須袚禊消私患，還望征誅展義旗。	六十四年（乙卯）四月十三日，上巳禊集在文化學院大恩館九樓舉行，同時並行總統蔣公（四月五日去世）追悼會，故詩中兼敘及之。	七律

268	周紹賢	客邸韶華偏易逝， 神州舊夢苦相思。	播遷海外，傷時懷舊，輒做愁苦之詞。	七律
272	謝鴻軒	翰墨有緣知自足， 干戈未靖欲何為。	憂喜交雜，大抵皆是當時遠離家鄉，渡海來台者之心境。	七律
275	秦維藩	筵開上巳聯吟侶， 韻選蘭亭續舊題。 韮對林巒舒倦眼， 還期豪傑拯遺黎。	前半寫實，後半有感嘆、有期待，但以時勢使然。據作者自註云：「時高棉越南戰事正亟。」對仗則極為工穩。	七律
288	梁隱盦	百菜百花生日後， 春心春夢渡江時。 幾曾共業消兵革， 無那閒愁壓鬢絲。	前半刻意用重出句法，使才逞能，後半多用虛字，較易於幹旋，行氣順暢，唯如運用不當，輒易流於輕浮。	七律
292	梁漢	漸泯流風徒酒食， 偶談游俠雜屠沽。	別有襟懷之句，「漸泯流風徒酒食」，似意有所指，應於絃外體之。	七律
299	張夢機	六七片雲來曉座， 二千年事入流厄。	「六七」、「二千」初看數字，略似不甚對，然而「六七片雲」與「二千年事」組合起來，卻是嚴整之工對。	七律
305	張惠康	分韻詩驚三百餘， 一觴一詠無遺字。 八公破敵運籌人， 曾到蘭亭修禊事。	工整的近體詩格律，卻押的是仄聲韻。詩意乃敘述分韻聯吟之盛事，後半則指名東晉謝太傅亦曾參與有名之蘭亭休禊。	仄韻絕句
316	周曼沙	卅年已失飛觴趣， 萬古猶懷橫槊時。	慨乎言之，於時事之關心，溢於言表。「萬古猶懷橫槊時」，其情可見。	七律

　　以上為《華岡禊集分韻詩》之形式分析，乃自《華岡禊集分韻詩》作品中就體裁、平仄、韻部及修辭、造語、對偶等作申論。其作意、內容等，則於下章闡述。

第五章 《華岡禊集分韻詩》之內容與特色

　　「文學」是用語言文字塑造形象，從而反映社會現實，並藉以表達作者思想感情的一種藝術創作。詩是一種文學體裁，是作家通過有節奏、韻律的語言反映生活，抒發其喜怒哀樂之情感。最初之詩，可以詠唱。南朝・梁・劉勰《文心雕龍・樂府》：「凡樂辭曰詩，詩聲曰歌」[註1]。證諸詩與歌自廣義來論，可以說是一體的，詩即歌也，歌亦詩也。與其他藝術相比較，語言藝術能夠更直接、細膩、明確、深刻地描繪人物的內心世界和情感活動，表現作家的情感面向以及人生思考，從而獲得超越其他藝術的心靈深度和哲理深度。語言文字藝術富於心靈的表現性，是深邃的心靈性藝術。文學運用語言媒介可以多方面地、直接地、深入地揭示人物的內心活動。文學不僅可以通過人物的音容笑貌、服飾風度，通過人物的行動表情、對話獨白，展示人物的內心活動，而且可以直接剖白人物的內心，深入地揭示人物心靈奧秘，使內心活動和外貌渾然一體。

　　詩文之創作，必依藝術思維而為之。藝術思維也稱「形象思維」，是作者透過對於人、時、事、地、物的觀察，吸取創作材料，塑造藝術形象的思維。它與邏輯思維（也稱「抽象思維」）不同。邏輯思維是對於客觀事物，借助概念、推理、判斷而形成的思維。藝術思維是主觀的，兩者截然不同。詩文創作是將邏輯思維與藝術思維經過互滲、陶鎔，產生「靈感思維」。「觀察、聯想、移情」，都是創造靈感思維的方法。

〔註1〕〔梁〕劉勰：《文心雕龍・卷二・樂府》，頁25。

　　寫詩，不僅要有對詩的感覺，對所寫內容本身，要能熟悉的掌握。每一首詩都因作者趣味的不同，以及為表現某種思想感情的特殊需要，而採用適當的表現手法。抒情詩、敘事詩、詠史詩、寫景詩、詠物詩，各有特定的選材對象、體式、格調，應細加分別，不可一概而用。另外，文學語言又是一種富於彈性的意象語言，以致造成文學文本的意義不確定性，給讀者（欣賞者）提供了廣闊的想像空間和審美再創造的天地。而讀者只有借用語言媒介，理解某種語言文字的意義，借助自己的生活經驗，並通過再創造性的想像，才能在大腦中再現作品中的形象畫面，進而理解詩中的意蘊。本章採文本分析法，冀望從文本的表層進入到「言外託意」之深層，從而發現那些不能為普通閱讀者所體會的意義。

第一節　《華岡禊集分韻詩》內容擇要分析

　　《華岡禊集分韻詩》由於是同題共詠之作品，其題旨所限，所詠作品約略相近，大都以敘事、抒情及寫景著筆，懷古則兼或有之，詠物之作則非所宜。然而如真要予以分類，並無實質意義。且以當時的時空背景下，一般仍以「反共文學」為主流，各家作品中雷同之處頗多。然而原創性、獨創性、稀有性，是一切藝術作品創作的準則，本章就創作題旨較為獨特者試作分析。

　　獨創性和原創性係指作品是全新的，而不是經由複製、改編、剽竊、模仿、抄襲而成的二次創作。故而意新、語新、詞新、未經前人道過。是詩人要求的目標。黃山谷（1045～1105）於〈贈謝敞王博喻〉一詩云：「文章最忌隨人後，道德無多只本心」〔註2〕，其論書亦然，〈以右軍書數種贈邱十四〉云：「隨人作計終後人，自成一家始逼真。〔註3〕」旨在告訴藝文創作者，要能以故為新、善自變化，不囿於陳詞爛句。

　　第 1 號張維翰的作品，首敘華岡修禊，上承東晉永和九年蘭亭雅集之遺風，迄今已屆二十七周甲（1620 年），次言右軍徒以〈蘭亭序〉帖博得書聖之名，而其器識遠不及王猛。借用其致殷浩之書「退保長江」〔註4〕之語，其偏

〔註2〕傅璇琮等編：《全宋詩‧17 冊‧1021 卷》（北京：北京大學出版部，1998 年 12 月），頁 11677。

〔註3〕傅璇琮等編：《全宋詩‧17 冊‧1019 卷》，頁 11637。

〔註4〕〔唐〕房玄齡等，《晉書‧列傳‧王羲之》（北京市：中華書局，1987 年 1 月）頁 2094。

安一隅，不圖興復之志可知。第三段述及晉人清談誤國。第四段以國府播越海東，顧念神州淪於竹幕之同胞。以及對岸在外交上之笑臉攻勢和友邦之甘於受愚與我斷交及排我納匪，國人應處變不驚、莊敬自強。最後一段兜回主題，言及中華詩學所成立已屆五周年，肩負復興固有文化以及收復河山之大任。詩中夾敘夾議。蓋張氏時任監察院代院長，以此立言，切合身分。

第 2 號繆黻平七律之作，由於當時所有參與聯吟作者之中，繆氏年最長（西元 1882 年出生），故列第二。詩旨以華岡禊集分韻詩與蘭亭雅集作對比，敘明其盛況遠邁前修，詩中並言及白髮青衿，共聚一堂，相互輝映，以言詩學之血脈不絕如縷。

第 3 號為梁寒操之作，雖敘事而發振聾啟聵之聲。「八表同昏直此時，不祥遠過永和九。」以及慨歎世道「義利不分」、「道德淪喪」、「盜淫戒開」、「物欲橫流」，並將文人「爭名釣譽」等當時社會亂象一一揭出。「我抱大悲如定盒，亦欲籲天重抖擻。〔註5〕」大大表現出「力挽狂瀾」、「撥亂反正」之豪情壯志。作者時任立法委員，故以善盡言責為任。

第 4 號為易大德五古之作，首段亦就蘭亭修禊發端，歸美浙江會稽山陰地靈人傑及禊帖流傳千古。次言華岡風日，不減於山陰蘭亭。「可奈罹世變，禹域遍腥羶。」述及神州淪陷，「安得李司徒，急為掃幽燕。」期待王師早日興復。最後則言及〈蘭亭序〉分韻之事，旨在振興文教。

第 5 號丁治磐之五古，由「嘉會重三」起敘，言時也，述明與蘭亭雅集同屬癸丑之年。次言上巳修禊之事。接言因臥病在家，無法躬與其會，只有置郵傳箋。結言參蘭亭雅集者四十二人，於今更有誰能紹繼右軍之筆。此蓋丁氏亦書法名家，而有此語，或即「捨我其誰」之志。

以下再略摘其題意較為特殊者敘之。第 9 號成惕軒五古一首，成氏湖北省陽新縣人，而發端處「我昔居白門」，卻是直指南京，應係宦遊於此，隱含「無端更渡桑乾水，卻望并州是故鄉〔註6〕」之感，鄉思綿綿，難以驅遣。次則緬憶東晉蘭亭雅集以相輝映，轉結處「渡海張雲帆。收京作露布。」亦以光復河山為第一要務。

〔註5〕〔清〕龔自珍：〈己亥雜詩〉其一百二十五：「九州生氣恃風雷，萬馬齊瘖究可哀。我勸天公重抖擻，不拘一格降人才。」見劉逸生：《龔自珍己亥雜詩注》（北京：中華書局，2003 年），頁 176。
〔註6〕〔唐〕賈島〈渡桑乾〉。載《全唐詩‧574 卷》，御定四庫全書本，頁 6683。

第 13 號吳萬谷五古一首，首感駒光易逝，上距蘭亭修禊已逾千六百餘年。繼言詩研所成立，已屆五載。其次又將〈蘭亭序〉內容主旨作一番闡述，結語處故示曠達，譏諷右軍〈蘭亭序〉一文，乃係多此一舉。

第 17 號周邦道七古一首，則自有明沈太僕（光文）來臺敷教，並創「東吟社」，而被尊為我臺「文獻初祖」〔註7〕起敘，次言中華詩研所創辦人張其昀（曉峰）教授亦是浙江鄞縣人，與沈氏有同鄉淵源。繼引華岡地景及上巳修禊事實，避地瀛壖懸念故山喬木，回憶丁亥年（民國 36 年，1947）在百花洲畔（案：應指江西南昌之百花洲，時作者兼任江西省教育廳長及中正大學教授）之修禊活動，懷想程伯臧、歐南雷、陶健公、萬平莊、周性初諸老。以及酈衡叔先生為作〈故山別母圖〉，戴季陶、王太狳、張默君、曹纕衡、胡步曾、李證剛、夏映庵諸公題詠一事。〔註8〕迺因逃難未及攜出，恐已化為燔爐。最後企盼王師早日反攻，以拯生靈於水火之中。

第 20 號陳南士之作「斯人實優經世略，貽書殷浩論不刊。胡為誓墓成勇退，入山袖手看棋殘。賢者所蘊置弗用，徒留法帖供摩觀。」對於蘭亭集靈魂人物王羲之頗有微詞，而「世事今非永和比，大盜竊國民命殫。彌天霧沴待淪被，戮力合補金甌完。」亦以國家興亡為念，非只徒詠光景而已。

第 34 號袁爵人五古一首，後半「賢主有張公，青山結名士。詩教期涵濡，氣類相礪砥。刱設詩學所，五載疾如駛。」歸美於曉峰先生創辦中華詩學研究所之苦心與懋績。

第 45 號楊向時五古一首，極力描寫，鋪敘有致。「弦歌盛上庠，文光騰宇宙。」盛稱華岡；「上巳值清明，雙節歸一畫。」申言上巳與清明節同為一日；「今多不櫛才，合出蘭亭右。」言及座中頗多女性詩友，此亦蘭亭雅集中所未見之光景。

第 73 號李家源「吾韓自古足風流，當是日也觴且詠。羣賢畢至敘幽情，脩竹崇山曲水暎。」由於作者為韓國學者，故就韓國上巳修禊之習俗相互比較，發覺兩地習尚相同。「摩挲古帖覽厥文，海天萬里我思夐。」隱有「每逢佳節倍思家」之感觸。

第 81 號陳本五古一首，「民國二年春，艱難緬開創。修禊萬生園，飲冰發首唱。和者四十人，不乏風騷將。憶事並懷賢，流風猶蕩漾。自周歷漢晉，

〔註7〕作者自注：「連雅堂先生所崇稱。」
〔註8〕見詩中作者自注。

被除成俗尚。溯從永和來，彈指千載上。睠念思古人，山川引惆悵。今年月又三，癸丑曷可忘……」引出民國二年，梁啟超在北京召集詩人墨客，于西郊萬牲園暢觀樓之上巳雅集的一段史實。（北京萬牲園亦稱萬生園，即現在的北京動物園）時距王羲之等之蘭亭雅集，相隔二十六個癸丑，與會者三十餘人〔註9〕。足當一篇詩史之作。

　　第107號劉太希七律一首，慨歎中興人才之難得，首以佛家枯淡心境自喻，此蓋太希居士慕佛之自敘，緣劉氏精通內典故也。

　　第110號陳廣深七律一首，前半「夏禹商湯文武周，大成孔聖幾千秋。德披海嶽通三教，道冠中西闢六洲。」以中華道統為務，並以真理與實學相期許，一結則期望早日太平。

　　第131號龔嘉英五古一首，以華岡雅集分韻〈蘭亭序〉為主軸，「學杜愧虛名，前輩輒推獎。高詠草堂詩，聖哲安可仰。」乃是其自我闡述，蓋龔稼老素以研究杜詩知名，著有《詩聖杜甫》一書，於民國八十三年榮獲中山文藝創作獎。

　　第141號舒曼霞詞作一闋，調寄〈東風第一枝〉，前段即景描寫，次言詩人棲遲蓬瀛在華岡修禊，後半「沉陸痛、河山半壁。哀國際、風雲變色。倩誰力挽狂瀾，全憑中流砥石。時危世亂，興亡事、匹夫之責。看王師、抗暴除奸，政策始終如一。」哀痛神州陸沉、河山半壁，期待中流砥柱之士能夠揭竿而起，以抗暴鋤奸。

　　第154號王則潞七律一首，以《詩經·小雅·伐木》起興。《毛詩序》：「伐木，宴朋友故舊也。」以切上巳修禊，流觴曲水之雅事，後半則以「眷懷故國」結之。

　　第158號謝鴻軒五古一首，以洛陽耆英會起敘，更上溯東晉時王、謝風流及鴻文麗句。中段慨歎名篇俊句，唯是曲高和寡，最後則寄望放懷山水，以祛除塵念。

　　第166號禚夢庵七古一首，於鋪敘中頻生感慨，「幽情雅意會者少，今世文藻日澆漓。物化野化迷一代，性靈汩沒意趣卑。虎豹沈沈臥九野，繁華盛極懷衰危。」輒為詩教之衰亡而興悲。

　　第171尉素秋〈金縷曲〉詞一闋，「老彭殤子，誰修誰短。」效莊子達生

〔註9〕見本論文第二章第二節。及《梁任公先生詩鈔·癸丑修禊集》。作者謂「和者四十人」，乃係約數。

之語。「算縱能錦衣珠履，珍羞供饌。爭似風流王逸少，姓氏永標文苑。」則又借「文章為貴黃金賤」以標襟抱。

第182號龔嘉英五古一首，由子美〈又呈吳郎〉一詩起興。接續言及煙塵未掃，軫念飢溺災民，歸結「詩教振國魂，千秋崇杜老。」蓋作者為杜詩專家故也。

第207號成惕軒七古一首，「星辰北極天無改，烽火南荒局要支。一事告君前鑑在，罷珠崖已誤捐之。」言及當時越南戰局又告失利，美有停止軍援之議，蓋時事也。

第239號袁爵人七古「中南半島禍颱欻」，敘明當時越南、高棉（柬埔寨）戰事方殷。第295號周邦道五古「更念柬埔寨，越南兩國土。兵連災難遍，慘絕人寰宇。」第315號王天賞七古「高棉已陷越南危，民主自由要堅守。」亦皆持同一論點。

第208號江絜生〈風入松〉詞一闋，描寫光景而已。「消魂不在憑高望。在哀時邅暮江關。」借庾信（513～581）〈哀江南賦〉句意發抒之。

第212號何志浩五古一首，以因避亂而棲遲海表敘起，「草草作勞人，年年勞形役。……日吟詩一首，月積詩一尺。作詩將焉用，百憂難消釋。」申言文章無用之論，蓋作者為武將，「于役筆硯間，為欲獻國策。」思有以干戈報國也。

第216號陳定山四言詩一首，乃就王羲之〈蘭亭序〉做一番演繹。

第218號許君武七律二之二，乃是對故友梁寒操之去世，寄以懷念。「回頭俯仰皆陳跡，把臂交親賸夢思。」情見乎辭。第248號莊幼岳七絕二首之二「老成此日多凋謝」一句，蓋謂梁（寒操）、繆（黻平）、于（右任）、鄭（曼青）諸老之去世。260號林德璽五古「大雅忽云亡，悽愴故舊弔」、295號周邦道五古「又念梁鄭公，儵忽已化羽」、314號梁漢七古「良辰勝地集羣賢，惆悵今年失屈賈」、315號王天賞七古「乙卯登臨均默堂，同心紀念梁寒叟。」亦皆係悼念諸友之作。

第220號蔡愛仁五古一首，「龍馭鼎湖去，天地為陰霾。」乃悼蔣公之崩殂。（第252號文守仁五古一首「鼎湖遽宴駕，四海未寧謐。羣來誌國哀，問天胡不愍。」亦同）續言仁人志士之難以為用，係因國有奸宄，最後仍抱著冀圖恢復之心。264號涂公遂七古「驚遘山崩梁壞痛，猶深國破陸沈悲」、290號陳本五古「元首驚崩殂，萬方同悼惜。」307號章斗航五古「震雷驚前夜，率爾沖以舉。如臨考妣喪，萬民切痛楚。」315號王天賞七古「正值萬方多難日，

昊天不弔悼元首。」亦皆恭悼蔣公之崩逝。

第 233 號李和功五古一首，因拈得「死」字，故引《論語‧先進篇》:「季路問事鬼神。子曰:『未能事人，焉能事鬼？』曰:『敢問死。』曰:『未知生，焉知死？』」一段以作發揮。結語「歌中見真吾，悠悠心如水。」以示不凝滯於物之心境，此蓋抒情之作。

第 242 號阮毅成七古一首，「山陰道上春如海，重建蘭亭我曾在。一別於今廿幾年，故鄉歸去尚有待。」言及民國三十九年十月於士林園藝所（故總統官邸）建立新蘭亭，由當時監察院長于右任題額，本省詩人黃純青撰文、考試院長賈景德書字，並舉行全國詩人大會一事。（見第二章第二節）

第 300 號張昊五古一首，拈得「所」字，「古韻在六語，今叶二十哿。從古則不諧，從今與古左。從古抑從今，趣舍難為我。」就「所」字之古今音讀，生出一段議論。張氏係採用今讀將「所」字叶「二十哿」。另 307 章斗航五古一首「佳辰修禊事，崇樓接儔侶。相對惟歔欷，吾元今何所。震雷驚前夜，率爾沖以舉。」則是用平水韻「六語」韻。

以上就《蘭亭禊集》三百六十五篇作品中大體立意力向，由於是同題共詠之作，其立意方向頗有雷同之處。

第二節　《華岡禊集分韻詩》之特色

一、紹繼東晉遺風

有關上巳修禊之習俗，係屬中華民族之民俗節日。自上古以來，歷代有之，唯其方式與內容，各個朝代略有不同而已。而隨著東晉王羲之蘭亭一序之名垂千古，其流觴曲水、聯吟禊飲之風，代代相承，歷久而不衰。東晉以來，上巳修禊雅集之詩作，當不在少數。至於論及參與人數之多、作品體式之全、規模之大以及時間跨度之長者，則非《華岡禊集分韻詩》莫屬。中華詩學研究所於民國六十二年至六十四年（癸丑、甲寅、乙卯），就王羲之《蘭亭序》三百二十五字，動員所中同仁分韻聯吟，共分三年完成。並集結成書，顏曰《華岡禊集分韻詩分韻詩》。嗣於臺灣商務印書館於六十八年以《人人文庫》出版。其題材之寬廣，作品內容之豐富，參與人數之眾多，較之《蘭亭集》實甚過之，允為歷代之所未見。譽之為「紹繼東晉遺風」，誠不為過。

二、群賢畢至、少長咸集

　　《華岡禊集分韻詩》創作時間誇越三年，總共參與創作詩友（研究委員）計有一三一人，其中不乏黨、政、軍、教及各學術領域之精英，也大多文武全才，更有一人而身兼數職者。地域分布方面，則有旅居港、澳、星、馬、歐（張昊旅德）、美以及韓籍詩人。而年齡方面，據有出生年份可考作家統計，最長者繆黻平（西元 1882 年出生）、最少者張夢機、簡明勇（同屬西元 1941年出生），差距近六十年，所謂「群賢畢至、少長咸集」，絕非虛語。

三、風雅傳承

　　《詩·大序》云：「風、風也，教也；風以動之，教以化之……雅者，正也，言王政之所由廢興也。」〔註10〕簡而言之，詩之作用，有關於社會教化，家國廢興。創作者將深入社會及日常生活中，所蒐集到的藝術素材，經過觀察、體驗、研究、分析等程序後，透過形象思維與邏輯思維，運用審美意識和藝術技巧加以錘鍊、修飾、重組所創造出來之作品。用以反映國家社會之種種現象，所謂觀風俗而知政教者。同時也是創作者內心情感之發攄，古人所謂「心聲心畫」者。為求得高度之藝術性，俾能啟發讀者之聯想與感受，最終引起深切的共鳴，產生無窮意味。至於詩之創作，乃係以最精簡的文字，表述最豐富之內容。又其多義性以及蘊藉、含蓄的特質，常留予讀著極大的回味空間。

　　近體詩作品篇幅短小，易於言情，多可兼用比興。長篇古風用以詠史、敘事，以賦體為多。《華岡禊集分韻詩》寫景、抒情、詠史、敘事之作，兼而有之。立意雅正，詞氣中和。

四、風格多元

　　《華岡禊集分韻詩》雖屬同題共詠之作，然而各人環境不同、遭際不同、情性不同，所為詩作亦自不同。以下摘出部分詩作，略作闡釋與分析。

（一）抒情感發

　　抒情詩是抒發作者內心之所見、所感、所思，與乎「言志」，雖小異而大同，即是表現作者內心真正的情懷。近體詩中之絕句，由于字數有限，每一首詩所要表達的只是一個主要的意念與情節。其做法有如攝影之特寫鏡頭，

〔註10〕《詩經》，〔清〕嘉慶二十年重刊宋本，頁 12。

相對的較適於抒情之作。《華岡禊集分韻詩》中：第 24 號彭國棟一首，因分得的是「事」字，屬去聲，故押仄韻，「癸巳又重逢，千年朝暮事。蘭亭迹已陳，孰灑新亭泪。」然而其平仄格律卻是一首工整之近體詩。其結穴處在「蘭亭迹已陳」一句，詩人借此以抒發其弔古之心聲。短短二十個字，卻是意象俱足。

第 61 號張作梅一首，因分得的是「水」字，屬上聲，故亦押仄韻，「華岡集上巳，風物蘭亭擬。癸丑恰重逢，流觴懷曲水。」亦屬工整之近體詩。結語「流觴懷曲水」也是對東晉蘭亭之修禊雅集，發出思古之幽情。

第 72 號范道瞻七絕一首，「江左風流夢見之，蘭亭觴咏暮春時。一千六百年間事，懷古思鄉總費辭。」乃係純就懷古抒發，歷述東晉永和山陰雅集距今千六百餘年。於今同為偏安局面，懷古思鄉兼而有之，卻又以「總費辭」盪出詩意，不言「哀」而「哀」自在其中，含蓄至極。

第 84 號楊嘯農七絕一首，「又逢佳節快生平，一拔〔註11〕千魔意倍誠。祇惜艱危遭世變，流觴減卻幾閒情。」言及大陸淪陷，欲借助上巳祓禊，以祓盡紅朝千魔，轉結處言及遭逢世變，縱逢佳節亦減卻幾許閒情。遠適海外之羈客心緒，表露無遺。

第 97 號何志浩七絕之作「一千六百餘年事，帖寫蘭亭繼起難。」則是歸美王羲之〈蘭亭序〉法書，嘆息無有踵繼者。另同號七律一首，次聯「兩朝史事書南渡，一帖蘭亭重藝壇。」以今古對映，並盛稱王羲之之〈蘭亭序〉一帖，乃是一篇之警策。

第 204 號丁治磐七絕二首，其一「退惡防患日有聞，欣於所遇不為欣。蘭亭不是歡遊地，我輩鄉愁勝右軍。」以播遷海外，其思鄉之切，有過于右軍者；其二則言及祓除修禊不必定於水濱〔註12〕，故有「禊祓寧須向氾濆。……正多高處策風雲。」之句。

第 222 號劉太希一首，因分得「修」字，屬下平十一尤韻。「七載賡觴咏，華岡禊事修。願毋忘在莒，椽筆變戈矛。」其轉結處「願毋忘在莒，椽筆變戈矛。」為全篇之主旨，表現出以文章報國之心。五絕字少，在短短二十個字以內，要表述一個完整的事件、情節或意念，需如畫家之具有「咫尺萬里」之勢，此作足以當之。

〔註11〕原稿「拔」字應是「祓」字之訛。
〔註12〕乙卯上巳修禊於四月十三日假文化學院大恩館九樓舉行。

第 248 號莊幼岳七絕之作「花木依然人事非,重來修禊感無涯。老成此
日多凋謝,默倚危樓久不怡。」旨在傷逝懷人,「老成此日多凋謝」句,依其
自註,謂係指梁寒操(1975.02.26 卒)、于右任(1964.11 卒)、繆黻平(1975
年卒)、鄭曼青(1975.03.14 卒)諸賢。

仄韻詩第 305 號,張惠康七絕分得「事」字,故押「寘」韻,「分韻詩驚
三百餘,一觴一詠無遺字。八公破敵運籌人,曾到蘭亭修禊事。」畢言華岡禊
集分韻詩三年分韵之壯舉可謂「盛況空前」,轉結處則道及東晉名臣謝安等亦
曾參與蘭亭修禊盛事。

第 309 號林寄華七絕:「讀史燈前感廢興,乾坤扭轉問誰能。中南半島烽
烟滿,白髮憂時剩撫膺。」之「中南半島烽烟滿」,係指一九五五年至一九七
五年之南北越及高棉(柬埔寨)戰事。戰爭之慘烈,歷時廿年,人民之苦難可
想而知,「白髮憂時剩撫膺。」深有年華老大之無力感,一言足以涵蓋一切。

第 296 號侯暢五律之作「憂國復憂時,忠良獨自持。疾風知勁草,救世
仗王師。生死何須計,升沉匪所思。斯文今再讀,修禊好裁詩。」亦屬抒情之
作,其主旨在於前半,滿腹憂國情懷躍然紙上,「生死何須計」一句,大有「拋
頭顱,灑熱血」以及擊楫揮戈之豪情壯志。

七律第 213 號林尹一首:「邇來動止每夷猶,祇為飄零不自由。故國蟲沙
頻入夢,他鄉風雨怕登樓。今朝檢曆逢元巳,詩社聯吟已七周。一事還期天
作美,明年修禊在神州。」亦以抒情著筆,前半言國事,對於中原淪於浩劫以
致流寓臺島生出感慨,後半則言及中華詩學研究會已創立七周年,結句「明
年修禊在神州」,期盼之殷,令人動容。

就以上各家之作品言之,各人有各人之立意方向,及緒述之主旨。也皆
能以簡約、內斂、含蓄的文字,表達出豐富的感時傷事意涵。

(二)情景交融

舉凡寫景之作,亦必含有情之成分。要不,情無所著,則非詩也。抒情
之作,固不必說,即寫景之作,亦必景中含情,以表作者之心曲,方屬佳作。
詠物抑或敘事、詠史,亦何嘗不然。《華岡禊集分韻詩》之中純粹寫景之作極
少,如第 183 號周邦道五律一首「陽明春雪後,物候禊偏宜。草長花爭發,
柯交鳥共嬉。七星迴靉杳,五指聳峰奇。樓閣華嚴勝,徜徉任所之。」即屬寫
景之作,「樓閣華嚴勝」係謂樓閣之莊嚴華麗,可以指陽明山之中山樓,亦可
以指華岡文化學院,亦可以泛指陽明山一帶的亭臺樓閣。詩的多義性(無特

定指涉），于此可見。至如「徜徉任所之」亦是作者情之所繫。

　　第 324 號張雪茵七律一首，則是寫景、敘事、抒情兼而有之。前半「春來無計遣鄉思，翠袖輕寒拂硯池。客裡情懷清漏永，愁邊消息曉鶯知。」作者際此芳春佳節，卻是滿懷思鄉之情及家國之戀。後半「難忘曲水流觴事，尚憶蘭亭被禊時。」滋生弔古之情於敘事之中。「故國樓臺何處是。江干楊柳綠如斯。」心切故國，而以反語詰之，末句則又盪出詩意，頗有南宋辛棄疾（1140～1207）「卻道天涼好箇秋」〔註 13〕之意緒，整篇亦離不開一個「情」字，道出羈客心聲，此蓋全民皆人同此心也。

　　其他如第 47 號阮毅成七律「被禊良辰天氣清，蘭亭韻事喜重賡。相逢少長皆賢彥，紛貢珠璣共品評。已有佳章成擊缽，待抒椽筆賦收京。流觴獨恨難勝飲，媿繼吾家老步兵。」第 57 號簡明勇七律「佳節新晴問所為，華岡修禊紹清規。耆星濟濟筵前會，英士怡怡酒後隨。喜得和風迎醉屨，仰瞻皇閣鎮方陲。來春韻事傳何處，攜手山陰共野炊。」第 299 號張夢機七律「好峯擢秀一樓奇，寒食才過又聽鸝。六七片雲來曉座，二千年事入流卮。花繁不信春將暮，雲在還憐意共遲。久客那堪說湔祓，且憑高詠壓淒其。」較具少年情懷意氣飛揚之心性；第 93 號江絜生〈浣溪沙〉一詞：「佳會長忻此日同。永和修禊繼前蹤。年年分詠集詩筒。漲雨綠浮瓜蔓水，吹綿紅老楝花風。壺天別允換春慵。」於寫景之成分較多而已。

（三）敘事雍容

　　敘事是就當前或近期發生之有關人、時、事、地、物之事件，作一概括性之陳述。敘事詩亦大都含有抒情或其他成分。文學創作者，必以其深情與至誠，雍容閒雅，方能產生感人之力量，雖經百讀而不厭。

　　第 16 號胥端甫五律四首之四：「且喜談詩教，無忘兩會稽。人心端雨化，倫紀重階梯。慨感成何濟，偏私勿再迷。浮觴回氣運，旭日照雙溪。」雖敘事而近於哲理詩之範疇；哲理詩是傾向理性的作品，其取材、構思、表述方式與抒情詩雖無甚差異，但注重理性這一點，則與抒情詩則迥然有別。其作用偏在探求人生思想觀念與道德倫理。

　　七律部分則有：第 11 號李猷之「堪笑年來畏禊詩，臨流照影鬢絲絲。還餘絲竹遄飛興，懶寫青春絕妙詞。佳日清明兼上巳，高文孫綽與義之。華岡

〔註 13〕〔宋〕辛棄疾：〈醜奴兒‧書博山道中壁〉。

縱較蘭亭勝，嘉會應思在莒時。」敘事而兼抒情，以今古對映，「佳日清明兼上巳」言明清明節適逢上巳之日，要經過許多年才能輪到一次，亦屬難得，一結處「嘉會應思在莒時」，不忘國難，亦殊可取。

第 50 號龔嘉英七律一首：「蒼巖雨過掛飛湍，碧海雲開尚薄寒。節屆清明逢上巳，心懸魏闕憶長安。興邦有道人文盛，對酒忘憂天地寬。蘭渚風流空往蹟，名山高詠屬儒冠。」次聯是真善於屬對者，以「清明佳節」對「神州故土」，歲時與地域對舉，興起懷思，脈注而綺交。轉結處緬想蘭亭，亦且顯現事事不忘家國之念，是亦善於學杜者，頸聯則略近於說理。

第 218 號許君武：「切磋磨琢始成詩，羣彥相從各可師。擊鼓其鏜才未盡，瞻天如寐我何之。七年觴詠綿嘉會，半日盤桓費酒巵。安得稚圭來上座，敷陳妙義解人頤。」次聯「擊鼓其鏜、瞻天如寐」用《詩經・邶風・谷風》描述戰亂及繇役之事，深歎家國危難百姓流離，有呼告意。末聯用匡衡事，據其自註「謂每惜本所集會講詩之日過少。」足以覘其心緒，關心詩教之情，躍然紙上。措辭淵雅而不躁切，是亦深諳蘊藉與含蓄者。

第 256 號黃湘屏：「華岡春禊萃鴻儔，共喜昌詩七載周。草嶺韶光殊旖旎，蘭亭韻事太風流。杯浮曲水人何醉，烽起南天世隱憂。故國神馳情惘惘，心猶在莒肯忘不。」前半寫修禊事，並言及中華詩學研究所成立已歷七年。後半亦屬軫懷故國之意。遣詞用句，平實而無浮滑躁動之氣，澄澹中自有一股天然韻味。

古風之篇幅較長，適於敘事、詠史而兼寫景之作。如第 4 號易大德五古一首，第一段就東晉蘭亭修禊敘起，次言華岡風物，接著述說國府之播遷海隅，而後切中華岡修禊，並敘明以〈蘭亭序〉分韻。「可奈罹世變，禹域遍腥羶。芒鞵隨樞府，海表久播遷。」描述中樞播遷事，栩栩如在眼前。「建所昌詩學，諸老筆如椽。鼓吹中興業，翹瞻欲曙天。日月真易邁，五稔費鑽研。」敘述中華詩學研究所成立經過。「安得李司徒，急為掃幽燕」，是對國軍反攻之期望；「不矜逸少筆，而着祖生鞭。」。大有投筆從戎之意向。長篇之作，得以寫得面面俱到，較之律絕近體只言一事，類似於特寫鏡頭之作，可謂各有千秋。

第 9 號成惕軒之作，首敘原居白門（今南京市），而離鄉去國已經三十年。追憶晉時蘭亭修禊至今相隔已久。繼言華岡禊集分韻詩踵武前賢，一結則冀望早日收京。「渡海張雲帆，收京作露布。歸薦孝陵櫻，未應感遲暮。」情切

殷殷，讀之足以令人動容。

第 36 號劉宗烈之作，前段敘事，由山陰蘭亭，而至陽明華岡兩相映照。轉結處「大夫憶三閭，先生慕五柳。戰伐尚乾坤，煙霞親戶牖。」以屈子、陶潛為喻，感於戰伐而有歸隱意。每一句皆善用倒裝取勁，雄深雅健，如不細心琢磨，恐難體會。「喚醒民族魂，嘯歌凌岡阜。笑拍洪崖肩，閒邀漆園叟。」則以游仙為慕，翩翩然有世表之想。

第 44 號申丙之作，前半亦皆敘及《華岡禊集分韻詩》繼躅蘭亭餘緒，千年並美。後半「試看海西頭，生民俎上肉。樂歲號凍餒，老弱轉溝壑。丁壯散四方，恣意逞殺戮。無地愬沉冤，淚盡湘江竹。」備言鐵幕內生民苦況，字字血淚，不忍卒讀，頗能嗣老杜「三吏」、「三別」之餘響。

第 45 號楊向時一首「華岡內美紛，巒壑鍾神秀。造物效茲奇，人謀輔天授。複道接虹飛，層樓入雲構。弦歌盛上庠，文光騰宇宙……。」純就華岡雅集敘說，縷述康莊大道、重樓偉閣，極稱其規模之大。轉結處「少長集羣賢，青衫間紅袖。今多不櫛才，合出蘭亭右。」盛稱參與人數之多，男女老少並集，又有過於蘭亭者。

第 76 號蕭遙天一首，由上巳禊集遠溯蘭亭，「右軍拓襟抱，良辰豈惻惻。一篇蘭亭序，名文煒寶墨。鳳翥龍蟠姿，追摹恐不力。真跡世尤珍，繭紙鼠鬚筆。玉匣藏昭陵，茫茫不再出。」極力推崇右軍〈蘭亭序帖〉，無異一篇蘭亭序史，後半「渡海與渡江，古今如一式。」備言兩會雖相隔數代而境遇相同，「蒙垢千萬人，遞亡在異域」、「去國日以遠，歸途日以仄」、「此時憶蘭亭，徒作新亭泣」，對於播越海國，羈身異域，坐看神州生靈之荼炭，實有足堪慟哭者。

第 117 號伏嘉謨一首純屬寫景兼敘事之作。「披襟上層樓，怡然廓周視。」敘登樓眺望，「丘巒走獅象，茵樹疊羅綺。天邊白雲幻，海上紅日起。」乃是佇立陽明山上四顧之景象。「高詠會良朋，頌茲民物美。」鋪敘華岡之修禊雅集，「世事有推移，千年一彈指。」慨歎流光之易逝。「蘭亭倏陳迹，高風莫可企。」深嗟蘭亭高會之不可企及，引用初唐王勃〈滕王閣序〉：「蘭亭已矣，梓澤丘墟。」之句意。「始誑齊彭殤，誰悟羲之旨。」闡述王羲之〈蘭亭集‧序〉之意旨。轉結處「雅正終勝邪，古今同一軌。」指出暴政必亡之道理，「中興盛鼓吹，會須濡筆紀。」期許詩人做中興之鼓吹。首尾銜接，一氣呵成，而又詞無虛設。

第 161 號秦維藩作品，純就華岡修禊及詩研所述說。首聯表明時節，「勝事踵蘭亭，良會得幽境。」謂上巳修禊遺風，繼紹東晉之蘭亭。「耆宿盛聲華，諸生競秀穎。昌詩六載周，徽猷今煥炳。」蓋言詩風新舊之傳承，已經取得初步成效，因六載之培育，而新秀競出。「國粹益弘揚，風雅佇重整。」指我中華文化藝術中的精華，得以繼續發揚光大，較之大陸之文革，打倒孔家店的行徑，可說對比強烈。「來歲復神州，四塞氣烟靜。白下續清吟，盡收湖山景。」期待大陸河山早日光復，到南京城上去高聲朗吟，並能縱覽大陸的美好山川。

第 252 號文守仁之作「春陽慘不舒，衷心如有失。雖云並良朋，談笑異疇日。」言及雖逢陽春佳日，緣於心情怫鬱，連陽光也跟著幽暗不明。雖有良朋益友，晤談中有異於往昔者。「鼎湖遽宴駕，四海未寧謐。羣來誌國哀，問天胡不恤。」繼言因總統蔣公崩殂〔註14〕而舉國同悲，加以四方未得寧靜，舉世紛擾。國人爭相來弔唁，質問蒼天，為何不加憐憫顧惜。「五噫憶梁鴻，香已閟芬苾。」回想東漢梁鴻登北邙山，見宮殿之華麗，感人民之疾苦，觸景生情而詠唱〈五噫歌〉的情景，已了不知其芳苾。「淒風動林木，俯仰氣蕭瑟。即有錦繡才，難抽右軍筆。」述說山川萬物，亦因巨人之遠去，而變得淒其蕭瑟；縱然胸羅錦繡長才，也難得右軍之彩筆。「回思振王風，黽勉歲已七。毋徒效昔人，終當豁蒙必。」末了言及詩學所成立已歷七年，終當肩負詩學啟蒙作用。

七古第 1 號張維翰所長一首，類似《華岡禊集分韻詩》的一篇總序。全詩二十一韻二百九十四字（採用「中華新韻」），將當時的世局、中華詩學研究所成立及上巳修禊經過，面面俱到的表述出來。起句「清明時節日初永」，依曆法「春分」、「秋分」節氣，正是晝夜相等之時。「清明」是「春分」的次一個節氣，故以日出永帶出。「踏青喜逢上巳辰，民族掃墓遍山嶺。」言及上巳與清明同一天。「癸丑遙稽晉永和，於茲廿七周甲整。一千六百二十年，山陰禊集開觴詠。」敘明年值癸丑，距離東晉蘭亭集正是二十七周甲、一千六百二十年。「右軍徒以書聖名，器識尚難媲王猛。景略當年相苻秦，遺言猶復戒圖晉。」言王羲之雖以善書著名，然而器識格局猶比不上王猛。（事見《晉書》，略謂：王猛（325～375，字景略）病危時，苻堅親自去看他並問及後事，王猛仍說：「晉室現在雖然立於偏遠的江南，但仍承繼正統。現在國家最寶貴

〔註14〕蔣公於 4 月 5 日逝世，詩學會開於 4 月 13 日，兼辦追悼會。

的就是親近仁德之人，以及與鄰國友好。臣死以後，希望不要對東晉有所圖謀」〔註15〕。「逸少一門受國恩，身為晉臣當忠鯁。觀其曾貽殷浩書，退保長江適自審。」事見《晉書‧列傳第五十》：「殷浩將北伐，羲之以為必敗，以書止之，言甚切至…。〔註16〕「晉人誤國是清談，亭林此語非過甚。」謂顧炎武（1613～1682）《日知錄‧卷十三‧論正始風俗》有云：「……有亡國，有亡天下。亡國與亡天下奚辨？曰：『易姓改號，謂之亡國』；『仁義充塞，而至于率獸食人，人將相食，謂之亡天下。』」〔註17〕之語並非過甚其詞。「莽莽神州成地獄，同胞所處非人境。憔悴虐政待來蘇，水深火熱亟須拯。」極言大陸紅朝政權下的人民苦況，亟待拯救之心。「賊酋翻挾地與民，笑臉外交博承認。堪歎盟邦甘受愚，引敵為友殊矛盾。」敘大陸之外交攻勢，以致聯合國排我納匪及中日斷交。「五年詩教弘華岡，文化復興羣情振。芸芸學子習謳吟，風雅扢揚咸競奮。」轉言中華詩學研究所成立五周年，培育出諸多學子詩人。一結「從頭收拾舊河山，邁向大同開景運。」則是冀望早日反攻，以開創大同世界。全篇夾敘夾議，足當詩史。

第3號梁寒操一首，感事興懷兼而有之，「我欲大聲作獅吼」有振聾啟瞶作用。「以夷凌夏赤白同，不為牛後且難口。畏天忍氣亦吞聲，悲世痛心還疾首。都緣義利辨已迷，尊道貴德喪原有。」蓋指一九七一年退出聯合國及中日斷交事。「殺盜淫戒竟大開，問君惕目驚心否？」是對當時社會風氣的憂心。「相期合力事耕耘，待看嘉禾滿田畝。」是借喻，有勉勵、有期望。由於作者曾任國代表、立法委員及中國廣播公司董事長、東吳大學教。還歷任中美文化經濟協會理事長，展現出書生憂國的長者風範。

第108號顧翊羣一首「虎年上巳聚吟侶，陽明花發欣延佇。」乃指民國六十三年甲寅之華岡雅集。「〈浮江宴〉什懷王勃，〈麗人行〉賦憶杜甫。」係指初唐王勃的〈上巳浮江宴韻得址字〉及杜甫之〈麗人行〉。「披觀玉京路，駐賞金臺址。逸興懷九仙，良辰傾四美。鬆吟白雲際，桂馥青溪裏。別有江海心，日暮情何已」，王氏當時並仿〈蘭亭序〉而作〈上巳浮江宴序〉。〔註18〕「由來世事總難論，惟有詩翁遺澤溥。」慨言人壽有時而盡，只有詩文萬世

〔註15〕〔唐〕房玄齡等，《晉書》，頁2094。
〔註16〕〔唐〕房玄齡等，《晉書》，頁2093。
〔註17〕〔清〕顧炎武：《日知錄》（臺北市：世界書局，1991年5月八版），頁307。
〔註18〕王啟興：《校編全唐詩》（武漢：湖北人民出版社）頁119。

長留。「我生倏將七十四，飽歷風霜倖獲所。蒙莊夢覺黃粱熟，還都終冀孫告祖。」自言年華老大，恐怕等不及親見大陸河山光復，並借用宋朝陸放翁「王師北定中原日，家祭無忘告乃翁。」〔註19〕之句意。

第129號謝大荒一作，係屬雜言詩，首言民國六十三年之禊集，次言臺島三月的氣候，草長鶯飛，有似江南景色。「華岡羣彥結詩盟，屈指於今六寒暑。」言及中華詩研究會已經成立六年，每年皆舉辦相沿已久的上巳觴詠祓禊活動。「茂林脩竹非蘭亭，崇山峻嶺皆吾土。」接言此地雖非山陰之蘭亭，然一樣是中華民族之國土。「故園西望少人烟，陵廟為墟民疾苦。」反觀大陸處於水深火熱之中，民不聊生，是以人煙稀少。「權將淡江作溱洧，欲為招魂續魄持蘭杜。」流徙於此的羈客，權將淡水河當成中原的溱水與洧水，作為秉蘭遊春的所在。「赤眉暴戾邁秦皇，闖獻凶殘莫與伍。」赤眉句借喻大陸紅色政權，有如明末之李自成、張獻忠。申言不與同國中也。「書生報國何所仗，十萬毛錐蕩狐鼠。」一聯言書生報國，唯有憑著十萬毛錐進行口誅筆伐。「高朋滿座敘幽情，行樂毋忘身在莒。」言大家聚會於此暢敘幽情，不要忘記仍是羈旅之身。「生平竊慕韓張良，博浪一擊其誰與。」殿言平生最欣慕漢朝的張良，時下不知有誰敢於在博浪沙中奮力一錐搥擊秦始皇。

第242號阮毅成一首：「山陰道上春如海，重建蘭亭我曾在。」言曾經參與民國三十九年在士林新蘭亭建成之修禊雅集。「一別於今廿幾年，故鄉歸去尚有待。」到今年（民國64年）已歷二十餘年，時至今日，猶未能反攻大陸。「歲歲臺島修禊時，少長羣賢數每每。茂林脩竹未得似，曲水流觴亦多改。」雖然每年在此舉行修禊雅集，也是少長咸集，但是地點、景物與心情，都不是山陰之蘭亭。「分韻留題竟全文，上繼晉人筆生彩。」言及用〈蘭亭序〉全文分韻聯吟一事，乃是創舉，可以上繼前人。「惟期早日回會稽，山水一聲綠欸乃。」一結亦是祝禱早日反攻。

（四）韻同趣異

第27號「賢」字，有鄭鴻善及張仁青各詠七律一首，其中頷聯，鄭氏為「流傳翰墨千秋炳，俯仰乾坤萬象邊。」格局較為開闊，可謂氣象宏大；張氏為「飛閣瓊樓凌秀樹，綺霞屑玉落中天。」由近景著筆，則較為細膩熨貼。頸聯鄭氏為「禾黍興懷肝膽屬，松筠有節道心堅。」筆勢跌宕，氣宇軒昂；張氏

〔註19〕陸游：〈示兒〉詩。

「風流豈遜元康後，氣象直過劉宋前。」古今為鑑，對比強烈。末一聯則鄭氏「華岡三月春如錦，際會風雲濟濟賢。」乃係歸結於目前；張氏「明歲鐃歌收鳳闕，重扶殘醉洞庭邊。」則是期待於來日。雖體韻俱同，而題旨與思維卻各有不同。

第57號「為」字，有吳天任五律一首，及簡明勇七律一首，其中頷聯吳氏為「亂來忘甲子，老去對花枝。」語氣曠達，情境灑脫；簡氏「耆星濟濟筵前會，英士怡怡酒後隨。」則表述出少長咸集，意態雍容之情狀。吳氏頸聯「異代同流集，千秋一日為。」以時間貫串，今古對應；簡氏「喜得和風迎醉屐，仰瞻皇閣鎮方陲。」就即目所見落紙著墨。一結處吳氏「茫茫今昔感，寧遠永和時。」以懷古出之；簡氏為「來春韻事傳何處，攜手山陰共野炊。」則以未來期之。兩者相較，雖體裁不同，而寫法大同而小異。然而五律字少，必以實字健句，七律字多，則以虛字行氣。五律如虛字多則軟弱無力，七律實字多則難以斡旋，顯出笨重臃腫。

第291號「悲」字，吳天任五律一首，乃因五律字少，筆鋒需停駐於一處，做局部的描繪，猶如特寫鏡頭；楊福鼎五古一首，由於字數無定，可以縱情發揮，敘事可以完整呈現。

（五）兼有詞曲

詞、曲同屬韻文，乃繼承詩之餘緒者，故詞亦云「詩餘」。徐師曾於《文體明辨序說》云：「按詩餘者，古樂府之流別，而後世歌曲之濫觴也……近時何良俊以謂詩亡而後有樂府，樂府闕而後有詩餘，詩餘廢而後有歌曲。〔註20〕」《華岡禊集分韻詩》之中兼有詞三十三、曲四，數逾全部作品十分之一。就中各作，亦皆各有表述之意念，然不外感時傷世，睠懷家國之作，擇其要者分析如下：

第244號王冠青〈滿江紅〉：「悵望神州，赤燄遍，腥羶待滌。」言大陸淪陷事。「又上巳，東風浩蕩，掃除寒積。」縷敘清明上巳佳節，春光明媚。「莫任春光輕意度，共移悲憤作群力。且起來收復好河山，迴天日。」備言不要虛度時光，應化悲憤為力量，期能早日反攻大陸。下闋「痛暴政，惡方極。歎世勢，流偏逆。」極歎世傷時之感。「信乾坤手轉，至仁無敵。處變不驚維大勇，慎謀能斷資長策。」言至仁者無敵，可以旋轉乾坤，遭遇橫逆而能處變

〔註20〕〔明〕徐師曾：《文體明辨序說》，頁164。

不驚，籌謀長策。「念從來憂患可興邦，今猶昔。」借《左傳‧昭公四年》司馬侯勸晉平公「或多難以固其國，啟其疆土，或無難以喪其國，失其守宇」〔註21〕事為喻，以相勉勵。

第 257 號劉孝推〈一萼紅〉：「問而今，是人間何世，春信尚沉沉。」發端之處哀時而歎世。「宛轉調簧，輕狂剪水，別有鶯燕園林。」次言華岡景物。「看隔岸，蛇涎蜃氣。紛點點，渦沸葬寃禽。」回望大好神州，淪於水火。「楊柳枝低，栟櫚葉戰，幾處寒侵。」借喻百姓生活困苦不堪。下闋「留得江山形勝，肯輕將靈武，久作山陰。」進言莫要像東晉有偏安江左的心態。「奇策縱橫，雄詞鬱勃，相顧勤拭霜鐔。」勸喻臥薪嘗膽、秣馬厲兵。「快心胸，鐃歌倚馬待洋洋，韶武叶同音。」指望早日凱旋，慶成虞舜（禪讓）及武王（征誅）功業。「容我東西南北，恣意登臨。」得享太平自由時光。

第 270 號張忠蓋〈水龍吟〉：「目窮千里玄黃，陸沉海沸龍蛇起。」首言大陸淪陷事。「蒼茫宇宙，蕭條日月，悲哉秋氣。」次言淪陷區雖是春日，亦無一點陽和氣氛。「白骨吞聲，青燐餘恨，難為修禊。」繼言縱是上巳佳節，亦無法臨流修禊及祭掃先塋。「算八荒霧塞，南車亂轍，紅羊劫，何時已。」總言大陸苦況，劫亂未已。下闋「開創風雲時勢。若伊周，亦猶人耳。」掉轉筆鋒，期待英雄豪傑相繼奮起。「英雄事業，安知非僕，橫流先濟。」借用「有為者亦若是」及「天下可取而代之」的語意。「首惡當誅，祖龍何物，其能逃死。」備言暴政必亡，賊酋當誅。「霜鐔正乾坤待洗，誰將北斗，把銀河水。」借武王「天河洗甲」故事，期待早日結束戰事。

以上摘要述之，由於是同題共詠，受題旨所限，終免不了有雷同之處。回觀東晉山陰之《蘭亭集》，亦是如此。時空背景下，型塑「反共文學」成為主流，興起「風景不殊，正自有江河之異。」〔註22〕的感慨。然而各個創作者皆能各有發揮，而不淪於千篇一意，是皆深於詩者。至如論及作品體式之全，則《華岡禊集分韻詩》遠逾蘭亭集之作，蓋因蘭亭之作祇唯四言、五言古詩而已，而《華岡禊集分韻詩》作品則幾乎涵蓋中華民族歷代以來所有詩的大部分體裁。此亦詩文源流遞嬗演變之使然。

〔註21〕《左傳》（新北市：藝文印書館，1989 年，嘉慶二十年重刊宋本《十三經注疏》），頁 727 下。

〔註22〕〔南朝‧宋〕劉義慶：《世說新語‧言語》，（臺北市：三民書局，1999 年 8 月），頁 63。

　　清‧袁枚〈遣興〉二十四首之七云：「愛好由來落筆難，一詩千改始心安。阿婆還似初笄女，頭未梳成不許看。」〔註23〕諸如第 137 號朱任生五律一首，首聯原作「韻事廣嘉會，幽情亘素懷。」然於其《虛白室詩存》即改成「芳序廣嘉會，幽情耿素懷。」此蓋因「韻事」與「廣嘉會」意複，徒然浪費兩個字；而易「亘（互）」為「耿」，是否基於聲調之考慮，因「互、素」同屬去聲字，而「耿」字為上聲，產生上聲去聲交錯的韻律，音韻較為諧和故也。

〔註23〕〔清〕袁枚：《小倉山房詩集》（王英志主編《袁枚全集‧第一冊》，江蘇古籍出版社，1997 年 7 月），頁 307。

第六章 結 論

就以上各章的論述,在此做一綜結:

第一節 《華岡禊集分韻詩》的時代意義

一個時代的文學創作,都代表其時代意義。《華岡禊集分韻詩》的意義,約可歸納出以下數點:

一、存文記史的作用

《華岡禊集分韻詩》體創作時間,自民國六十二年(1973)上巳起至六十四年上巳。至今歷時方四十餘年,然當時參與創作者一百三十一人,對照民國七十四年的《中華學術院詩學研究所同仁通訊錄》,十年之間,已有八十位列為先賢。時至今日,仍然存世者,就個人所知,臺灣地區唯餘簡明勇一人。人事之遞嬗,不可謂不速。而今回頭查檢作者生平履歷,歷經年餘的努力,仍有數人無從訪得。文獻資料之佚失,不可謂不快。其人於謝世後,若非名宦巨公,則其生卒履歷已杳不可考。以致史傳不徵,毋寧是民族歷史文化的巨大損失。本論文之作用,其著意於存史者亦屬一端。

古今人物,其特殊之人格風範,亦須借助詩人彩筆之點染,始能栩栩如生以呈現於讀者眼前,而永鑄吾人之胸中。歷代之忠臣孝子及英雄豪傑等,經過詩人之筆,其忠奸廉頑,更鮮活之映現在讀者之眼前。諸如杜甫〈蜀相〉:「丞相祠堂何處尋,錦官城外柏森森。映階碧草自春色,隔葉黃鸝空好音。三顧頻煩天下計,兩朝開濟老臣心。出師未捷身先死,長使英雄淚滿襟。」

〔註1〕前四句寫武侯祠堂之景,頸聯「三顧頻煩天下計,兩朝開濟老臣心。」則將武侯畢生之功業鎔粹於斯,至矣盡矣,實已難以復加。結聯則對其出師未捷寄以無限感嘆,短短五十六個字,將武侯形象描繪得淋漓盡致,使其栩栩如生,長存於吾人心中。其影響程度絕不下於長篇史論。又歷代史事,在史家筆下,只重其結果,而詩人別具隻眼的評詠,給與讀者多元化之思考空間。吳福助於〈臺灣文學「跨學科」研究隨想錄〉云:

> 戰後自中國來臺的過江名士作品,這些所謂外省文人中,各自背景不一:有高官顯貴,也有市井小民;或出身書香世家,或畢生投身軍旅。而他們的經歷卻是一樣的……。不少人將這樣的歷程化作詩篇,將異地的見聞記為文章,落地生根創立詩社與本土詩人交流,感時抒情道盡去國懷鄉的心聲,豐富了臺灣戰後的傳統文學內容。可惜這些過江名士的著作,至今仍少為學術研究所注意。縱使是較顯赫著名者如于右任、梁寒操、丁治磐等,學術界大多注目在其書法藝術、政治影響,其高絕的詩藝與豐富的文采仍在幽微之處等待發掘。〔註2〕

回溯臺灣自戰後四、五十年代以來,學詩人口日益減少,以致造成號稱全臺三大詩社之櫟社、南社相繼停止運作,詩壇有漸趨寥落之隱憂。幸而大陸來臺精擅詩藝的文人學者如于右任、陳含光、彭醇士、梁寒操、李漁叔、曾今可等的積極加入,帶動風氣。六十年代,在前述諸大老相繼謝世後,華岡中華詩學研究所之成立,持續擔任凝聚大陸來臺詩人的重任。爾後,年年之上巳雅集,更為古典詩壇掀起一陣波瀾。這一段史實,對臺灣古典詩學的激盪及影響極為深遠。應該是學術界尚未開掘的研究資源,有待眾多的研究者,接踵前修,賡續努力,以建構臺灣傳統詩壇自戰後以來的歷史,推而廣之,為中華民族數千年詩史沿續,盡一份心力。

就初步統計,在《華岡褉集分韻詩》作者群中,曾任文化大學教授者,計有:易大德、王家鴻、成惕軒、何志浩、林尹、胥端甫、周邦道、張泰祥、許君武、彭國棟、劉太希、顧翊羣、陳邁子、伏嘉謨、劉宗烈、韋仲公、楊向時、龔嘉英、姚蒸民、王則潞、謝鴻軒、傅清石、王冠青、廖從雲、張昊、黃光學等二十餘位。為本校前賢教授學者保存一份史料,應當也是身為文大之一員,所應負起的責任。

〔註1〕《全唐詩·卷二二六》(北京:中華書局,〔清〕御定四庫全書本),頁2431。
〔註2〕謝鶯興:《吳福助教授著作專輯》,頁721。

二、蘭亭雅集的再現

　　《華岡禊集分韻詩》創作年代，正值對岸大陸文革風潮熾盛時期。彼方在所謂的「破四舊」、「打倒孔家店」等口號下，肆意破壞中華民族固有之文化及文明遺產，不論是硬體或軟體，幾無孑遺。而在寶島台灣，則是積極的為保存文化而努力。《華岡禊集分韻詩》之完成，正符應時代，與諸對岸「批孔揚秦」戕害文化之行事作風，成為強烈的對比，足以當成歷史的見證。詩作中其體裁之多、創作人數之眾、時間跨度之長，較之於蘭亭雅集尤有過之，譽之為「海濱鄒魯」，實不為過。

　　《華岡禊集分韻詩》作者周紹賢於《松華軒詩稿・詩話》中云：「夫詩為文學中之音樂，其興觀群怨之功用，非文章所能兼代……」又云：「詩文之體不一，各有其優勝……」〔註3〕清人喬億（？～？，乾隆時人）《劍谿說詩》云：「節序同，景物同，而時有盛衰，境有苦樂，人心故自不同。以不同接所同，斯同亦不同，而詩文之用無窮焉！」〔註4〕或有人以為古詩已經不合時宜，然而民初吳興王文濡（1867～1935）云：「一代有一代之面目；一人有一人之精神。」〔註5〕又云：「善學古人者，其始也，切切焉蘄與古人合；其繼也，兢兢焉蘄與古人離；其卒也，渙然釋然，泯乎離合古人之跡，而見有真我不見有古人。」〔註6〕故而個人認為「詩」是不必刻意去分別新舊，只要能感人、能使人產生共鳴者，即是美好的作品。

三、兩岸詩人的匯流

　　民國三十八年樞府東遷，許多精於詩學創作及理論的專家學者，隨之來臺。或任教上庠，授業傳薪，諸如梁寒操、李漁叔、成惕軒、易大德、李猷、吳萬谷、林尹、劉太希、伏嘉謨、盧元駿、蕭繼宗等；或組織詩社，聯通生氣如賈景德、于右任、曾今可、張維翰等；或創辦詩刊抆揚風雅，如于右任、梁寒操、李漁叔、張佐辰、易君左、朱玖瑩、張泰祥等。經與臺灣本地詩人匯流，營造出臺灣古典詩壇一個嶄新的局面。

　　茲舉全國性之古典詩學社團，依成立先後為序，有春人詩社（民41，未

〔註3〕周紹賢《松華軒詩稿》，頁139～142。
〔註4〕〔清〕喬億《劍谿說詩・卷下》，頁8～2。（新北市：藝文印書館　1977年5月），總頁1097。
〔註5〕王文濡《評註宋元明詩・序》，臺北市：廣文書局，民70年12月。
〔註6〕王文濡《清詩評註・序》，臺北市：老古出版社，民67年4月。

立案)、中華詩學研究所（民 57）、中華民國傳統詩學會（民 65）、中華民國
古典詩研究社（民 79）、中華民國漢詩學會（民 82）、中華楚騷研究會（通稱
「楚騷吟社」，民 79）等。(近傳「春人詩社」因老成凋零，將有熄燈之虞，
聞之不禁令人唏噓不已。回想民國八、九十年代，該社可謂人才濟濟，並曾
出版《春人詩選》十餘巨冊，而今卻寥落如此，於茲可見詩種薪傳之重要性。)

　　光復以來之詩學刊物則有《臺灣詩壇》（民 40）、《中華詩苑》（民 42，後
改《中華藝苑》)、《詩文之友（民 42，後改《中國詩文》、《中國詩文之友》、
民 67 又改回《詩文之友》)、《鯤南詩苑》（民 45）、《中華詩學》（民 58，原為
月刊，後改季刊)、《古典詩刊》（民 79，月刊）、《楚騷吟刊》（民 79，季刊）、
《漢詩之聲》（民 82，季刊），《台灣古典詩擊鉢雙月刊》（民 83）、《乾坤詩刊》
（民 86，季刊）、《中華詩壇》（民 91，雙月刊）等。目前仍在發行者唯《中
華詩學》（現已改為半年刊）、《乾坤詩刊》、《中華詩壇》。

　　就前述資訊，可以見出兩岸詩人匯流結果，造成臺灣古典詩壇另一段光
輝燦爛的時光，而其巔峰時期應是落在民國七十到九十年代之間，正是《華
岡禊集分韻詩》著成時期及往後十數年之間。

第二節　為山川景物流光餘韻增色

　　文學作品是寫作者從生活實踐中獲得的各種印象、感受與認知。及處身
社會，細心觀察、深入體驗，累積豐富而生動的創作材料，具備廣博的生活
經驗，方可以創造出優美雋永的作品。根據獲得方式的不同，有直接經驗和
間接經驗。所以說作家要去體驗生活、接觸生活，王國維（1877～1927）所謂
「客觀之詩人不可不多閱世，閱世愈深則材料愈豐富、愈變化，《水滸傳》、
《紅樓夢》之作者是也。〔註 7〕」正可作為註腳。古典詩之創作，如能從實用
角度出發，而用之於書寫鄉土、風物，為臺灣這個寶島，留下美麗、璀璨的一
頁，未嘗不是詩人關愛鄉邦之一端。梁容若（1904～1997）曾云：「臺灣有雄
奇的玉山群峰，有浩瀚的遠洋波濤，丁千古未有的變局，發洩洪荒蘊蓄的山
河奧祕，產生新中國的偉大詩篇，應該是當然而必然的趨勢。」〔註 8〕如此高

〔註 7〕王國維：《人間詞話》（臺北：三民書局，2000 年 5 月），頁 24。
〔註 8〕梁容若：〈中國文學的地理觀察〉，第 4 節，「臺灣文學展望」，載《東海學報》，
　　　　第 3 卷第 1 期，1961 年 6 月。

山巨海，正是醞釀名篇雋句的泉源，也是文人取之不盡用之不竭的資產。一個地方的文學創作，也代表其地方特色。《華岡禊集分韻詩》的地方特色，約可歸納出以下數點：

一、文質彬彬的風采

詩歌是文學的，也是鄉土的。是歷史的記憶，更是前人心血的結晶。古人有云：「名山勝景，必得詩人彩筆以表彰之，方能傳諸久遠。」其中最為膾炙人口者，莫如唐人張繼（約 715～779）之〈楓橋夜泊〉及崔顥（704～754）之〈黃鶴樓〉，據說「楓橋」原名「封橋」為江蘇吳縣閶門西邊的一座小橋，因張繼「月落烏啼霜滿天，江楓漁火對愁眠。姑蘇城外寒山寺，夜半鐘聲到客船。」〔註9〕一詩，歷經千有餘年，而遠及七海，凡讀過此詩者，縱未履斯地，亦皆耳熟能詳。再如湖北武昌之黃鶴樓，更因崔顥之〈黃鶴樓〉一詩，終至名傳遐邇而千古不衰。復因大詩人李白「眼前有景道不得，崔顥題詩在上頭。」〔註10〕之語，而加深吾人之印象。試問古今中外，到過湖北黃鶴樓者，究有幾人？而舉凡讀過中華文史者，莫不知道有此勝景。可說亙古不湮，無遠弗屆！諸如此類詩篇，實是不勝枚舉，他如赤壁、滕王閣、岳陽樓、鳳凰臺、武侯祠、白帝城等莫不皆然。我國各地之名山古剎，歷來亦多與名家作手之鐫刻對聯及題壁名詩相得益彰。

一個國家民族的興盛，必是物質文明與精神文明齊頭並進，才能得到和諧的境界。賈德清在〈審美精神與文化理想〉一文中，提到「西方文明的突出成就是基於理性思維的工業文化；印度文明的突出成就表現為宗教文化的完整性；而中國文明的顯著特點，是在詩歌創作領域，顯示出卓越的才華。」〔註11〕賈氏所謂「詩歌創作領域」，就是古典的詩詞歌賦。中國人講求耕讀傳家，「晴耕雨讀」是樂天知命的民族性表徵，也是精神與物質文明和諧的境界。詩歌則是美化吾人精神的元素，所謂「質勝文則野，文勝質則史。文質彬彬，然後君子。」〔註12〕《華岡禊集分韻詩》正是此文質風采的展現。

〔註9〕《全唐詩・242卷》，御定四庫全書本，頁 2721。
〔註10〕〔宋〕計有功：《唐詩紀事・卷二十一〈黃鶴樓〉詩下注曰：「世傳太白云：『眼前有景道不得，崔顥題詩在上頭。』」（臺北市：木鐸出版社，1982 年），頁 311。
〔註11〕賈德清：《中國文化學》（桂林：廣西師範大學出版社，2015 年 1 月第一版），頁 300。
〔註12〕見《論語・雍也》篇。

二、踵事增華的美談

　　「文學」是用語言塑造意象，藉以反映社會現狀，並表達作者思想感情的一種藝術創作。詩是一種文學體裁，是作家通過有節奏、韻律的語言反映生活，抒發其喜怒哀樂之情感。最初之詩，可以詠唱。南朝・梁・劉勰《文心雕龍・樂府》：「凡樂辭曰詩，詩聲曰歌」〔註13〕。證諸詩與歌自廣義來論，可以說是一體的，詩即歌也，歌亦詩也。

　　「工欲善其事，必先利其器」，古有名言。臺灣本島因孤處海外，交通不便。早期研究及參考之工具書極端缺乏，這可於日治時期明治四十三年（1910）《臺灣日日新報》第三七八四號〈編輯日錄〉的一則消息：

> 稻江書坊（按即今之書局），現雖有數軒，然除宜新齋外，大半皆販賣說部，以外有益於學者開廣知識，振起精神之書籍，皆寥寥無幾，而宜新齋雖有辦到些少適切今日實用之書，亦種類無多，不足以供學者之購求，昨石崖由該店閱回，頗深感慨，以為書坊如此，漢學期將衰乎！〔註14〕

見出概略。此外，民國五十五年張作梅〈重刊洪洞董文渙《聲調四譜圖說》弁言〉云：

> 清世自新城王文簡漁洋以各體詩之聲調教弟子，而斷其傳。趙執信秋谷為文簡姻家後輩，求授其法，不許，後竟輾轉竊得之，遂有《談龍錄》及《聲調譜》之作，於是論聲調者益多，如翁覃谿、翟儀仲、董研樵為尤者。研樵名文渙，晉之洪洞人，清同治時，官翰林。曾撰《聲調四譜圖說》……乃遍徵之海內外書林，久無應者。日本藍亭老人，家藏此書，聞梅謀之亟，竟慨然相贈。昔年所為日夕薪求，形諸寤寐之物，一旦赫然而落吾手，其快意可知。曾賦詩〔註15〕以

〔註13〕〔梁〕劉勰：《文心雕龍・卷二・樂府》，頁25。（「詩」字唐寫本作「咏」。）
〔註14〕《臺灣日日新報》第3784號〈編輯日錄〉（1910年12月2日出刊）。
〔註15〕其詩原題為〈董文渙撰聲調四譜圖說求之屢年不獲擔風老人自日本寄贈一部喜極賦謝〉：「娜嬛籍久祕，雞林勤訪求；奇書讀易盡，那惜兼金投；稱詩重聲調，董譜勞冥搜；學者推其書，陳義精且周；久久繫夢魂，渾如憶良儔、擔風百歲翁，績學尊儒修；苔岑篤同契，出谷鳴相酬；鳳藏董氏作，插架珍琳璆；聞余有深嗜，遠贈勞置郵；一朝落吾手，驚喜揩兩眸；長跪發趙璧，含笑看吳鉤；安得寫萬本，雒誦傳遐陬；吾聞儒俠人，一諾同山邱；或寶明月珠，或服千金裘；當其心許時，割棄如贅疣；古誼翁再敦，今世誰與侔；感此發高詠，永以相綢繆。」

謝老人，略抒胸臆。〔註16〕

在此參考書籍，極端缺乏之情況之下，造成許多創作者對於古典詩錯誤的觀念，諸如所謂「一三五不論」等詩學格律問題，雖詩壇大家亦不可免。影響所及，以致本省許多作者，不知孤平乃是詩病，遇有質疑，輒以「前人亦且如此」應對，產生以訛傳訛，訛誤相師的後果。

　　國府遷臺，許多精於詩學創作及理論的專家學者，如賈景德（1880～1960，前清進士、考試院長）、于右任（1879～1964，前清舉人、監察院長）、陳含光（1879～1957，前清舉人，詩人、藝術家）、彭醇士（1896～1976，桂冠詩人、臺大、文化、東海、靜宜教授）、李漁叔（1905～1972，臺師大、文化教授）、周棄子（1912～1984，總統府參議）、曾今可（1901～1971，詩人）等，履踐斯土，帶來正確之詩學概念及大量珍貴典籍，並與我臺大老，諸如黃純青（1875～1956）、魏清德（1887～196）、駱香林（1895～1977）、張達修（1906～1983）、陳逢源（1893～1982）〔註17〕等詩壇菁英，於春秋佳節、名區勝景，作詩酒聯吟，相互唱酬，歷經詩藝陶鎔的結果，於民國五、六十年代，造成另一次之詩學之勃興，使臺灣古典詩壇，大放異彩。據林义龍於〈文獻會與臺灣詩壇互動〉一文中所云：

> 一九五一年全國詩人大會正式成立，端午節（詩人節）當天在台北市中山堂光復廳舉行全國詩人大會，翌年（壬辰）全國詩會由「臺灣詩壇」接辦，報名參加者約達一千五百餘人，據說「開歷史上詩人集會之最高紀錄」，此後各年全國詩會變循例由「臺灣詩壇」社主辦，地點由籌備會決定。一九五三年在大龍洞孔廟，一九五四年甲午仍在人在北，一九五五年乙未在台南孔廟，一九五六年在嘉義，一九五七年在彰化市，一九五八年在台東，一九五九年不詳，一九六〇年庚子在台中市，一九六一、六二年停辦。一九六三年起全國詩會改由「詩文之友社」主辦，在中部舉行。〔註18〕

本則報導，已將當時詩壇之盛況，明確而清晰的重新顯現出來。《華岡禊集分

〔註16〕《中華藝苑》二十三卷一期，（臺北：中華藝苑雜誌社，1966年7月）。
〔註17〕陳逢源別墅「溪山煙雨樓」即在陽明山。陳氏身後，其家屬成立「財團法人陳逢源文教基金會」，自1983～2002年，連續舉辦全國大專青年古典詩創作及吟唱比賽，對大專院校學生古典詩創作及吟唱之鼓吹不遺餘力。
〔註18〕參考林文龍〈文獻會與臺灣詩壇互動〉，載《臺灣文獻·第五十九卷第二期》，頁170～171。

韻詩》之作者群乃是這一段光輝歷史踵事增華的繼承者。回顧民國三十九年（1950）之士林新蘭亭雅集，雖是事隔二十餘年，當時之作者中，仍有申丙、許君武、陳定山、王師復、姚琮、成惕軒、林德璽等人，參與《華岡禊集分韻詩》之創作，足堪傳為詩壇美談。

第三節　本論文後續之展望

臺灣光復後，於一九五〇至一九六〇年代，台灣銀行經濟研究室曾經編纂《台灣文獻叢刊》三〇九種，蒐羅台灣自唐、宋、元、明、清以下迄至日治時期有關臺灣的著述。其主題範圍包含臺灣方志、明鄭史料、清代檔案、私家著述、私人文集。而臺灣文學館自二〇〇三年開館以來，致力於臺灣文學、文獻之整理。在古典詩文方面，陸續編成《全臺詩》（到 2020 年 11 月，已經出版 65 巨冊，收入詩人九百五十人，總字數達一千二百五十五萬字〔註19〕）、《臺灣古典詩選注》部分，則就《區域與城市》《山川與海洋》《飲食與物產》《戰爭與災異》《歲時與風土》《游覽與感懷》等主題進行分類纂輯與詮釋。

至於《古典詩人選集》則完成《沈光文集》《徐孚遠、王忠孝集》《鄭經集》《郁永河集》《孫元衡集》《陳輝、章甫集》《鄭用錫集》《蔡廷蘭集》《陳維英集》《劉家謀集》《施瓊芳集》《吳子光集》《林占梅集》《李望洋集》《陳肇興集》《吳德功集》《許南英集》《施士洁集》《丘逢甲集》《洪棄生集》《王松集》《胡南溟集》《林癡仙集》《連橫集》《林幼春集》《魏清德集》《石中英集》《張李德和集》《林景仁集》《賴和集》《駱香林集》《陳虛谷・莊遂性集》《周定山集》《蔡旨禪集》《吳濁流集》《葉榮鐘集》《黃金川集》《在臺日人漢詩文集》等系列著作，更建成完善之「智慧型全臺詩資料庫」，對於臺灣有史以來至二戰結束前的古典詩做了完整而有系統的蒐集、整理與研究。推廣方面，也舉辦數屆「大家來讀古典詩部落格」徵文比賽。為了臺灣古典詩的永續傳承，更有《臺灣漢詩三百首》的編著。

前述文獻之整理，皆界定為日治以前出生作家之作品。至於臺灣自日治（1896）以後出生之古典文學之作家及作品，行政機關限於人力、物力因素，尚無法顧及於此。而戰後迄今，也已歷經七、八十個年頭，其文獻之蒐集、整理、分析、研究的大任，如能由各大專院校有關系所的研究人員來肩負，應

〔註19〕據施懿琳，《全臺詩・序》，（臺南：國立台灣文學館，2020 年 11 月）。

當是兩相互利，相得益彰的美事。

　　最後論到大陽明山地區，由於開發較晚，其有關之題詠，除康熙三十六年（1697）來臺採硫的郁永河留下〈北投硫穴〉五律二首之外，一直到道光、咸豐年間，才陸續有陳維英（1811～1869）、黃敬（？～？）、林占梅（1821～1868）、林逢源（？～？）、鄭家珍（1868～1928）等人的少數詩作。而自一九四九年樞府播遷來臺，許多政府機構及黨政軍要員寓居於此，文教方面如中華學術院詩學研究所及文化大學亦在此奠基。一時學風鼎盛，題詠遂多。有關本論文之後續，尚可延伸至中華詩學研究所之沿革等史料之蒐集、整理與研究。該所早期成員，皆係追隨國府播越東渡者，渠輩抱家國之痛，遠適異域，投荒海外，望斷鄉邦。無時不涕淚滿襟，競發出悽楚之音，以抒其弗鬱之氣，為時代之見證。諸如《華岡禊集分韻詩》作者之王家鴻，於其《劬廬詩集》中，即有〈陽明山雜詠〉七律八首、〈陽明山賞櫻〉七律四首、〈和萬谷陽明山十絕原韻〉十首、〈中山樓落成〉七古一首、〈謁中山樓〉七律，〈戊申詩人節陽明公園雅集〉七絕二首、〈文化學院百花池〉五古、〈華岡詠蟬〉五律等不下數十首。何志浩於民國四十七年青年節有〈大屯山放歌〉〔註 20〕、陳穎昆有〈陽明山看花〉五古十六韻〔註 21〕、張佐辰（惠康）有〈陽明山賞雪〉四首十疊韻計四十首，載《中華詩學》〔註 22〕，其餘作者更是不可勝數。這些戰後來臺文人的傳統文學作品，尚缺乏熱心的文史學者，去做有系統地蒐集、整理與研究。期望更多有志年輕學者，接續努力，以竟其功。

〔註 20〕見易君左，《四海詩心》，頁 150。

〔註 21〕見易君左，《四海詩心》，頁 242。

〔註 22〕見《中華詩學》第二卷第五期，臺北，中華詩學雜誌社，民國五十九年四月，頁 74。

引用文獻

一、專書

（一）古籍（以朝代先後為序）

1. 《詩經》，〔清〕嘉慶二十年重刊宋本，新北市：藝文印書館，1989 年。

2. 《左傳》，〔清〕嘉慶二十年重刊宋本，新北市：藝文印書館。

3. 《論語》，〔清〕嘉慶二十年重刊宋本，新北市：藝文印書館。

4. 《史記》，〔漢〕司馬遷，新校三家注，臺北市：世界書局，1973 年。

5. 《後漢書》，〔南朝〕范曄，臺北市：臺灣商務印書館，1988 年臺一版。

6. 《世說新語》，〔南朝·宋〕劉義慶，臺北市：三民書局，1999 年 8 月。

7. 《宋書》，〔梁〕沈約，北京：中華書局，1995 年 11 月。

8. 《荊楚歲時記》，〔梁〕宗懍，《百部叢書集成》，臺北：藝文印書館，1965 年。

9. 《南齊書》，〔梁〕蕭子顯，北京：中華書局，1971 年 1 月。

10. 《文心雕龍》，〔梁〕劉勰，臺北市：開明書局，1967 年 5 月。

11. 《晉書》，〔唐〕房玄齡等撰，北京市：中華書局，1987 年 1 月。

12. 《文苑英華》，〔宋〕李昉等奉敕編，臺北市：臺灣商務印書館，1986 年。

13. 《通志》，〔宋〕鄭樵，北京市：中華書局，1995 年 11 月。

14. 《曾鞏全集》，〔宋〕曾鞏，臺北市：河洛圖書出版社，1975 年 3 月影印出版。

15. 《唐詩紀事》，〔宋〕計有功，臺北市：木鐸出版社，1982 年。

16. 《文章辨體序說》，〔明〕吳訥，臺北市：長安出版社，1978 年 11 月。

17. 《日知錄》，〔清〕顧炎武，臺北市：世界書局，1991 年 5 月。

18. 《全唐詩》，〔清〕御定四庫全書本，北京：中華書局。

19. 《淥水亭雜識》，〔清〕納蘭性德，《清代學術筆記叢刊》乾隆五十五年湛貽堂刊本，北京市：學苑出版社，2005 年 9 月。

20. 《劍谿說詩》，〔清〕喬億，新北市：藝文印書館，1977 年 5 月。

21. 《王子安集注》，〔清〕蔣清翊注，上海：上海古籍出版社，1995 年 11 月第一版。

22. 《陔餘叢考》，〔清〕趙翼，《清代學術筆記叢刊》乾隆五十五年湛貽堂刊本，北京市：學苑出版社出版，2005 年 9 月。

23. 《小倉山房詩集》，〔清〕袁枚，江蘇古籍出版社，1997 年 7 月。

（二）今著（以編著者姓氏筆畫為序）

1. 丁仲祜編，《清詩話》，新北市：藝文印書館，1977 年 5 月。

2. 丁治磐先生逝世周年紀念會籌備會編，《丁治磐先生紀念集》，新北市：龍岡彩色印刷公司，1989 年 3 月。

3. 丁福保編，《清詩話續編》，新北市：藝文印書館，1977 年 5 月。

4. 丁福保編，《歷代詩話續編》，臺北市：木鐸出版社，1988 年 7 月。

5. 上海辭書出版社文學鑑賞辭典編纂中心編，《古文觀止鑑賞辭典》，上海市：上海辭書出版社，2013 年 8 月第 11 次印刷。

6. 于清遠，《聽松館詩鈔》，台北市：世界書局經銷，1972 年 7 月。

7. 中社編輯、翁中光校閱，《中社詩存》，新北市：龍文出版社，2009 年 3 月。

8. 中華民國傳統詩學會編，《傳統詩集》第一輯，臺北：中華民國傳統詩學會，1979 年 7 月。

9. 中華詩學研究所編，《華岡褉集分韻詩分韻詩》，臺北市：中華詩學研究所自印本，1976 年。

10. 中華詩學研究所編，《華岡褉集分韻詩分韻詩》，臺北市：臺灣商務印書館，1979 年 2 月。

11. 毛谷風編，《近百年七絕精華錄》，北京市：中國電影出版社，2006 年 6 月。

12. 王力，《詩詞格律》，北京市：中華書局，2004 年 5 月。

13. 王文濡，《清詩評註》，臺北市：老古出版社，1978 年 4 月。

14. 王文濡，《評註宋元明詩》，臺北市：廣文書局，1981 年 12 月。

15. 王利器，《應劭・風俗通義校注》，台北縣：漢京文化事業公司，2004 年 3 月。

16. 王則潞，《質廬存稿》，臺北市：華正書局，1978 年 2 月。

17. 王彥，《海南王彥詩集》，花蓮：華光書局，1965 年 10 月。

18. 王星華，《懷鄉眾吟集》，臺北市：王星華，1982 年 11 月。

19. 王家鴻，《劬廬四集》，臺北：台灣商務印書館，1972 年 7 月。

20. 王啟興，《校編全唐詩》，武漢：湖北人民出版社，2001 年。

21. 王國維，《人間詞話》，臺北：三民書局，2000 年 5 月。

22. 王國維，《海寧王靜安先生遺書》，臺北市：臺灣商務印書館，1976 年。

23. 王國璠編，《中華民國詩人及其詩》，臺北市：臺北市文獻委員會端午詩社，1973 年 12 月。

24. 王毓榮，《荊楚歲時記校注》，臺北市：文津出版社，1988 年 8 月。

25. 全明詩編纂委員會編，《全明詩》，上海：上海古籍出版社，1990 年。

26. 成功大學史學所編，《成功大學尉素秋教授八秩榮慶論文集》，臺北市：文史哲出版社，1988 年。

27. 成惕軒先生逝世十週年紀念集編輯委員會編，《成惕軒先生逝世十周年紀念集》，臺北市：文史哲，1999 年。

28. 朱任生，《虛白室詩存》，臺北：孚佑印刷有限公司，1982 年 11 月。

29. 何志浩，《何志浩先生鄉情詩文選集》，臺北：臺北市寧波同鄉會，2002 年 1 月。

30. 何南史編，《中華民國詩選》，臺北市：中國詩經研究會，1982 年 9 月。

31. 余祖明，《自強不息齋吟草》，出版地不詳，1978 年。

32. 余祖明，《廣東歷代詩鈔》，香港：能人書院叢書第一種，1980 年 1 月。

33. 吳天任，《荔莊詩稿》，香港：聯邦圖書印刷公司，1956 年。

34. 吳志良、楊允中編，《澳門百科全書》，澳門：澳門基金會，2005 年。

35. 吳春晴，《尋夢草存》五卷，出版地不詳，1990 年。

36. 吳新雄主修，《江西省人物志》，江西：江西省地方志編纂委員會，2007 年 12 月。

37. 吳萬谷，《超像樓詩》，臺北：臺灣商務印書館，1974 年。

38. 吳福助，《臺灣漢語傳統文學書目》，台北市：文津出版社，1999 年 1 月。

39. 吳劍鋒，《網溪詩集》第四輯，臺北：中華民國網溪詩社，1992 年。

40. 宋天正，《海曙詞》，新北市：廣文書局，1977 年 6 月。

41. 李嘉德，《平凡集》，無出版項，家屬印贈，書藏國立政治大學圖書館。

42. 李家源著，趙季、劉暢譯，《韓國漢文學史》，南京：鳳凰出版社，2012 年 10 月。

43. 李猷，《紅竝樓詩》，1981 年，自印本（書藏中國文化大學圖書館）。

44. 李瑞騰、孫致文主編，《歌哭紅塵間—詩人張夢機教授紀念文集》，桃園市：國立中央大學中文系印行，2010 年 9 月。

45. 李樹桐：《唐史索隱》，臺北：臺灣商務印書館，1988 年 2 月。

46. 阮毅成，《八十憶述》，臺北市：聯經出版社，1984 年 11 月。

47. 阮毅成，《阮毅成自選集》，臺北市：黎明文化事業有限公司，1978 年 5 月。

48. 周紹賢，《松華軒詩稿》，臺北市：台灣商務印書館，1969 年 1 月。

49. 周嘯天，《元明清名詩鑒賞》，成都：四川人民出版社，2001 年 8 月。

50. 屈萬里，《詩經詮釋》，臺北市：聯經出版事業公司，1991 年 10 月。

51. 易君左，《四海詩心》，臺北：臺灣商務印書館，1977 年 6 月。

52. 林仁超，《登月集》，香港：漢山文化事業公司，1970 年。

53. 林正三，《詩學概要》，臺北：廣文書局，1998 年 7 月。

54. 林正三、許惠雯編，《瀛社會志》，臺北市：文史哲出版社，2008 年 10 月。

55. 林咏榮，《友梅軒吟稿》，臺北市：正中書局，1970 年 4 月。

56. 林寄華，《荼蘼集》，臺北市：榮民印刷廠，1974 年 2 月。

57. 侯暢，《西南行吟草》，臺北：未有出版項，自序於 1961 年。

58. 施懿琳主編，《全臺詩》，臺南：國立臺灣文學館，2014 年 11 月。

59. 春人詩社編，《春人詩選》第一輯，新北市：春人詩社，1981 年 7 月。

60. 春人詩社編，《春人詩選》第三輯，新北市：春人詩社，1985 年 10 月。

61. 春人詩社編，《春人詩選》第四輯，新北市：春人詩社，1987 年 10 月。

62. 春人詩社編，《春人詩選》第五輯，新北市：春人詩社，1989 年 9 月。

63. 洪寶昆，《現代詩選》，臺北市：詩文之友社，1967 年 1 月。

64. 胡建國，《近代華人生卒簡歷表》，新北市：國史館，2004 年。

65. 胡鈍俞，《寧遠詩集》，臺北市：夏聲雜誌社，1985 年 5 月。

66. 胥端甫，《抑盦詩詞集》，臺北市：成文出版社，1973 年，詩人節。

67. 韋仲公，《北來堂詩稿》，臺北市：台灣商務印書館，1968 年 11 月。

68. 凌亦文、黃靖軒編，《紀念林尹教授國際學術研討會論文集》，新北市：景伊文藝基金會，2013 年。

69. 孫克寬，《繭廬叢棄》，無出版項，1964 年 11 月，自印本。

70. 涂公遂，《浮海集》，香港：珠海書院文史學會，1981 年 9 月。

71. 秦維藩，《雙寄樓詩》，未署出版所，2007 年 8 月。

72. 翁一鶴，《長春詠秣陵吟》，手抄本複印，無出版項，1970 年 7 月敘於香江旅次。

73. 翁一鶴，《香海百詠》，香港：興亞印刷廠，1974 年 10 月。

74. 國史館編，《民國人物傳記史料彙編·第三輯》，臺北：國史館，1988 年 1 月。

75. 國家文化總會，《走讀台灣：臺南市 2》，臺北市：國家文化總會，2010 年 12 月。

76. 張仁青，《揚芬樓文集》，臺北市：文史哲出版社，2007 年 3 月。

77. 張仁青，《張仁青學術論著集》，臺北：文史哲出版社，2012 年 8 月。

78. 張作梅，《一霞瑣稿》，《臺灣先賢詩文集彙刊·第六輯》，新北市：龍文出版社，2009 年 3 月。

79. 張家輝，《飲水集》，花蓮：華光書局，1965 年 2 月。

80. 張達修，《醉草園詩集》，臺中市：張振騰，2007 年 12 月。

81. 張達修，《醉草園詩集續編》，臺中市：張振騰，2008 年 12 月。

82. 張維翰，《采風集》，臺北市：中華叢書委員會，1957 年。

83. 張維翰，《莼漚類稿》，臺北市：正中書局，1975 年 4 月。

84. 教育部國語推行委員會編，《中華新韻》，臺北市：國語日報出版社，1992 年。

85. 梁寒操先生紀念集編輯委員會編，《梁寒操先生紀念集》，臺北市：編者，1975 年。

86. 章子惠，《臺灣時人誌·大陸來臺人士篇》，新北市：龍文出版社，2009 年 12 月。

87. 莊幼岳，《紅梅山館詩草》，《台灣先賢詩文集彙刊‧第九輯》，新北市：龍文出版社，2011 年 5 月。

88. 陳定山，《蕭齋詩存》，《台灣先賢詩文集會刊‧第九輯》，新北市：龍文出版社，2011 年 5 月。

89. 陳荊鴻，《薀盧詩草》，出版者不詳，約 1975 年。

90. 陳邁子，《邁子中英文合刊詩選》，未有出版項，中國文化大學圖書館藏

91. 傅子餘，《靜菴詩詞》，未有出版項，中國文化大學圖書館藏。

92. 傅璇琮等編，《全宋詩》，北京：北京大學出版部，1998 年 12 月。

93. 彭國棟，《春暉集》，臺北：中央文物供應社，1953 年 5 月。

94. 曾今可編，《臺灣詩選》，臺北市：中國詩壇，1953 年 10 月。

95. 曾文新，《了齋詩鈔》，《台灣先賢詩文集會刊‧第五輯》，新北市：龍文出版社，2006 年 6 月。

96. 逯欽立輯校，《先秦漢魏晉南北朝詩》，北京：中華書局，1995 年 1 月。

97. 黃光學，《四海同聲》，臺北市：黎明文化事業股份有限公司，1981 年 1 月。

98. 黃純青，《庚寅上巳新蘭亭修禊集》，臺北市：薇閣詩社，1950 年。

99. 黃雲漢，《中華民國名人錄》，臺北市：近代中國，1992 年。

100. 黃徵，《舫齋詩稿》，手寫自印本，1969 年，未標頁碼。

101. 廉永英、崔仁慧合著，《臺北市志》，臺北：臺北市文獻委員會，1991 年 10 月。

102. 楊永漢，《孔聖堂詩詞集》，臺北市：萬卷樓圖書公司，2013 年 12 月。

103. 楊福鼎，《遯盦詩艸》，自印本，1982 年 9 月。

104. 賈德清，《中國文化學》，桂林：廣西師範大學出版社，2015 年 1 月第一版。

105. 鄒穎文，《香港古典詩文集經眼錄》，香港：中華書局有限公司，2011 年 2 月。

106. 廖一瑾，《臺灣古典詩選詩集詩社與詩人》，台北市：文津出版社，2013 年 9 月。

107. 廖美玉主編，《區域與城市》，臺南市：臺灣文學館，2011 年 12 月。

108. 廖從雲，《梅庵吟草》，臺北市：三文印書館有限公司，1975 年 7 月。

109. 廖從雲，《梅庵詩詞集續編》，臺北市：春人詩社，2006 年 8 月。

110. 熊鈍生主編，《中華民國當代名人錄》，臺北市：中華書局，1985 年 10 月。

111. 甄陶，《袖蘭館詞》，香港：亞洲詩壇社，1968 年。

112. 賓國振，《晚悔樓詩餘集》，臺北：大中書局，1979 年 1 月。

113. 劉逸生，《龔自珍己亥雜詩注》，北京：中華書局，2003 年。

114. 劉達梅，《唐宋愛國詩鈔》，臺北：華岡出版部出版，1976 年。

115. 禚恩昶，《巴山夜雨集》，臺北市：台灣商務印書館，1976 年 10 月。

116. 鄭鴻善，《澤餘吟存續稿》《餘澤山莊擊鉢集》合編本，臺北市：世紀書局，1985 年 10 月。

117. 黎國昌等編，《寰球詞苑·第四集》，美國加州，1981 年 10 月。

118. 盧元駿，《曲學》，臺北市：黎明文化，1980 年出版。

119. 蕭繼宗，《獨往集》，臺北市：正中書局，1991 年 12 月。

120. 駱香林，《駱香林全集》《臺灣先賢詩文集彙刊·第一輯》，臺北市：龍文出版社，1992 年。

121. 繆黻平，《恬愉齋詩集》，臺北：正中書局，1960 年 10 月。

122. 薛逸松，《松廬詩棄》，臺北：薛梅芳，1984 年 11 月。

123. 謝大荒，《涵廬吟草》，臺北縣：謝穎毅，1982 年 12 月。

124. 謝鴻軒，《千聯齋類稿》，臺北市：謝述德堂千聯齋，2001 年 4 月。

125. 謝鶯興編，《吳福助教授著作專輯》，臺中市：東海大學東海文庫，2020 年 1 月。

126. 瀛社編委會編，《瀛社創立六十週年紀念集》，臺北市：瀛社辦事處發行，1969 年。

127. 瀛社編委會編，《瀛社創立七十週年紀念集》，臺北市：瀛社辦事處發行，1979 年。

128. 羅尚，《古典詩形式說》，臺北市：自印本，2003 年。

129. 蘇福疇，《遯庵詩艸》，未署出版項，最後稿件署 1982 年，國史館藏。

130. 顧潔、李江主編，《廣東省志·人物卷》，北京市：方志出版社，2014 年 8 月。

131. 龔嘉英，《景勝樓詩集》，手寫本，1999 年。

二、期刊（以出刊日期為序）

1. 《庸言‧癸丑禊集詩》半月刊，第一卷第十號，1913 年 4 月 26 日。

2. 《詩報‧東山踏青會擊缽吟》，第三十五號，1932 年 5 月 15 日。

3. 《中央日報》，臺北：中央日報社，1951 年 5 月 18 日，第 4 版。

4. 《臺北文物‧瀛社記事補遺》，五卷二、三期，臺北市：臺北市文獻委員會，1957 年 1 月 15 日。

5. 《東海學報‧中國文學的地理觀察》，第三卷第一期，1961 年 6 月。

6. 《中華藝苑》〈重刊洪洞董文渙《聲調四譜圖說》弁言〉，二十三卷一期，臺北：中華藝苑雜誌社，1966 年 7 月。

7. 《中華詩學》月刊，第一卷第一期，臺北市：中華詩學雜誌社，1969 年 6 月。

8. 《中華詩學‧庚戌上巳修禊聯吟》，第二卷第五期，臺北市：中華詩學雜誌社，1970 年 4 月。

9. 《中華詩學‧壬子上巳暨本所成立四週年詩作》，第六卷第五期，臺北市：中華詩學雜誌社，1972 年 5 月。

10. 《中華詩學》月刊，第八卷第四期，臺北市：中華詩學雜誌社，1973 年 4 月。

11. 《中華詩學》季刊，第一卷第三期，臺北市：1983 年 10 月。

12. 《中國詩文之友》，第三〇〇期，中國詩文之友社，1980 年 1 月 1 日。

13. 《中國詩文之友》，第三二四期，中國詩文之友社，1982 年 1 月 1 日。

14. 《湖南文獻‧潭州名詩人袁爵人先生》第十一卷第四期，1983 年 10 月。

15. 《臺北文獻‧臺北著述志稿》，直字六十九期，臺北市：臺北市文獻委員會，1984 年 9 月。

16. 《臺北文獻‧北臺詩苑》，直字八十一期，臺北市：臺北市文獻委員會，1987 年 9 月。

17. 《東海大學圖書館‧館訊》，第四十八期，2005 年 9 月。

18. 《臺灣文獻‧省文獻會與漢詩關係初探》，第五十九卷第二期，南投：國史館臺灣文獻館，2008 年 6 月。

19. 臺北市政府文化局新聞稿，2009 年 6 月 25 日。

20. 《人間福報‧海嶠人物萬象‧劉太希與化南新村》，1017 年 3 月 8 日。

三、學位論文

1. 張玲,《西湖修禊詩與清士人心態研究》,湖南,吉首大學碩士論文,2019 年 5 月。

四、網路資料（以搜尋時間為序）

1. 姚琮,《百度百科》,2019 年 12 月 8 日 https://baike.baidu.com/item/%E5%A7%9A%E7%90%AE。

2. 吳春晴,《維基百科》,2019 年 12 月 17 日 https://zh.wikipedia.org/zh-tw/%E5%90%B3%E6%98%A5%E6%99%B4。

3. 周邦道,《維基百科》,2019 年 12 月 17 日,http://www.bodhi.org.tw/index.php?sid=5.3.31。

4. 吳語亭,《維基百科》,2019 年 12 月 19 日 https://zh.wikipedia.org/zh-tw/%E5%90%B3%E8%AA%9E%E4%BA%AD。

5. 周紹賢,《百度百科》,2019 年 12 月 20 日 https://baike.baidu.com/item/%E5%91%A8%E7%BB%8D%E8%B4%A4。

6. 張雪茵,《臺灣作家作品名錄》,2019 年 12 月 19 日 http://www3.nmtl.gov.tw/Writer2/writer_detail.php?id=1686。

7. 潘新安,《南海潘新安先生草堂詩緣翰墨選輯》,2019 年 12 月 19 日 https://www.lib.cuhk.edu.hk/tc/about/library/publication/pun-so。

8. 婁希安:《楚望樓聯語箋注》,搜韻網站:2020.02.22.https://sou-yun.cn/Query.aspx?type=poem&id=852840。

9. 傅清石,《百度百科》,2019 年 12 月 19 日 https://baike.baidu.com/item/%E5%82%85%E6%B8%85%E7%9F%B3。

10. 陳民耿,《維基網站》:2020 年 2 月 22 日 https://zh.wikipedia.org/wiki/%E5%90%B3%E8%AA%9E%E4%BA%AD。

11. 江絜生,《搜韻網站》,成惕軒〈壽江教授絜生〉,2020 年 2 月 22 日 https://sou-yun.cn/QueryPoem.aspx。

12. 林仁超,《百度百科》,2020 年 2 月 27 日 https://baike.baidu.com/item/%E6%9E%97%E4%BB%81%E8%B6%85。

13. 宋郁文,《維基百科》,2020 年 3 月 26 日 https://zh.wikipedia.org/wiki/%E5%AE%8B%E9%83%81%E6%96%87。

14. 章斗航，《江西文献》第 110 期，1982 年 10 月，2020 年 3 月 26 日 https://www.tongxianghuicn.com/article/1567732.jhtml?libId=1364。

15. 蔡念因，梁柳英〈蔡念因期頤（壽星公）盛宴誌記〉，2020 年 3 月 26 日 http://www.khaiminh.org/tac_gia/luong_lieu_anh/cai_nian_yin_100.htm。

16. 《寒泉》，《古典文獻全文檢索資料庫》，2020 年 10 月 26 日 http://skqs.lib.ntnu.edu.tw/dragon/。

17. 蘇文擢，《蘇文擢教授紀念網站》，2020 年 11 月 11 日，https://somanjock.org。

18. 簡明勇，《維基百科》，2020 年 12 月 21 日，https://zh.wikipedia.org/zh-tw/%E7%B0%A1%E6%98%8E%E5%8B%87。

附錄一　書　影

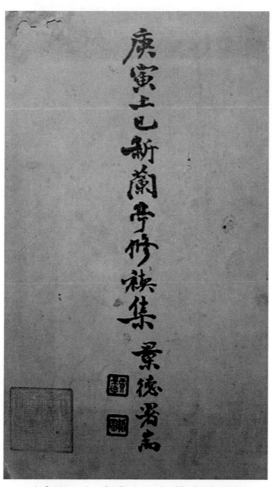

（書影一）庚寅上巳新蘭亭修禊集

華岡禊集分韻詩（書影二、詩學所版）

華岡禊集分韻詩（書影三、商務版）

圖一、定武本〈蘭亭序〉（局部放大）

圖二、定武本〈蘭亭序〉

附錄二 《華岡禊集分韻詩》列表

  《華岡禊集分韻詩》中〈蘭亭序〉三百二十五個韻字之全部作品列表，為引述方便，每一韻字各標以序號。

癸丑華岡禊集分韻詩詩列表

（自「永」字至「情」字，計八十四字）

序號	韻字	體韻	作　者	內　文	備　註
1	永	七古	張維翰	清明時節日初永，〔註1〕陽春召我以煙景。踏青喜逢上巳辰，民族掃墓遍山嶺。癸丑遙稽晉永和，於茲廿七周甲整。一千六百二十年，山陰禊集開觴詠。盛事留傳直至今，蘭亭序帖世爭影。右軍徒以書聖名，氣識尚難媲王猛。景略當年相苻秦，遺言猶復戒圖晉。逸少一門受國恩，身為晉臣當忠鯁。觀其曾貽殷浩書，退保長江適自窘。世亂時危責在肩，胡為誓墓竟遯〔註2〕隱。晉人誤國是清談，亭林此語非過甚。吾曹播越隨〔註3〕	（新韻）十七、庚青韻

〔註1〕原作每句皆作句點（。），今為閱讀方便，於單數句（出句）改成逗點（，）。

〔註2〕「遯」字《菀漚類稿》作「歸」字。（臺北市：正中書局，1975 年 4 月），頁 185；《中華詩學》亦作「遯」，蓋初稿也。見八卷四期，62 年 4 月，頁 5）。

〔註3〕「隨」字《菀漚類稿》作「滯」字，同上。（《中華詩學》亦作「隨」，同上）。

				海東，佳節年年賡禊飲。世事正當大有為，面臨敵患刻難忍。莽莽神州成地獄，同胞所處非人境。憔悴虐政待來蘇，水深火熱亟須拯。賊酋翻挾地與民，笑臉外交博承認。堪歎盟邦甘受愚，引敵為友殊矛盾。處變不驚要自強，明訓服膺矢莊敬。五年詩教弘華岡，文化復興羣情振。芸芸學子習謳吟，風雅扢揚咸競奮。從頭收拾舊河山，邁向大同開景運。
2	和	七律 歌韻	繆黻平	華岡蔥鬱亦嵯峨，不讓蘭亭美永和。詞曲淵源精講貫，中西文物富搜羅。明詩習禮青衿茂，扢雅揚風白髮多。好為祓除求進展，恢宏士氣復山河。
3	九	七古 有韻	梁寒操	羣賢禊集溯蘭亭，於今二十七癸丑。結習猶沿詠且觴，我欲大聲作獅吼。八表同昏直此時，不祥遠過永和九。以夷凌夏赤白同，不為牛後且雞口。畏天忍氣亦吞聲，悲世痛心還疾首。都緣義利辨已迷，尊道貴德喪原有。殺盜淫戒竟大開，問君惕目驚心否。物能奇奧固漸窮，原子戰機憂按鈕。謀財異術正橫流，股票價騰訏飛走。性慾奔騰更不攔，何堪無恥過豬狗。哀哉更有搦管人，奪利爭名臉彌厚。惡腐俱化正不遑，克己正心誰復守。豈堪道眼慧眼觀，風雨高樓寧袖手。我抱大悲如定盦，亦欲籲天重抖擻。克念作聖剎那間，反躬知性戒在苟。莊敬自強擴四端，靈光立地射牛斗。我大物小覺當同，神聖人生纔不負。相期合力事耕耘，待看嘉禾滿田畝。
4	年	五古 先韻	易大德	蘭亭修禊事，在晉永和年。其歲逢癸丑，山陰集羣賢。嘉會懷往昔，周歷幾星躔。廿有七花甲，千六百載前。地靈由人傑，人傑出新編。序文家盥誦，法帖代薪傳。讌游奚足貴，貴有足傳焉。吾儕運何幸，茲地結文緣。少長聯翩至，遙領蘭亭先。華岡風日美，不減山陰妍。黌宇衝霄漢，桃李植萬千。花池引曲水，觴詠坐亭邊。更上層樓望，錦繡好山川。宇宙何壯

				潤，品類何蕃鮮。俯仰任游騁，視聽為流連。可奈羅世變，禹域遍腥羶。芒鞵隨樞府，海表久播遷。建所昌詩學，諸老筆如椽。鼓吹中興業，翹瞻欲曙天。日月真易邁，五稔費鑽研。大盜方傾國，王師未凱旋。安得李司徒，急為掃幽燕。還京容結伴，天際識歸船。重臨桃葉渡，再試雨花泉。因思今朝會，堪比晉人肩。華岡與蘭亭，隔海並屹然。干支同歲次，韻事得蟬聯。取序以為韻，分字各成篇。不興人生感，而重文教宣。不矜逸少筆，而着祖生鞭。天聲揚大漢，勳業望凌烟。千秋宜各有，來者其覽斿。	
5	歲	五古霽韻	丁治磐	良辰值重三，嘉會及春霽。華岡今山陰，是亦癸丑歲。野水出淙潺，礜浴從祓禊。羣賢各騁懷，百吟靡一翳。我時謁三醫，趺蹳申酉崇。分韻到枕邊，臥詠速郵置。粗篇雜佳章，四十二人繼。誰哉繼內史，敘引昭陵瘞。	翳（霽韻）（郎計切）
6	在	詞	宋天正	蘭亭盛事依然在。觸詠衣冠臨碧海。花前頭白漫相驚，天畔山青終不改。　羣賢綵筆宣忠愛。鼓吹雄風興萬籟。華岡溪壑自千秋，迴見春姿瀰域外。〔註4〕	玉樓春
7	癸	五古紙韻	王家鴻	避難入蓬萊，幸免呼庚癸。佳辰集華岡，春風笑桃李。靄靄紗帽雲，悠悠淡江水。竹脩蘭更茂，氣清天容喜。歌呼少長歡，賓主東南美。胸羅俯仰觀，目極今昔視。華路啟壇壝，五載一彈指。彌縫諸老翁，他山獲礱砥。牛年多不祥，渦祓從何起。宜僚巧弄丸，戰禍弭交趾。血濺蘇丹城，魂斷貝慕市。但願春長駐，翔和自茲始。	
8	丑	詞	朱玖瑩	海上羈遲，吾誰與友。入門一笑，歲在癸丑。永和九年後。二十七周星，上巳逢辰覺非偶。華岡聯吟揮禿箒，敢與蘭亭爭不朽。偷安江左太非夫，	未附詞牌

〔註4〕案：「興」字於《海曙詞》作「生」字；「見」字於《海曙詞》作「映」字。據宋天正：《海曙詞》（新北市：廣文書局，1977年6月）頁4。

				游目騁懷忘北首。　後之視今，今之視昔，奮袖低昂競奔走。鰥鰥二十四年矣，一髮中原非我有。隔岸待援，人人引手。我持杯酒發狂言，若個偷安，不如喪家之狗。長嘯一聲否、否、否。	
9	暮	五古遇韻	成惕軒	我昔居白門，澄湖狎鷗鷺。一別三十年，迢迢玄武路。夢繞江南春，雜花儵生樹。上溯晉永和，癸丑今幾度。華岡鳳載鳴，曲水觴同注。願祓千不祥，蘭亭續新句。渡海張雲帆，收京作露布。歸薦孝陵櫻，未應感遲暮。	
10	春	詞	江絜生	修禊事，上溯一千春。重賦蘭亭新雅集，風流如見永和人。綵筆繼清芬。　千載下，多難中興辰。落日樓頭遊子淚，憑欄雨歇楚歌聲。重度永和春。	望江南
11	之	七律支韻	李猷	堪笑年來畏禊詩，臨流照影鬢絲絲。還餘絲竹遄飛興，懶寫青春絕妙詞。佳日清明兼上巳，高文孫綽與羲之。華岡縱較蘭亭勝，嘉會應思在莒時。	
12	初	七律魚韻	吳春晴	永和天寶共華胥，光景前今迥不如。樓外江荒潮壯濶，原頭星炯漢蕭疎。獸形不一雲翻徧，弓勢重三月上初。法曲已終人亦散，誰攜殘醉送居諸。	
13	會	五古寘韻	吳萬谷	稽古禊蘭亭，巧與茲辰會。問年同〔註5〕癸丑，周甲廿七次。千六百廿年，茫茫駒隙逝。所立在同日，五載亦倏至。懷往發幽情，緬今縈慨思。世異景復殊，而乃同一喟。俯仰便陳迹，斯言誠足味。佛說彈指頃，其理固不二。因之集羣賢，少長亦咸致。聊取欣所遇，寧用問何意。嗟哉王右軍，一序原多事。	
14	於	七律	何志浩	華岡上巳喜相於，曲水流觴賦鷗鶋。吮筆得詩成一句，傾杯罰酒飲三壺。非關分韻誰先後，只恐唱和或有無。畢竟羣公皆審律，不教盲瞽濫吹竽。	「和」字誤

〔註5〕「同」字《超像樓詩》作「得」，見吳萬谷：《超像樓時》（臺北：台灣商務印書館，19974 年 5 月），頁 126。

15	會	五古泰韻	林尹	節日逢上巳，華岡集冠蓋。云為重修禊，賦詩論殿最。憶昔永和間，曾有蘭亭會。於時春澂灩，天地共交泰。流傳千餘載，德音播海外。今我亦援筆，竟忘身居蔡。步武羣賢後，險韵真無奈。	
16	稽	五律齊韻	胥端甫	其一 千古高人詠，源頭未用稽。但求將意寄，更好盡情題。峻嶺崇山峭，茂林修竹齊。翹企無所羨，惟望楚天西。 其二 今日成何世，言之痛滑稽。救亡都恨晚，擠利互求齊。大廈連雲建，高臺任馬嘶。早能機艇獻，何慮動征鼙。 其三 治亂興亡事，我曾往籍稽。真能才德美，那再有畛畦。根本崇忠孝，民生是課題。因師歸一統，五族共提攜。 其四 且喜談詩教，無忘兩會稽。人心端雨化，倫紀重階梯。慨感成何濟，偏私勿再迷。浮觴回氣運，旭日照雙溪。	四首 第一首企」自出律；第三首之「我曾」孤平。
17	山	七古刪韻	周邦道	有明甬上沈太僕，〔註6〕挖揚風雅暨臺灣。大武巒下結詩社，「文獻初祖」〔註7〕孰追攀。華岡剏立詩學所，主人亦出赤鄞山。〔註8〕千六百二十年後，廿七癸丑往復還。羣賢畢集千仞嶺，遠黛微風漾螺鬟。上巳適值清明節，踏青掃墓熙壤間。避地海壖歲復歲，故家喬木望鄉關。憶昔丁亥曾修禊，百花洲畔花斑斕。程伯臧、歐南雷、陶健公、萬平莊、周性初諸老，優遊杖履意安閒。當時附展別母圖，〔註9〕覽賞詩文車轍環。圖卷未攜憂燔爐，念及不禁淚黬濣。何當王師復禹甸，為斯民早祛痌瘝。	

〔註6〕作者自註：斯庵光文。
〔註7〕作者自註：連雅堂先生所崇稱。
〔註8〕作者自註：張曉峰先生。
〔註9〕作者自註：鄺衡叔先生為邦道作故山別母圖、戴季陶、王太龡、張默君、曹纕衡、胡步曾、李證剛、夏映庵諸公題詠。

18	陰	詞	尉素秋	從來名士多高會，修禊憶山陰。流觴曲水，幽情暢敘，遠慕長吟。　今年上巳，恰逢癸丑，擬嗣徽音。右軍才調，蘭亭墨跡，何處追尋。	人月圓
19	之	七律支韻	陳定山	春風浩蕩吹桃李，上巳清明會一時。人似永和脩曲水，詩傳繭紙集臨池。烏衣王謝俱年少，白首文章非畫師。千六百年逢癸丑，風流終古仰羲之。	
20	蘭	七古寒韻	陳南士	清明改火尚餘寒，恰逢上巳宜秉蘭。古來洛涘始祓禊，流觴曲水堪娛盤。逸少山陰蘭亭會，臨文感慨紛毫端。回溯二十七癸丑，維時典午方偏安。斯人實優經世略，貽書殷浩論不刊。胡為誓墓成勇退，入山袖手看棋殘。賢者所蘊置弗用，徒留法帖供摩觀。興亡責在豈慕此，時危肥遯羞儒冠。吾曹今日復禊飲，華岡春色妍林巒。橫舍莪莪聚絃誦，巖花潤竹映清湍。羣賢畢至發高詠，各揮健筆追杜韓。匏樽相屬信可樂，所之既倦憂仍攢。世事今非永和比，大盜竊國民命殫。彌天霧沴待湔祓，戮力合補金甌完。遙睇中原青一髮，我欲奮飛無羽翰。何當王師早渡海，遺黎望久空壺簞。	
21	亭	七古青韻	許君武	春風搖花發異馨，曲水流觴山為屏。勝侶招攜作高會，今年上巳懷先型。廿七甲子溯前史，羲之一序非沈冥。我聞西哲相對論，史如攝影當留形。君不見典午南移逼胡亂，有志亦曾悲新亭。戮力王室空語壯，鞭牛挾姬驅輷輷。忽焉又過卅六載，偏安宴安同新硎。江左夷吾巳宿艸，山陰諸賢忘飄零。風和天朗足怡悅，修竹清流舒性靈。因寄所托惟放浪，地下阮公宜眼青。一千六百二十載，俯仰百代同戶庭。桃源只詫淵明想，核子難遣龍戰停。左海於今成右海，環島莫避蛟鼉腥。時危豈猶減東晉，民哀誰復思西銘。我歌侑觴壯君意，非敢焚琴矜獨醒。後視今猶今視昔，右軍深語隨風泠。	

22	修	七絕 尤韻	張惠康	癸丑重逢廿七周，古今相映足風流。嗟余僕僕紅塵際，誤卻名山共禊修。	
23	禊	七古 霽韻	張太翔	周禮春官女巫歲時覈學而釀盩，漢武三月上巳臨水祓除謂之禊。何人置酒河曲來金人，水金名劍一試誠犀厲。何時羽觴隨波流，毋乃周公分陝治洛之奇計。昔讀浣花詩，水濱紛紛之影影何麗。漫攜大句來叩雲中閽，直恐呼吸青天通古帝。時賢為我置酒海之東，寄奴呼喝聊相契，弱水飛仙攬八荒，差喜蓬瀛烟雨天初霽。	
24	事	五絕 寘韻	彭國棟	癸巳又重逢，千年朝暮事。蘭亭迹已陳，孰灑新亭淚。	仄韻
25	也	七古 馬韻	劉太希	蘭亭修禊值偏安，臺賢氣未甘人下。流觴高詠數十人，泱濟浮雲散平野。今日時艱猶典午，鼓吹中興多健者。華岡詩境正蒼然，諸子仙才追白也。嗟余老病百無能，分韻聯吟愧駑馬。	
26	羣	騷體 文韻	顧翊群	民六二年兮掃墓節，陽明修禊兮聚斯文。後先相距兮廿七周甲，騷人懷古兮仰挹清芬。永和九歲兮蘭亭高會，才華獨步兮逸少右軍。伸毫拂紙兮敘寫集序，伯樂一過兮冀馬空羣。慨值中原兮復竄狐鼠，六經瓴覆兮三禮薪焚。幸有寶島兮敦崇教化，儒素猶能兮諷誦典墳。諸賢雅集兮金聲玉振，宏宣溥溉兮稼穡耕耘。高歌慷慨兮中流擊楫，齊飛椽筆兮掃蕩妖氛。	
27	賢	七律	鄭鴻善	曆數重逢癸丑年，蘭亭韵事益呈妍。流傳翰墨千秋炳，俯仰乾坤萬象遷。禾黍興懷肝膽屬，松筠有節道心堅。華岡三月春如錦，際會風雲濟濟賢。	
27	賢	七律 先韻	張仁青	華岡高會仰群賢，爭美蘭亭祓禊年。飛閣瓊樓凌秀樹，綺霞屑玉落中天。風流豈遜元康後，氣象直過劉宋前。明歲鐃歌收鳳闕，重扶殘醉洞庭邊。	

28	畢	七古	陳邁子	鶯花三月春翁翁，江左人物自超逸。蘭亭修禊盛事傳，文采風流尚可挹。一自胡羯亂中夏，衣冠文物盡驅逼。胡風腥羶胡兒笑，禮樂詩書誰復識。賴有多士擅風雅，藝文興復共陳力。曲水流觴事吟詠〔註10〕，自是文章能華國。文心天心相交感，品物咸熙民安輯。趣舍萬殊嗟對境，死生彭殤原齊一。後之視今今視昔，獨立蒼茫長太息。華岡巍巍接會稽，此日羣賢少長集。山花灼灼香染衣，山風拂拂嵐光謐。山鳥為我鳴好音，山林叢秀翠欲滴。一堂萃聚樂無涯，俯仰宇宙揮采筆。尼聖詩教關雎〔註11〕化，屈子哀郢情懷激。青蓮天馬不羈才，少陵忠愛長惻惻。白傅樂府工諷諫，坡翁毫雄眩五色。放翁歌哭動河嶽，遺山野史淚沾臆。千古詩魂同一慨，詩魂長為國魂翼。同為人類祓不祥，詞客哦哦呻佔畢。天昌文運春浩浩，國步康莊事可必。整頓乾坤賴吾曹，人間自古重翰墨。會當摩崖頌中興，莫使春花長寂寂。	（新韻）
29	至	五古實韻	姚琮	客裏又清明，有約羣賢至。流觴下前谿，分韵非關智。風月浩無邊，河山殊有異。難銷杞人憂，實下新亭淚。曳杖怯登臨，覓句花外寺。心與白雲間，身分春壑媚。悠然若有得，忽覺無所寄。定交杵臼間，平生敦夙誼。隨緣本有情，獨樂匪吾意。老朽不自嫌，綴辭且就試。	
30	少	七古嘯韻	張夢機	卷幔江山入晨照，萬木飛濤答歌嘯。長廊雲臥自閑閑，千嶂煙空仍悄悄。迴瀨流馨泛羽巵，新茗浮榲供吟料。嵐光分翠上重簾，逸氣將風追俊鷂。摩崖誰是元次山，作序猶多王逸少。篋肿高攜上巳春，詩夢不離五湖櫂。漫說迪人無好懷，行看哀兵收故徼。他年集禊桐江邊，羊裘更向嚴陵釣。	

〔註10〕「詠」字《邁子中英文合刊詩選》頁23作「哦」。
〔註11〕「雎」字據《中華詩學》月刊，第八卷第四期（臺北市：中華詩學雜誌社，1973年4月），頁13；《邁子中英文合刊詩選》，頁23皆作「雅」。

31	長	曲	盧元駿	山坡羊 悵當日蘭亭韻往、喜今朝華岡氣壯，且莫對千秋遺響驚消長，看樹蒼蒼、水泱泱、流觴恰似在雲台上，爭盼得南渡冠裳集一堂，風、也欲飛揚，雲、也欲飛揚。	
32	咸	七古	賓默園	浴沂風雲着春衫，至今佳話留人間。蘭亭更有修禊事，流觴醉集少長咸。玄風眇覿衣冠盛，昔賢逝後溪山閑。曶來歲周廿七甲，詩人詠嘆陽明山。南都裙屐斯稱勝，高會遙續永和還。分題拈韻蘭亭序，各有妙句紛琅函。餘事品花浮大白，十觴累盡飛酡顏。古人不見吾狂耳，此恨綿邈難耘芟。歸途鳳城燈火燦，明月欲出山坳銜。	（新韻）
33	集	詞	尉素秋	暮春日，修禊羣賢雅集。山陰道，天朗氣清，風送飛花入瑤席。崇山翠欲滴，湍激、清流繞側，蘭亭畔，人傑地靈，逸少風華邁今昔。　蔥蘢茂林密，又修竹娟娟，新禊初釋。興來揮灑凌雲筆，謂俛仰塵世，快然欣足，朱顏一霎鬌髮白，怕回首陳跡。 天北，正蕭瑟。看列座衣冠，南渡詞客。歸心頻到秦淮碧。念庚信愁賦，杜陵哀什。低徊吟誦，燭影暗，素卷濕。	蘭陵王
34	此	五古 紙韻	袁爵人	萬緣隨曼衍，陳迹俛仰裏。逸少鸞鳳人，妙契天倪理。邦國狂猻初，人生蠢啼始。動止歷所遭，隆污泰與否。吾形寓宇內，蕩若江海水。泱瀯奔其流，沂洄縈復止。秋深臨斷岸，漲痕留伏起。斯迹即已陳，了了如所紀。舉凡遒起伏，真宰若司使。蹉跌休懟餒，滿溢勿驕喜。勢利忿當行，鋒拂勒其止。遠矚近睍微，成虧惟命俟。蘭亭禊飲年，晉已南渡徙。中原遍胡羯，蒿目患無涘。臨流觸安危，預感重生死。風流緬遐躅，思古曷能已。緜曖千餘年，癸丑復今祀。禍變巨且奇，迥非前代儗。奔命匿海圉，飄如流梗蟻。對此何興懷，一觴聊復爾。賢主有張公，青山結名士。詩教期涵	

				濡，氣類相礪砥。刱設詩學所，五載疾如駛。春秋會靈辰，紛詠篇章美。茲集上林中，花光穠絳紫。臺公緩春帶，撫今猶昔視。或問洛水遊，抽思為紀此。	
35	地	七古實韻	伏嘉謨	采蘭贈芍傳高誼，溱洧風流開習氣。千秋韻事嗣蘭亭，逸少高文微少義。華岡絃誦殊清談，流觴曲水今未易。韶光易逝五周天，際茲佳辰毋交臂。繁櫻如海杜鵑紅，草長鶯飛日清麗。曾聞沂浴歌春風，蓬山況是神仙地。陽明高畫中山樓，文藻江山儲美器。登臨極目傷神州，痌瘝莫拯魂徒悸。遺黎誰復踏青情，野哭年年殘血淚。成墟邱墓為誰靈，春露秋霜滋惴惴。自慚無力與回天，但期在莒相磨礪。風騷一髮天眷斯，默化人心祛暴戾。務觀詩懷繫九州，南望王師語應記。河山半壁豈真窮，慷慨渡江恢壯志。雞鳴雨晦歲寒心，長夜漫漫會當霽。願書萬遍勗同胞，休戀居安弛以肆。我今風骨摩顏筋，寧學王書趁姿媚。	
36	有	五古有韻	劉宗烈	永和年紀九，歲次在癸丑。暮春三月三，山陰集賢友。修禊會蘭亭，少長還相偶。天朗復氣清，佳日肯輕負。崇山恣遊觀，清流映左右。茂林修竹間，逸趣盡消受。曲水共流觴，雅詠矜眾口。樂敘暢幽情，渾忘坐談久。俯仰足興懷，快然脫塵垢。人物想當時，韻事傳不朽。千六百餘年，周甲廿七後。禊事躅前修，風流期共守。吟侶漫相招，意致何深厚。何以餞良辰，且傾百壺酒。豈必寄管絃，不妨酌大斗。何以寫心憂，更吟詩千首。酬唱見襟期，勝地同攜手。不知老將至，詎論縈腰綬。大夫憶三閭，先生慕五柳。戰伐尚乾坤，煙霞親戶牖。喚醒民族魂，嘯歌凌岡阜。笑拍洪崖肩，閒邀漆園叟。林泉也神仙，松石同貞壽。世事嗟萬殊，俗塵絕奔走。佳節且清娛，浮名復何有。	

37	崇	五律東韻	蕭繼宗	癸丑蘭亭會，清流世所崇。昔賢觴詠盛，今日晤言同。山水欣相契，管絃聽未終。感時齊述作，寄慨向春風。	
38	山	五律刪韻	黃杜經	癸丑蘭亭會，千年此日還。暢情非大陸，修禊有臺灣。自古重幽敘，于今不視閒。慶從佳節詠，酬唱挽河山。	
39	峻	五古震韻	何敬羣	春來倏三月，客久蘊孤憤。屈指上巳辰，何由祓愁悶。有海空以闊，有峰崇而峻。試為禊事修，放眼山河認。草長正鶯飛，北望猶氛祲。荊棘何時除，天宇何時淨。忽憶永和年，山陰集賢俊。羲之感正多，安石物能鎮。流觴臨曲水，文采盛東晉。悠悠二七周，癸丑又重印。世運復迍邅，人心須振奮。誰擊祖生楫，誰為瞋聲震。慷慨對新亭，不必呼天問。	（新韻）
40	嶺	七古梗韻	余祖明	烈烈華岡，蒼蒼翠嶺。大纛高飄髦彥來，五載振騷開詩境。晉賢祓禊廿七周，遠紹流風元老領。分韻郵遞鰲洋洲，鞭策駑駘效馳騁。懸知鯤海朣朦興，指日乘風復洛潁。來年大會會稽山，飲我流觴巾幘整。	
41	茂	五古宥韻	韋仲公	飛瀑下天峯，蒼崖林木茂。健步喜重來，蘭杜香初透。綠水泛清樽，白雲媚翠岫。楊花點硯池，偶趁東風驟。畫閣接晴空，歲歲春如舊。不知山陰山，能否當年秀。關河悲異昔，空為吟詩瘦。歸夢阻蘭亭，前修難邂逅。烏衣再渡江，絃管聽還奏。如何望眼間，淚痕彌宇宙。社燕截飛花，荒鵑啼遠堠。我亦欲留春，醉墨沾襟袖。	
42	林	七律侵韻	侯暢	騁懷修禊動詞林，世事紛紛歲月侵。眼底河山今異昔，年逢癸丑昔猶今。因風寄意追陳迹，列席臨文見素心。取舍由人忘自得，一觴二詠盡清音。	
43	修	五律尤韻	汪中	和風生淑氣，春色滿南州。鳥弄黃柑熟，花開綠蟻浮。流觴傳好韻，祓禊繼前修。共有凌雲意，連翩歷五洲。	

44	竹	五古屋韻	申丙	修禊集華岡，衣冠盛幽谷。癸丑歲春三，永和繼遠躅。風流久愈光，閱歲踰千六。花槃曲水湄，鳥歌曾彎木。大筆摩蘭亭，高吟有放叔。經通用則弘，詩昌世乃穀。人傑地始靈，秔稻年三熟。何因成富庶，其義在教育。試看海西頭，生民俎上肉。樂歲號凍餒，老弱轉溝壑。丁壯散四方，恣意逞殺戮。無地愬沉冤，淚盡湘江竹。	
45	又	五古宥韻	楊向時	華岡內美紛，彎壑鍾神秀。造物效茲奇，人謀輔天授。複道接虹飛，層樓入雲構。弦歌盛上庠，文光騰宇宙。陌花折簡呼，岸幘欣來就。上巳值清明，雙節歸一晝。譬若大小喬，同車偶馳驟。亦如齊楚君，聯鑣會蒐狩。少長集羣賢，青衫間紅袖。今多不櫛才，合出蘭亭右。曲水想流觴，風起春波皺。仰首視晴空，悠悠雲出岫。後期樂可推，尚友情如舊。勝會果能常，持杯且為壽。高吟此日纔，雅禊明年又。	
46	有	五古有韻	張達修	修禊溯永和，歲星值癸丑。甲子廿七周，嘉辰信非偶。華岡今蘭亭，羣仙一抗手。觸詠萃襟裾，風義師兼友。大漢揚天聲，旗鼓張左右。戾氣瀰寰區，祥和竟何有。詩教思無邪，宅心本忠厚。吐屬多珠璣，賡酬出瓊玖。白髮隨英年，酡顏倚樽酒。樂此欲忘歸，鷗盟肯相負。引領望神州，龍蛇方見首。明歲賦收京，攤箋笑開口。	
47	清	七律庚韻	阮毅成	祓禊良辰天氣清，蘭亭韻事喜重賡。相逢少長皆賢彥，紛貢〔註12〕珠璣共品評。已有佳章成擊缽，待抒椽筆賦收京。流觴獨恨難勝飲，媿繼吾家老步兵。	「抒」〔註13〕字仄，出律。

〔註12〕據《阮毅成自選集》，「貢」字作「供」。（臺北市：黎明文化事業有限公司，1978年5月初版），頁393；另阮氏《八十憶述》（臺北市：聯經出版社，1984年11月），頁810亦同。
〔註13〕據《阮毅成自選集》，「抒」字作「杼」，兩皆仄聲。另阮氏《八十憶述》亦同。

48	流	五律 尤韻	王彥	破日悲風木，報秦聚海陬。至今迷父墓，不敢忘神州。人作清明節，詩多杜陸儔。何曾雲霧重，皎皎日星流。	「報秦」孤平
49	急	七古 緝韻	李雄	一從多病罷登臨，久廢流觴作禊集。平生無酒即無詩，止酒以來詩情澀。奚囊搜索三年空，吟壇無聞甘蟄蟄。華岡風物憶當年，三月煙花徒仰挹。盛會高館慚追陪，催詩人如星火急。昔賢觴詠永和年，蘭亭水曲山嵬岋。海天風雨望中原，何時遍歸攜屐笠。	
50	湍	七律 寒韻	龔嘉英	蒼巖雨過掛飛湍，碧海雲開尚薄寒。節屆清明逢上巳，心懸魏闕憶長安。興邦有道人文盛，對酒忘憂天地寬。蘭渚風流空往蹟，名山高詠屬儒冠。	
51	映	五古 敬韻	李芳	修禊上巳辰，氣爽天宇淨。適又逢清明，祭掃隆孝敬。癸丑晉永和，禊事蘭亭盛。中原久傷亂，衣冠若奔迸。江左暫偏安，興感成高詠。今歲干支同，千載相暉映。言念及家邦，亦復有同病。五胡類犬羊，共匪屬梟獍。中華重仁政，匪獨殘民命。吾儕宏詩教，六義辨邪正。經始已五年，持旨根人性。以我淳厚風，顯彼邪惡行。世方迷取捨，狼子懷兼併。不聞自由鐘，將毋墮陷穽。熒惑向僑旅，邪妄何待評。茲會非尋常，戒慎其交儆。	
52	帶	五古 泰韻	姚蒸民	春山翠欲滴，淡水如襟帶。繁英滿華岡，上巳集冠蓋。登樓挹浮雲，天風吹萬籟。雖無流盃樂，放眼乾坤大。扢雅在宏文，化俗實攸賴。一所昌詩教，五度蘭亭會。朋情暢以舒，噢求引鳳噦。余懷獨悄然，悵望千秋外。撫昔殊滋感，芳草成蕭艾。世異永和年，否極行知泰。	
53	左	七古 哿韻	于清遠	余生兩逢癸丑年，首逢負笈湘水左。上巳脩禊白蘋洲，修竹茂林柳條嚲。會後卻敢告業師，蘭亭集序文瑣瑣。今歲又逢蓬萊上，白髮皤皤非昔我。恰當國運久屯蹇，錦繡神州陷紅禍。茲辰詩友集雙節，曲水流觴列次坐。不假管絃敘幽情，遊目騁懷樂信可。九日再登華岡頂，落帽風狂醉白墮。	

54	右	五古有韻	莊幼岳	歲歲逢靈辰，例聚華岡右。林壑滉〔註14〕嵐光，邨陰迷新柳。又屆三月三，踐約來舊友。禊事繼蘭亭，杯盤羅山後。一堂皆詩人，低吟各負手。何日龕兵氛，山陰共對酒。	
55	引	七古	蘇笑鷗	歲次癸丑兩躬逢，百年人事雲過眼。初逢舞勺尚童蒙，再逢豁齒成衰晚。晉代衣冠盡古丘，廿七癸丑去我遠。華岡修禊踵蘭亭，風流韵事猶徵引。雖無曲水以流觴，亦有崇山連峻嶺。登臨聊復袚不祥，感慨神州苦災眚。謝安欲出念蒼生，逸少恬然甘穴隱。故山西望白雲深，誓墓無由淚如綆。（【災眚】禍患。眚《廣韻》所景切）	（新韻）
56	以〔註15〕	五古紙韻	朱任生	永和癸丑年，禊帖詳有紀。臨池一展玩，邈然緬綦履。在昔典午朝，銅駝荊棘裏。胡羯塞中原，衣冠盡南徙。江左有夷吾，半壁成對峙。蘭亭偶觴詠，往事堪遙企。即今羈海嶠，赤眚毒未已。撻伐解倒懸，同仇良有以。宴安不可懷，敢忘時猶否。奚暇遊濠梁，無意觀濠洧。詩教屬衰替，瓦缶紛聒耳。夷調掩正聲，狂且肆輕鄙。弘揚四始責，羣賢當自詭。庶幾振天聲，風教臻善美。吾雖陋且衰，相隨執鞭弭。	
57	為	五律支韻	吳天任	禊事傳滄海，斯文儻在茲。亂來忘甲子，老去對花枝。異代同流集，千秋一日為。茫茫今昔感，寧遠永和時。	
57	為	七律支韻	簡明勇	佳節新晴問所為，華岡修禊紹清規。耆星濟濟筵前會，英士怡怡酒後隨。喜得和風迎醉靨，仰瞻皇閣鎮方陲。來春韻事傳何處，攜手山陰共野炊。	

〔註14〕「滉」字莊幼岳《紅梅山館詩草》作「恍」，見《臺灣先賢詩文集彙刊·紅梅山館詩草》（新北市：龍文出版社，2011年5月），頁173。
〔註15〕據朱任生《虛白室詩存》題作〈晉永和九年蘭亭修禊迄今二十七週甲適值中華學術研究院詩學研究所成立五週年得以字〉，見頁123。

58	流	五古尤韻	文守仁	春山明遠郭，淡水繞山流。振衣千仞崗，但見滄溟浮。俯仰皆生意，豈曰消百憂。況有羣賢集，積歲共綢繆。不忍王風歇，更欲啟驊騮。事異永和年，徒懷北顧愁。前路雖荊榛，絕續賴吾儔。引領望鍾山，白雲在上頭。	
59	觴	七律陽韻	甄陶	羽箋傳韻約詩腸，未許向風傾罰觴。萬里神縈右軍硯，一榻寂守管寧床。喜逢花甲興文運，欲起騷魂賦國殤。引領羣賢湔淡水，九三惕屬協禎祥。〔註16〕	
60	曲	五古沃韻	繆黻平	蘭亭昔修禊，觴詠創新局。右軍魁其曹，情緒多感觸。其年紀癸丑，照耀人耳目。花甲廿七周，歲行又相複。歷千六百年，文采炳如旭。華岡開盛會，藝林慶遐福。況逢掃墓節，教孝敦民族。清明好風光，繁花更豐穀。詩教正昌明，五載成功卓。多士被甄陶，矢音重金玉。悠悠我思存，謹以長言告。欣欣樂臯壤，側側傷陵谷。時會劇遷流，萬事隨轉燭。人羣廣似海，人心渺無鵠。後生良可畏，前修杇未速。百歲有盡期，所貴來者續。奮起揮天戈，蓄意消殘酷。生生自不已，世運剝終復。秉茲貞堅心，可以參化育。毋為感斯文，徒亂我心曲。右軍此失言，後人莫追逐。不知老將至，宣聖勉劬學。	
60	曲	詞	舒曼霞	登臨縱目。正小燕試飛，細柳新綠。隱隱紅樓深處，一叢修竹。華岡四季均如畫，百花池，桂芬蘭馥。杜鵑爭放，晴川明媚，水迴山曲。　看今歲郊原雨足。諒千畝良田，定獲嘉穀。上巳欣逢癸丑，鷺鷗盟續。中興鼓吹吾儕責，振黃魂，端正風俗。唱酧分韻，詩壇前輩，唾欬珠玉。	桂枝香
61	水	五絕紙韻	張作梅	華岡集上巳，風物蘭亭擬。癸丑恰重逢，流觴懷曲水。	仄韻

〔註16〕作者自註：晉永和癸丑蘭亭之會，花甲二十七周，恰符九三之數。

62	列	五古 屑韻	王則潞	開國六二年，癸丑重三節。羣賢集華岡，韻事紹前哲。觥觥〔註17〕詩研所，五載艱創設。大雅此扶輪，聲律共差列〔註18〕。吁嗟晉永和，江左避胡羯。妖氛今八表，較昔疑更烈。橋陵冪〔註19〕濃雲，紫金染鵑血。天心胡不仁，錯聚九州鐵。〔註20〕忍淚棄妻兒，目覩金甌缺。消息總沉沉，氣結心如裂。昔別母尚存，今母已永訣。修禊縱良辰，松楸望嗚咽。海壖子棲身，斗室感兀臲。何日挂帆歸，苦盼情悽切。	
63	坐	五古 哿韻	黃湘屏	癸丑上巳臨，百花正婀娜。緬懷古蘭亭，悠悠歲星左。永和是何年，欲記存亦頗。華岡與山陰，峻嶺同寬嵯。良辰遇清明，烟景春未鎖。陽明風日晴，遊人甚稠夥。禊修集羣賢，韻事繼休惰。曲水以泛觴，高吟幾忘我。世情劇推遷，國步多坎坷。念茲舊山河，傷心老淚墮。清祓但禱祈，海疆毋招禍。徘徊感頻興，山館悲獨坐。	
64	其	五排 支韻	劉孝推	青史無疆業，明堂再造基。歷將逢甲子，民正戴軒羲。在莒收齊燼，邑綸仍夏時。天心明順逆，文運幹興衰。奎壁雲霞煥，蓬瀛日月遲。千尋山作鎮，四塞海無涯。俯仰情何極，登臨樂在斯。梅岑香爛漫，鵑市路逶迤。兩晉高蹤遠，〔註21〕三張眾譽推。風流招勝侶，禊事繼前規。雷轂摩中野，春衣拂九逵。丁丁希伐木，乙乙喻抽絲。裙屐羅嘉會，芭蘭映淑姿。淵澄神湛若，玉立色溫其。韻險才方	

〔註17〕「觥觥」二字《質廬存稿》作「觓觓」，見王則潞《質廬存稿》（臺北市：華正書局，1978年2月），頁30。

〔註18〕作者自註：揚子《太玄徑》：「律以和聲，次第差列。」

〔註19〕「冪」字《質廬存稿》作「闃」，見頁30。

〔註20〕「錯聚九州鐵」句，《質廬存稿》作「六州錯鑄鐵」，見頁30。

〔註21〕商務版「鵑市路逶迤。兩晉高縱遠」，《中華詩學》及華岡版《華岡禊集分韻詩》皆作「鵑市路逶兩。迤晉高蹤遠，」乃是排版之誤，唯「縱」字應以「蹤」字為正。

			見，書狂醉不辭。急觴流泛泛，側帽舞僛僛。縱有江湖興，能無盧墓思。吾儕當奮厲，此際漫嗟咨。必也身相許，信然國可醫。燎原行自滅，曲突最先知。舉世方昏墊，異端誤詭隨。名偏稱向戌，顧獨問張儀。和戰三年辯，籌張一矢遺。俘來羞棄甲，鬠逆見輿尸。顯道寧遵晦，雄鳴故守雌。腥羶應滌盪，荊棘必芟夷。泮渙羣凶盡，孤窮巨憝危。鬩牆爭剚刃，戞釜更然萁。北指璣衡正，南圖玉輅移。新亭敗涕淚，員嶠即嶇岐。露布三千里，壺漿百萬師。武成重作賦，歸與紀昌期。	
65	次	五古 寘韻	王師復	上巳無年無，癸丑繫歲次。我生兩度經，茲度參禊事。王亭已云逝，華岡亦風致。繁條蔚林竹，凌霄矗蒼翠。連雲聚崖巇，躋險攬窔窞。薈聚皆俊選，嘯傲帶清吹。雅興薄永和，分題啟新意。海霞熬金波，坤維懍倒置。海氣勇樓臺，蕭森鬱遐思。海日期夜盡，海風奮揚旗。今古寧勿同，遭遇有殊異。人生爭一霎，彭殤例無二。右軍當此時，所感齊氣類。清談世已往，賞花時已墜。磨勵整庭除，不灑傷春淚。	
66	雖	七古 支韻	吳天聲	聯吟置社周五朞，巧逢癸丑修禊時。一千六百二十載，上溯永和傾風儀。蘭亭當日羣賢會，曲水流觴笑相隨。仰觀俯察極視聽，詩酒騁懷足娛嬉。如今勝地淪寇盜，胥獄血淵雄豺貍。誰無骨肉無家國，牛馬衿裾慚鬚眉。呴濡海角虛歲月，徒託酸鹹吟四雖〔註22〕。窮年口誅兼筆伐，鏡中霜毛非黑髭。犁庭掃閭取虎子，祓除不祥眼中誰。救焚拯溺出水火，旋轉乾坤要男兒。勿嗤北山年事老，太行王屋終見移。	

〔註22〕 案：「雖」字商務版作「繼」，華岡版作「雖」字為正，見頁14，且「雖」即
　　　　吳氏分得之韻字。

67	無	七律虞韻	林德璽	蘭亭修禊右軍書，觴詠於今大陸無。第五週年開盛會，重三佳日集羣儒。品清似水相輝映，文峻如山尚揣摹。後起多才占國運，昌明詩教仗匡扶。	
68	絲	七律支韻	吳語亭	浮海過江修禊事，悠悠異代卻同時。感深始信今猶昔，悟徹應忘樂與悲。雅詠羣賢才似錦，羈愁二紀鬢成絲。千秋莫悵斯文廢，道統能維足起衰。	
69	竹	五古屋韻	陳民耿	傷亂滯華岡，索居愛矮屋。廿載鉛槧歷，寸念絕千祿。世局匡復策，帷下籌雖熟。夙題雁塔名，今祈龍橋福。曲水憶故鄉，還鄉勞夢轂。盤桓詩朋社，佳趣逾酒肉。但願餘年度，英才尚教育。種桃兼種李，功夫等洗竹。	
70	管	七古旱韻	翁一鶴	癸丑二十七周甲，三月薰風煙谷煖。流觴曲水事堪追，逢辰試結遊春伴。白社重開歲五春，此日塵襟詩足浣。好擬蘭亭集勝流，儼覺靈山會未散。水邊忍賦麗人行，齊物漫笑莊生誕。江南回首風景殊，草長鶯飛問誰管。天涯何客不思家，歸夢方長霜鬢短。天意微茫事豈知，登臺尚覺春光滿。猶幸風雅未全淪，新聲長繞仙人館。題詩遙寄草山雲，千里心扉端可欵。	
71	絃	七律先韻	涂公遂	三春佳節雨風邊，吟事追攀晉穆年。不讓山陰專雅禊，還教汐社紹前賢。承平隱切偏安痛，撥亂憐餘望眼穿。垂老吞聲思祖逖，銷凝寒涕託無絃。案：《浮海集》作「三春佳節雨風邊，吟事追攀晉穆年。彈指風流千載上，撫心夢影五湖前。謳歌隱切偏安痛，撥亂憐餘望眼穿。我獨吞聲思祖逖，銷凝寒涕託孤絃。」〔註23〕	
72	之	七絕支韻	范道瞻	其一 江左風流夢見之，蘭亭觴詠暮春時。一千六百年間事，懷古思鄉總費辭。 其二 去國違親何所之，逢人上冢又花時。五年詩社詩勳著，海角聯吟異代思。	二首

〔註23〕見涂公遂：《浮海集》（香港：香港書院文史學會，1981年9月出版），頁31。

73	盛	七古敬韻	李家源	永和癸丑莫春初，蘭亭禊事千古盛。華岡結社今五賞，佳節勝會二難并。一序分韻事彌奇，盛字當籤催詩令。彩箋頒到雲航飛，四海詩家同此慶。吾韓自古足風流，當是日也觴且詠。羣賢畢至敘幽情，脩竹崇山曲水暎。俯仰寰宇感慨多，悲固可言樂無竟。摩挲古帖覽厥文，海天萬里我思復。	
74	一	五古質韻	周紹賢	永和癸丑年，蘭亭修禊日。胡塵滿中原，羣賢扶晉室。為國展忠懷，素心本超逸。良會暢幽情，眾志益深密。今昔同芳辰，雅興亦洋溢。詩社在名山，觴詠古道述。浩歌振天聲，揮灑春秋筆。闢邪揚正風，神州終統一。	
75	觴	七律陽韻	陳寶書	佳節欣逢今癸丑，蘭亭韻事此重張。五年詩教扶風雅，三月鶯花集詠觴。筆陣墨林新洛社，山陰峻嶺舊邦疆。王師何日恢京國，鼓吹中興返故鄉。	
76		五古質韻	蕭遙天	癸丑三月三，清明亦此日。掃墓兼祓除，同儕倡雅集。郵示囑吟詩，應制慚無質。居夷將卅年，滌穢不急急。略抒亂離懷，奮毫睫浥浥。覽古溯蘭亭，望塵嗟何及。距今千百年，周甲二十七。昔賢骨已朽，餘爐猶熠熠。胡馬躪中原，渡江數人物。王謝冠其倫，匡危惜乏術。修禊水之湄，埋憂姑放逸。觴詠佐管絃，名流四十一。清絃聲似孤，哀曲柱乃迫。右軍拓襟抱，良辰豈惻惻。一篇蘭亭序，名文燁寶墨。鳳翥龍蟠姿，追摹恐不力。真跡世尤珍，繭紙鼠鬚筆。玉匣藏昭陵，茫茫不再出。即今賞唐臨，曠代驚莫匹。書聖之高風，百世尚特立。由來仰逸少，歲時效祈祓。誰欲歌黍離，但為風雅飾。千秋歷治亂，嘉會未沉息。境遇既有殊，感慨寧同臆。讀史鑑東晉，舊餅起新汲。渡海與渡江，古今如一式。賸水映殘山，杜鵑唬掩抑。陵墓久為墟，魂氣四山塞。餒鬼悵喪家，祭掃苦失實。後死坐泥塗，累寸復盈尺。蒙垢千萬人，逋亡	急熠一力立臆塞滴鬱泣（新韻）全文韻腳唯押一「一」字，疑是誤分成三段。 … 質七逸墨抑尺仄室得 … 浥及物迫出飾息汲式臆塞實泥溢 … 日集澀物迫筆祓汲實溢

				在異域。縱傾西江水，分潤僅點滴。何能祓不祥，銜哀轉吐溢。去國日以遠，歸途日以仄。夢寐及故園，鴟嘯風雨室。閔予口卒瘏，嘵嘵發深鬱。生難入玉門，夢亦做不得。此時憶蘭亭，徒作新亭泣。	
77	詠	五古敬韻	謝鴻軒	昔我太傅公，蘭亭發高詠。寄傲在林丘，玉樹輝光映。典午永和中，南渡衣冠盛。逸軌著讌游，遂握風騷柄。右軍序美辭，禊帖推書聖。漱玉灑飛泉，神功自遒勁。媚趣絕時倫，繼起王大令。千有六百年，藝苑深為慶。光祿何其狂，曲水與春競。開府賦華林，司弓乃頒政。達人播清塵，兼抱濟物性。康樂述家風，祖德敦文行。今茲上巳辰，清明節還并。極目弔黃陵，追遠昭誠敬。務本蔚國光，傳道尊孔孟。瀛海喜同聲，雅頌得其正。嘉會啟名山，分韵抒辭命。鼓吹進中興，黿暴殲梟獍。東風吹百草，碧宇浮雲淨。佳話簡編存，萬流同仰鏡。	
78	亦	五古陌韻	蕭子明	上巳又清明，禊期何絡繹。洛社五週星，更祝歲年百。豈殊具四美，巧若決龜策。匪曰雅思舒，誌之珍尺璧。晉代著風徽，彌炳山陰迹。癸丑後與先，勝事今猶昔。修禊溯蘭亭，右軍詞之伯。觴詠暢幽情，悉萃風騷客。紀事有序文，綴景饒泉石。甲子廿七周，光采垂千奕。蓬瀛令節臨，春溢平野碧。民德厚無任，祭掃隆先澤。矧際聖明時，遊讌詎輕擲。一丘一壑間，古人覷咫尺。憾不右軍逢，戰藝居前席。摳謁徧嘉賓，高談浮大白。伊古振奇人，學道乃有獲。勵俗而敦風，詩教遒規格。海內仰張公，作教聲名赫。大雅獨扶輪，清芬挹松柏。風雲龍虎從，騷壇精擘畫。文化發輝光，奮彼青雲翮。往者丕激揚，來者俾尋繹。靖寇拯斯文，銛利同持戟。繫命實三綱，正氣為鞭辟。歌吹頌中興，不唯賦只亦。	

79	足	五古 沃韻	薛逸松	旭日出林紅，山川轉清淑。年年三月三，詩人集海曲。今年適清明，紙灰飄白屋。山麓塚纍纍，祭者吞聲哭。人誰無父母，思之頰頻蹙。值此暮春初，豈肯媚幽獨。驅車赴騷壇〔註24〕，修禊從古俗。本所創五年，佳句奪山綠〔註25〕。高壘矗雲霄，千齡自可續。〔註26〕我亦妄拋磚，藉以能引玉〔註27〕。文字交情深，有如手與足。來歲返山陰，蘭亭再傾釅。	
80	以	七古 紙韻	秦維藩	歲維癸丑日上巳，詩學宏揚今五祀。上溯永和會蘭亭，適週二十七甲子。矧復時序值清明，節紀民族意尤美。佳辰同日義各殊，撫事興懷雜悲喜。遙憶晉賢渡江初，擊楫枕戈志何歸。日久逸豫溺苟安，空見新亭泣多士。山陰作序亦感傷，但觀小我非至理。勠力王室果何人，坐視中原深寇壘。今日阽危倍曩時，海隅違難倏兩紀。興亡有責繫吾輩，安忍流離終暮齒。清明自昔盛遊人，踏青掃墓各有以。豈期神州委虎狼，長遣魂夢縈鄉里。欲展松楸道阻絕，逢辰遙祭悲難已。所祈靈爽護家邦，宗社重光薦蘭芷。扢揚風雅仰耆舊，並時詩流入彀裏。更收杞梓向上庠，濟濟英才欣繼起。勝日嘉會發高詠，喚醒黃魂湔〔註28〕國恥。中興鼓吹屬吾曹，肯吟風月供嗤鄙。相期復國振天聲，舉世同文車同軌。	
81	暢	五古 漾韻	陳本	民國二年春，艱難緬開創。修禊萬生園，飲冰發首唱。和者四十人，不乏風騷將。憶事並懷賢，流風猶蕩漾。自周歷漢晉，祓除成俗尚。	

〔註24〕「騷壇」二字據《松廬詩棄》做「華岡」。見頁239。
〔註25〕作者自註：蘇詩有「秀語奪山綠」句。
〔註26〕《松廬詩棄》下接「扢雅與揚風，端賴諸耆宿。」《華岡禊集分韻詩》奪去。
〔註27〕「能引玉」三字，《松廬詩棄》作「引珠玉」。見《松廬詩棄》頁239。
〔註28〕「湔」字《雙寄樓詩》作「雪」，見頁67。

| | | | | 溯從永和來，彈指千載上。睠念思古人，山川引惆悵。今年月又三，癸丑曷可忘。節物不負人，風光寧異狀。萬邦未和同，中原久凋喪。陸沉人其魚，海翻館逐浪。波雲百譎詭，乾坤日震蕩。人心惟其危，每下而愈況。佳兵云不祥，老氏豈我誑。機鉗倘交觸，火箭越洲放。安得洗濯之，復我山河壯。犇犇陽明巔，霖雨蒼生望。萬殊靡不均，生聚復教養。文場元帥張，昌詩仰主盟。〔註29〕蒓翁最耆碩，采風老輪〔註30〕更愛梁端州，真厚丈人行。〔註31〕誰謂國無人，未覺知音曠。興漢揚天聲，破彼邪說妄。太白分韻來，我懷豁爾暢。羣公惜此日，輒懷山陰釀。笑指城市塵，從不沾飲帳。物情類以聚，松竹屹相向。閒雲有遠意，活水欣常澤。映帶皆清流，雙溪桃花漲。迢迢寄所思，浩浩百川障。我願從之游，聊託一詩貺。俯仰吟所懷，恥學時世樣。短詠豈知言，民歲祝無恙。據亂返太平，公羊義可廣。撥亂自循環，盈虛有消長。天地數符五，生生固無量〔註32〕。天氣漸朗清，待約稽亭訪。化日開虞廷，賡歌容拜颺。 | |
| 82 | 敘 | 五古語韻 | 陳祖平 | 中華文化古，誰堪同日語。道統五千年，秦火未能炬。歷代有賢儒，維護斯基礎。如何禍天降，北闕營狐鼠。國粹非所珍，摧殘及寸楮。幸多忠貞士，薪膽礪於莒。結社在華岡，茫茫尋墮緒。五載力與騷，互研勤字煮。時逢三月三，蘭亭懷盛舉。佳節值良辰，招邀集吟侶。禊事藉重修，幽情足暢敘。拈韵遂敲詩，共醉盈樽醑。 | |

〔註29〕作者自註：謂曉公院長。
〔註30〕作者自註：十五年前曾拜讀蒓老《采風集》欽欽在抱久矣。
〔註31〕作者自註：謂均默丈近以哲理入詩悲憫之懷真厚彌切。
〔註32〕作者自註：詩學研究所成立五周年故及之藉申祝意。

| 83 | 幽 | 五古尤韻 | 禚夢庵 | 春滿天涯綠，鄉居事漸幽。田疇經宿雨，洫澮引清流。嫋嫋秧針細，青青菜甲稠。蛙聲酣碧野，鷗翼展汀洲。水際浮閒艇，橋陰臥浴牛。濠梁知魚樂，村徑逐人遊。處處迎神日，家家掃墓秋。筵豐客恨少，〔註33〕物阜主無憂。社散桑榆晚，涼生煙靄收。夕陽紅似火，新月澹如鉤。酒渴陳瓜茗，飽餘荐果餱。礁溪山橘美，武荖坑茶悠〔註34〕。一盞茅簷下，披襟得小休。轉思颮訊近，戶牖未綢繆。補屋須晴日，佳人莫怨愁。案：本作據《巴山夜雨集》題作〈清明即景〉；與前一首〈癸丑上巳陽明山中華詩學研究所雅集〉：「三月櫻花麗，蓬瀛氣象幽。明山稱奧府，蘭序誦千秋。修禊承前哲，清明念舊疇，海天時極目，指點認神州。」互易。〔註35〕 | |
| 84 | 情 | 七絕庚韻 | 楊嘯農 | 其一
又逢佳節快生平，一拔〔註36〕千魔意倍誠。祇惜艱危遭世變，流觴減卻幾閒情。
其二
花時如夢剩啼鶯，繼飲蘭亭一縱情。故國河山春望裏，遙憑隔海弔先塋。 | |

隔海望中原，黯然傷離黍。鼓吹漢中興，王師揮一旅。重整舊山河，還鄉得其所。

〔註33〕作者自註：是靈拜拜。案：應以「是日羅東拜拜」為是，見禚恩昶：《巴山夜雨集》，頁78。
〔註34〕作者自註：羅東武荖坑茶有名。
〔註35〕見禚恩昶：《巴山夜雨集》，頁78。
〔註36〕案：「拔」字疑為「祓」字之訛。

甲寅上巳禊集值華岡詩學研究所成立六周年紀念分韻彙錄〔註37〕

（自「是日也」至「感慨繫之矣」。計百十六字）

序號	得字	體韻	作者	內　文	備註
85	是	七古 紙韻	張維翰	今歲庚寅續癸丑，禊事之修仍集此。 分韻蟬聯逸少文，蘭亭一序字依齒。 余以八十有八齡，忝長吟壇慚無似。 自嗟老馬非識途，邁進幸偕諸君子。 本所成立六周年，月刊一冊世珍視。 文詞豈僅富篇章，志節還欣勤礪砥。 詩教宏揚屆遠方，才俊青年爭蔚起。 連年集會並聯吟，清新佳作多可喜。 回憶國運值艱危，萬里間關頻轉徙。 海濱鄒魯成名都，周道如砥直如矢。 蓽路藍縷啟山林，錦繡田園繞村市。 經文緯武生聚繁，莊敬自強體深旨。 彼岸神州淪魔窟，中夏文明遭滅毀。 毛賊當權只自私，百計千方排異己。 對內相殘長鬥爭，對外策反肆譎詭。 認賊作父竟成仇，隨俄反帝轉親美。 人不如物物役人，是以為非非成是。 竟以奴隸誣先師，自認兇殘超秦始。 倒行逆施世無倫，禍國殄民何日已。 我今鄭重告羣賢，毛賊不除國之恥。 口誅筆伐仗吾人，國法人情循天理。 優勝劣敗已昭然，仁施暴行成對比。 滌垢水揚東海波，書罪竹罄南山里。 萬箭齊穿蚩尤胸，千刀慘踰祖龍死。 竊據今剛廿六年，暴秦命運其終矣。 中華全宇慶重光，洛陽紙貴傳詩史。	
86	日	詞	張佐辰	俯仰乾坤，千秋同感蘭亭集。相逢賓客。卻喜都相識。 後若觀今，猶是今觀昔。期他日，片帆歸得。重覓山陰跡。	點絳脣
87	也	五古 馬韻	梁寒操	真學從浴沂，尼山與點也。學若不契天，鑽研終向假。遑遑欲何之，心同猿馬野。隨波日逐流，榮利乃不捨。豈易再有生，念之涕愴下。	

〔註37〕標題作「甲寅上巳禊集值華岡詩學研究所成立六周年紀念分韻彙錄」，應以「甲寅上巳禊集值中華詩學研究所成立六周年紀念分韻彙錄」為確。

				此懷至尋常，可憫知者寡。清明亦在躬，難免牢愁惹。何日追白沙，胸中永消灑。	
88	天	五古先韻	易大德	歲月何飄忽，居東又一年。王師尚浮海，審勢破幽燕。重三修襖事，逸少為之前。陟岡少車馬，嘉會在城廛。流觴無曲水，聯詠有長箋。韻分蘭亭序，吾所實開先。眾押多逢險，〔註38〕我拈幸得天。〔註39〕佳章出妙手，新什勝陳編。百首交稱頌，謂當播管絃。所立真卓爾，六稔費鑽研。諸公皆康樂，羣季亦惠連。述作昌詩學，刊成七海傳〔註40〕。滇南一大老，清望領時賢。高要真才子，雄辭驚四筵〔註41〕。尤難十二客，〔註42〕鄉音誦名篇。聲如金擲地，韻似石流泉。異時歸能語，安用惜華顛。茲會殊難得，奚止結文緣。闖獻踞京闕，海內久騷然。禹域期光復，宜共滌腥羶。中興仗鼓吹，宜共着吟鞭。大雅待扶輪，宜共荷仔肩。忠愛詩人旨，此責詎可捐。興文與建國，吾儕共勉旃。	
89	朗	七古養韻	丁治磐	城東遠接海氣爽，軒蓋塵掩馳道廣。及春襖飲又今年，詩成漸聽歌聲朗。襖洛涘多祓不祥，不祥何有此奧壤。去來時見御風仙，仙氣束擁羣仙長。花繁人樂春城春，飲酺尚有錢挂杖。念彼隨處積劫人，惠風所被寧自享。徑須噀酒作霖雨，為燼凶焰銷飢壤。從教處處辦行厨，示現西來邪可盪。邪師不復致民魔，閑庭觴詠契心賞。襖散吾心草木溫，羣賢形氣俱浩蕩。	˙

〔註38〕作者自註：序多險韻。
〔註39〕作者自註：《左傳》：「我得天，楚伏其罪」，此取雙關。
〔註40〕作者自註：謂中華詩學。
〔註41〕作者自註：是日梁寒老作專題講演。
〔註42〕作者自註：是日有十二人用鄉音朗誦詩歌者，張敏叔以十二花為十二客——
　　　　貴、清、壽、佳、素，幽、靜、雅、仙、野、遠、近、各賦一章此借用。

90	氣	五古 真韻	王家鴻	白鷗浴春江，黃鳥囀淑氣。咫尺陽明山，桃李着花未。流觴依九陌，無車行不易。油禁喜稍弛，風和似天意。盛會躋蘭亭，臺賢欣畢至。但願早還都，秦淮脩禊事。	
91	清	七律 庚韻	朱玖瑩	分韻我慚清誤物，鬮詩爭比韻同清。長為海客身將老，六上華岡句屢賡。但願時清如海宴，渾忘物換又春榮。華岡自有千秋在，身老時危總不驚。〔註43〕	
92	惠	五古 霽韻	成惕軒	七鯤控重瀛，雲物信雄麗。如鏡海常澄，不春花亦媚。谷鶯傳好聲，況值碧郊霽。秉蘭趁芳辰，列坐客同醉。一髮青中原，西瞻魯猶蔽。恓從永和來，世運幾隆替。俛仰感百端，江山供雪涕。禊飲數臺賢，右軍邈誰繼。藉茲觴詠陳，未許衣冠墜。堂堂今中興，九域人望歲。願生良將才，上企曹武惠。傳檄江之南，和風蕩氛沴。待續山陰游，別寫蘭亭記。	
93	風	詞	江絜生	佳會長忻此日同。永和修禊繼前蹤。年年分詠集詩筒。 漲雨綠浮瓜蔓水，吹綿紅老楝花風。壺天別允換春慵。	浣溪沙
94	和	七律 歌韻	李猷	喜趁春陰樂澗阿，林巒新翠護烟蘿。巾車佳日娛元巳，觴詠幽情擬永和。舉目蓬瀛生意足，睇懷鄉國淚痕多。何年卻作山陰會，祓禊臨流一放歌。	
95	暢	五古 漾韻	吳春晴	窮邊三月三，雨晦雞慵唱。違難日未遑，有懷何由暢。破碎念家山，隔江攜淚望。溱洧塞蚩氛，采蘭失導向。誰為祓不祥，蒼茫問鯤漲。年年逢禊辰，觴詠習猶尚。我容許傷多，逃行獨散放。	

〔註43〕作者自註：甲寅上巳華岡詩學會六次雅集。續上年成例。依蘭亭敘第二段分韻。我誤以為得物字。作長古寄發。頃得易大白兄函知。實得清字。改作如上。不謂老悖至此。恐古無前例。願受吟朋罰一大白也。

96	仰	七古 養韻	吳萬谷	是日氣清復天朗，蘭亭遺韻今猶仰。招邀一聚振奇人，歌嘯能令眾山響。世降寧如晉永和，地偏亦異會稽壤。而乃六載拾古歡，推激風騷通肸蠁。陳吟欲格帝座靈，拯此一縷騷魂儻。栖皇匿命海桑底，徒以聲詩揚慨慷。上尊宣聖思無邪，下攀屈子心志廣。還醇歸厚義則高，其奈城春深草莽。自詡珠霏落九天，人視木屑飛塵塊。今朝高會又千篇，瞠目相看增惘惘。	
97	觀	七律 寒韻 七絕 寒韻	何志浩	其一 俯仰乾坤作達觀，文章氣數砥狂瀾。兩朝史事書南渡，一帖蘭亭重藝壇。寒夜燈青孤夢遠，危舟舵穩眾心安。華岡俊彥同修禊，短句長歌瀝肺肝。 其二 漫把詩詞無量頌，敢將祓禊等期觀。一千六百餘年事，帖寫蘭亭繼起難。 其三 四季花開春未殘，千年史實暴終殫。詩人都有中興志，不作偷閒壁上觀。	七律一 七絕二
98	宇	五古 麌韻	林尹	春草發華滋，春風滿寰宇。檢曆計歲時，時去不我與。今朝逢上巳，羣賢復相聚。分韵共賦詩，期續蘭亭序。當此春三月，鶯飛蝶蜂舞。在昔山陰會，風流美千古。嗟我遭蹇屯，白頭猶在莒。援筆成斯篇，棲遲歎羈旅。	
99	宙	詞	胥端甫	日麗雲柔熙宇宙，詩所稱觴壽。時令恰重三，拈韵羣賢，共把芳樽侑。蘭亭修禊情懷舊。但感人消瘦。海角想河山，鍾阜橋陵，那惜頻回首。	醉花陰
100	之	七律 支韻	李嘉德	流觴引夢竟何之，塞北江南共此時。大海東來猶有鉢，故園西望已無詩。湖亭倒影圖中識，椰樹挺身眼底癡。若問春心飄落處，一窗風雨又誰知。	「挺身」孤平
101	大	五古 泰韻	陳定山	歲歲作重三，愁思江海大。列席故人稀，舉目河山外。勾踐尚棲遲，少康待時會。流觴正高詠，擊劍呼荊蓋。	

102	俯	五古 麌韻	陳南士	文會暮春初，羣賢樂相與。禊事述蘭亭，豈不因一敍。世自異永和，託興今猶古。幽懷契山林，觴詠得其所。欣然騁游目，氣清朗天宇。雖無絃管娛，靜言殊可取。嗟老感流遷，歲年一仰俯。	
103	察	七古 點韻	許君武	去年癸丑傳芳札，遠繼蘭亭相賞拔。居諸轉轂驚不停，江城綺思還抽軋。遣辭安敢辭直言，周歲見聞非苛察。瀛寰詩伯來叩關，肆應固自嫌倉卒。登壇紛呶飫酒食，市儈荒傖居七八。姍隅達旨無參軍，聲韻平仄盡悠忽。桓溫遺臭意洋洋，殷浩書空呼咄咄。或嗤鳥獸難同羣，潔身轉吝標津筏。牽率人事吾未免，故人大筆曾征伐。幸無片字災棗梨，不遣賤名益顛躓。今年改火春又新，誰識孤懷增鬱勃。結社六載試程功，雪恥扶輪宜奮發。巴渝忽憶卅年前，今日任園集簪笏。仰視碧天感右軍，笑掃胡塵有黃髮。翌歲遂報收兩京，破虜除奸非嗜殺。當時俊侶二三人，應記前塵非恍惚。吁嗟大業肇中興，閱世吾慙口漸訥。擊鼓其鏜如用兵，壯心未向詞林歇。執鞭欣願從碩耆，浯溪佳石堪為碣。明春流觴前後湖，更看題盡香羅帕。	
104	品	詞	張惠康	春巳三三，翠搖修竹分清蔭。落花鋪錦。慵把簫絃品。　猶是蘭亭，翰墨留芳瀋。幽情沁，天涯吟飲。孤感憑誰審。	點絳脣
105	類	五古 寘韻	禙夢庵	春風浩蕩來，綠滿千山翠。聯吟續雅音，俯仰列萬類。我更思古人，情幽神自媚。蘭亭泛霞觴，高賢入夢寐。暮春沂上遊，老安少懷志。淵明其同心，開詠寄幽邃。殊世邈難追，獨撫春醪醉。往來成今昔，悠悠天地位。	
106	之	七絕 支韻	彭國棟	斯文天喪欲何之，風雅附庸亦我師。恰似烏衣王大令，蘭亭會上竟無詩。	「附庸」孤平

107	盛	七古敬韻	劉太希	暮年皈佛覓傳燈，所慕前賢枯淡境。癸丑流觴例可循，忘世風襟誰與證。忽傳禊飲集簪裾，中興鼓吹詞流盛。漫憑豪語壓悲辛，破虜還期霍去病。	
108	所	七古語韻	顧翊羣	虎年上巳聚吟侶，陽明花發欣延佇。呼朋結伴看山行，笑指花枝喚爾汝。「浮江宴」什懷王勃，「麗人行」賦憶杜甫。由來世事總難論，惟有詩翁遺澤溥。赤眉黃巾胥殄滅，太白香山傳千古。我生倏將七十四，飽歷風霜倖獲所。蒙莊夢覺黃梁〔註44〕熟，還都終冀孫告祖。悉索腹笥貢俚句，饑火燒腸日過午。	
109	以	五古紙韻	鄭鴻善	大地已回春，兵戈猶未止。蓬萊曲水隈，雅集乘桴士。傲嘯海天寬，聯翩風日美。漫嗟世道遷，惆悵年華駛。洪禍汛堯旬，河山奔蛇豕。亂離久別家，弔影情何已。陽和未解寒，故國冰霜瀰。庶黎挨凍飢，因辱賤生死。骨肉苦流離，倫常悲棄毀。天心寧足論，世降知胡底。國步仍迍邅，人寰尚侈靡。俯仰古今情，興懷相思起。狂歌動客愁，嗟悼緣何以。	
110	游	七律尤韻	陳廣深	夏禹商湯文武周，大成孔聖幾千秋。德披海嶽通三教，道冠中西闡六洲。真理相承循實學，詖辭辯證總虛浮。颱風肆虐波平後，共約長江萬里游。	
111	目	五古屋韻	姚琮	年年三月三，中原尚逐鹿。祓除久無功，齋戒且從俗。分韻老廢吟，晤言春生腹。尊酒適性情，蟄屋嫌局促。有子萬里遊，孤燈十年讀。何時敘天倫，飛雲〔註45〕空在目。	
112	騁	五古梗韻	孫百熙	積暝開新霽，陽春媚烟景。永和去已遙，嘉會猶憧憬。惜哉能源荒，巾車未可騁。勝侶雖招邀，溪山徒引領。局促闤闠中，恍若蛙在井。何期釂館主，開闌容燕飲。窈然闢深堂，一入萬囂屏。雖無曲水觴，高詠勝酩酊。	（新韻）

〔註44〕案：應以「梁」字為確。
〔註45〕作者自註：吾邑大江。

				君看盈壁詩，照座光炯炯。時危詞益壯，韻險才逾逞。都將憂患深，鍛作奇句警。興酣更引吭，鬱勃鬼神噤。舊雨共綢繆，新交訂俄頃。晤言欣一室，不羨山陰境。歸來分餘韻，再接步逾窘。安敢繼羣賢，微吟咽孤蚓。	
113	懷	曲	盧元駿	雙調・殿前歡〔註46〕 放孤懷。蘭亭依舊落天涯。仰觀俯察情先改，春滿塵埃，啼痕不盡揩。新亭外一髮青山在，爭盼得橫跨瀚海，直上雲臺。	
114	足	詞	賓默園	臨水曲。觸詠蘭亭追續。花雨飄春波縠縠。撲襟嵐翠足。 點檢六年歌哭。目斷浮雲西北。一片鵑嗁紅簌簌。客腸如轉軸。	謁金門
115	以	詞	尉素秋	太白宴芳園，春夜吟桃李。樂敘天倫詠性靈，儀範留詩史。 吾輩嗣徽音，趨步良有以。羣怨興觀警懦頑，六載如彈指。	卜算子
116	極	詞	張雪茵	羅袂輕盈香暗度。上巳佳辰，人在天南北。鏡影慵窺愁瑟瑟。一枝瘦損桃花色。 柳拂行舟長惜別。修禊蘭亭，舊歡難再得。殘月曉風寒惻惻。山長水遠情無極。	鳳棲梧（蝶戀花） 「度、別」字出韻。
117	視	五古紙韻	伏嘉謨	披襟上層樓，怡然廓周視。丘巒走獅象，茵樹疊羅綺。天邊白雲幻，海上紅日起。高詠會良朋，頌茲民物美。世事有推移，千年一彈指。蘭亭儵陳迹，高風莫可企。始詆齊彭殤，誰悟羲之旨。雅正終勝邪，古今同一軌。中興盛鼓吹，會須濡筆紀。	
118	聽	五古徑韻 詞	劉宗烈	詩 重三天氣新，麗色春花孕。修禊賡蘭亭，招賢闢芳徑。時非永和年，地與山陰勝。嘉會值良辰，相攜畫樓凭。風流羲獻姿，入座詞曹稱。俯仰忘形骸，觸詠紛乘興。靈襟挾詩飛，幽懷樂奚罄。騷壇半紀開，競以佳章媵。共賞有奇文，酣歌欣持贈。故國泣遺	詩一

				民，比戶塵生甑。不祥被神皋，忍見禍縣瓦。歲月嗟多艱，乾坤豈終暝。吟旌海上回，王師將北定。且看赤祲消，更喚黃魂醒。川原錦繡敷，物類頻呼應。大漢頌中興，天聲同傾聽。 詞〈齊天樂〉 山陰誰續蘭亭序。登臨漫舒吟興。險韻初分。煩襟乍滌。依約花時同趁。詩魂漸醒。任芳席輕移。危闌閑凭。到眼螺峯。縈情飛翠上愁鬢。　名都還共禊飲。萬般憂樂事。聊付觴詠。故國春殘。遙天夢絕。應有歸雲傳訊。關河正暝。便頓息兵塵。更消魔影。俊賞風流。浩歌方佇聽。	詞一 齊天樂 「趁、鬢、訊」出韻
119	之	七古 支韻	蕭繼宗	海上陽春三月時，春花夜發千千枝。見說羣賢作高會，花間觴詠追羲之。羲之往矣高文在，割裂錦字征新詩。諸公人手一杯酒，裁雲剪月宜難辭。我足不曾出庭戶，勝流雅集非所知。忽得官書責逋負，火急了納將毋癡。俗夫投老飯不飽，請罷徭役從今茲。	
120	娛	五律 虞韻	黃社經	旦夕在惶恐，琴書強自娛。天涯憂樂異，塞外月風殊。節令任馳逸，流光若迅驅。邦家罹苦難，寤寐不怡愉〔註47〕。	
121	信	七古	何敬羣	去年癸丑追東晉，二十七番花有信。招邀觴詠集英賢，海外聯鑣聲氣應。今年甲算又翻新，峻嶺崇山仍登興。春陽踏處惠風暢，旗鼓重張再分韵。眼中景物足歌歡，念裡坤維待雩榮。倒懸二紀孰為解，批孔揚秦忿梟獍。水邊祓禊有餘哀，樽前慷慨能無忿。休嗟手無劍可揅，猶有懷中筆能奮。應須作氣壯山河，莫僅臨流風月詠。漫漫沉霧幾時掃，赫赫天聲何日振。華岡眾志蔚成城，六年淬礪為堅陣。大明之雅勗鷹揚，無衣之詩迴國運。波揚東海垢淨滌，竹磬南山罪俱問。氣清天朗紀斯會，不負清流相帶映。	（新韻） 晉信應興韵榮獍忿奮詠振陣運問映

〔註47〕作者自註：內子患癱瘓病，十分嚴重，邦國已罹苦難，而吾家主婦同罹苦難，故有邦家罹苦難之句。

122	可	七古 哿韻	余祖明	吁嗟夫八表年年熾烽火，開壘招狼計良左。義闡三民進大同，莊敬自強當致果。祓禊逢辰美意延，華岡一幟名流夥。丕昌詩教蘇黃魂，復起尼山宜曰可。	
123	樂	七古 藥韻	韋仲公	蘭亭勝事今非昨，風流猶想當年樂。山川自着古時春，古人何處更春酌。王謝去後燕還飛，悠悠千載誰夢覺。死生虛誕終期盡，固知斯文亦妄作。我生去古已千年，劍未磨成書未學。鶯花頻逐戰塵新，萍踪愁寄蓬萊角。望空江國鬱蒼蒼，久缺楚狂尋五嶽。眼前曲水水源多，膏血中原待浣濯。遡遊苦飲波上杯，白日西匿東風惡。新詞未就先悲歌，牛羊欲下雞喔喔。	（新韻）
124	也	四言 馬韻	潘新安	禊集儀古，六載結社。雲淡風暄，峯青岸赭。耆沴以息，壺觴共把。逾月詩成，或未晚也。	
124	也	七古	胥端甫	蘭亭禊事羲之寫，山陰等沒胡塵也。海上詩壇鬱憤多，仰俯誰是知機者。峻嶺崇山在眼前，黔黎原屬桑田野。易興其有憂患乎，浩浩長流奔峽瀉。華年我愛馮滬祥〔註48〕，慧命雄騁追風馬。批聖殘民籲更張，憂心惟恐傾大廈。滿目炎黃好子孫，寒蟬寒夜殊雋雅。分韻留補該人看，後之視今徒淚灑。年年岡上杜鵑紅，喚歸又採痛盈把。	
124	也	七古	王師復	吁嗟乎，韶光其如脩蛇之赴壑歟，何倏忽良辰之來復也。蔚蔚猗猗，舉搖沃野。巍巍峢峢，飛蒼欲下。濟濟熙熙，蘭臭謹謐。鏘鏘振振，金玉雋雅。雖舊雨凋零，而新朋添罕。華髮頻生，而花光逾赭。吁嗟乎，人事有新陳，延續見純嘏。大海湧波濤，羣峰肆奔馬。不傷遲暮心，契合忘機者。然縱目堯封，揮淚如瀉。飢鴻遍地號，華屋餘破瓦。暴政極滛虐，末由興華夏。況舉世紛紜，亂流醜麤。人	「謐」字疑有誤

〔註48〕作者自註：讀馮滬祥君《易經之生命哲學》及其師方東美先生鴻文令人感奮無已。

				獸莽難分，妖姐恣縈惹。文化有深憂，何以起聾啞。正氣挺飛揚，一例收鑄冶。秉此接天倪，漫云和者寡。於茲奠始基，煥然司戶社。重逢此佳會，心聲隨興寫。長歌年復年，終能正邪哆。馨馥散萬花，大千遂清灑。	
125	夫	五古虞韻	傅清石	奇岑聲逸峯，鍾露久矣夫。山川一何壯，林園自可娛。登臨天宇濶，相會喜友于。流目憶蘭亭，趣舍奚萬殊。長歌散新聲，集賦重三都。凱風動天末，回飈開我裾。明主制六合，天涯道不孤。氣變悟時應，一使靖羌胡。	
126	人	七律真韻	申丙	見說陽明景物新，看花人看看花人。浮觴曲水來今雨，刮目成盲負好春。狂浪翻成去國恨，遺民猶是待刓身。但憑孔道明明德，已夠平戎滅暴秦。	
127	之	七律支韻	張達修	華岡高處卓吟旗，鼓吹中興六載移。蓬島昌詩追白也，蘭亭作序儗羲之。湔塵曲水通溱洧，修禊名山辟魅魑。珍重東南天半壁，歌饒直到太平時。	
128	相	七律陽韻	阮毅成	羣盜中原現敗相，不祥涮滌待流觴。延平捲土仇終復，重耳從〔註49〕亡氣最昂。舉目神州多涕淚，分題曲水好篇章。明年上巳還鄉日，喜賦天臺歸阮郎。	
129	與	七古語韻	謝大荒	大哉中華肇民主，開國六十三年歲在虎。蓬萊三月似江南，天朗氣清日當午。華岡羣彥結詩盟，屈指於今六寒暑。年年觴詠絜〔註50〕東流，祓除垢疢由來古。茂林脩竹非蘭亭，崇山峻嶺皆吾土。故園西望少人烟，陵廟為墟民疾苦。權將淡江作溱洧，欲為招魂續魄持蘭杜。赤眉暴戾邁秦皇，闖獻凶殘莫與伍。書生報國何所仗，十萬毛錐蕩狐鼠。高朋滿座敘幽情，行樂毋忘身在莒。生平竊慕韓〔註51〕張良，博浪一擊其誰與。	

〔註49〕「從」字據阮毅成《八十憶述》作「流」，見頁810。

〔註50〕「絜」字《涵廬吟草》作「禊」，見謝大荒《涵廬吟草》（臺北縣：謝穎毅，1982年），頁74。

〔註51〕「韓」字《涵廬吟草》缺，見同上。

130	俯	五古 麌韻	成惕軒	健起滄海龍，苟除泰山虎。人代幾廢興，乾坤一仰俯。嘉節祓不祥，洗兵望靈雨。來歲賡禊筵，流觴向洛浦。	
130	俯	七古 麌韻	李雄	南來作客心彌苦，信美江山非吾土。列嶼縱橫任浮沈，怒浪兼天風和雨。寒食清明故國哀，天地低昂供仰俯。詩人例不廢禊辰，紛紛道塗傷行旅。慚余落拓多病身，未解流觴隨歌舞。分韻姑吟神遊詩，燈前重讀蘭亭序。	
131	仰	五古 養韻	龔嘉英	斯文氣類親，佳辰集少長。多難怯登臨，三春日正朗。城北眺華岡，黛色侵書幌。幸無花近樓，況有雅音賞。分韻蘭亭序，早結珊瑚網。珠玉紛在前，餘波難繼響。學杜愧虛名，前輩輒推獎。高詠草堂詩，聖哲安可仰。	
132	一	五古 質韻	李芳	旅泊無好懷，春秋多佳日。時節又重三，觴詠仍如律。憶昨癸丑年，盛會蘭亭匹。羣賢有佳作，傳誦流芬苾。茲復繼前軌，分韻無遺佚。故土傳秘辛，錄影見蓬蓽。平生家國痛，觸景動疢疾。臨觴懷胥溺，對酒心鬱壹。天下惡乎定，孟曰定于一。惟仁能一之，彼暴終必滅。	
133	世	五古 霽韻	姚蒸民	神州亂無象，豺虎禍相繼。文物成劫灰，民甘死為厲。國鼎徙東溟，兩紀有二歲。寤寐念收京，征討貴乘勢。以仁伐不仁，敷治迺上計。固本在崇儒，尊孔永勿替。肫肫滇大老，矯矯彭梁易。餘事工詞翰，揚風先奮袂。巍然一所立，聲教新統系。少長共論詩，登高復修禊。趣舍誠萬殊，弘道心同契。雲水六年間，吟編見孤詣。嘉會又今朝，宿雨欣初霽。推窗瞰臺北，山川倍明麗。衢路車絡繹，樓閣連雲際。繁華冠名都，蜀客傷淹滯。迴望海天西，赤氛層掩蔽。安得誅暴秦，重覩昇平世。	

134	或	五古職韻	于清遠	斗柄日回旋，流光逝瞬息。去歲集上巳，華岡分韻窄。曾以次得左，今乃排為或。我欲超恒蹊，敘事顯特色。憶幼聞故鄉，大比〔註52〕重三節。先臨浯水祓，再向祁山陟〔註53〕。古寺雲間幽，異卉階前植。牡丹花幾開，賢書額憑測〔註54〕。屢試而屢驗，從未遇愆忒。清室廢制科，天香萎蠱蟚。草木皆有知，自古泯疑惑。如昔杜荀鶴，靈芝長椿側。明年及第還，遂將淡彩飾。武穆墓旁樹，虬枝不朝北。代達地下魂，死弗忘報國。庶物尚如此，吾人尤努力。莫讓禹甸淪，秦灰土盡艷。	
135	取	五古麌韻	莊幼岳	結社今六年，韶光若過羽。禊飲邀吟朋，佳辰例有〔註55〕聚。陽春三月三，羣芳競相吐。少長共一堂，神情見栩栩。文酒追先賢，詩書繼吾祖。願敦品與德，鬪藻非所取。百怪方揚波，中流孰〔註56〕作柱。聲教同宏揚，頹風企小補。	
136	諸	七律魚韻	蘇笑鷗	釀寒細雨放晴初，詩被催成帶醉書。蕙畝椒臺尋往迹，烏頭馬角負居諸。六年歌哭聲誰訴，一寸山河血未除。老滯蠻荒識蠻語，郝隆也解賦娵隅。	「隅」字飛雁出群
137	懷	五律佳韻	朱任生	韻事賡嘉會，幽情亙素懷。〔註57〕時艱思國士，詩教在吾儕。汲古深無懈，融新俗勿諧。卓然歸大雅，休與典型乖。	
138	抱	六言皓韻	胡鈍俞	名士過江待老，傷心別有懷抱。青來問息尋消，自嘆勞人草草。	尋春

〔註52〕作者自註：各省鄉試為大比之年。

〔註53〕作者自註：當時有「三月三，祁山看牡丹。」之謠。

〔註54〕作者自註：值年此株牡丹，開花幾朵，祁陽中舉幾人。

〔註55〕「有」字莊幼岳《紅梅山館詩草》作「雅」，見《臺灣先賢詩文集彙刊·紅梅山館詩草》（新北市：龍文出版社，2011年5月），頁174。

〔註56〕「孰」字莊幼岳《紅梅山館詩草》作「誰」，見同上。

〔註57〕「韻事賡嘉會，幽情亙素懷」，《虛白室詩存》作「芳序賡嘉會，幽情耿素懷。」見頁128。

139	晤	五古暮韻	文守仁	三月天氣新，倉庚鳴高樹。曲水泛流杯，悠然起遐慕。相尋城北郊，念此我曾住。畎澮今已夷，樓臺迷故處。逢人問舊舍，急走圖良晤。入門高興發，風雅各傾妒。典禮肅先聖，屈杜得陪附。歌詩出金石，樂奏美韶濩。秦火尚蔓延，天帝正殷怒。安得將此聲，一豁彼塵霧。坐久午陰移，珍重且回顧。	
140	言	五律元韻	甄陶	山陰勞仰止，分韻接蘭言。一自斯文殉，千秋坦腹冤。空描坡老影，誰現叔敖魂。湖海聯吟意，遙探曲水源。	
141	一	詞	舒曼霞	乳燕學飛，黃鸝試囀，春來暗遞消息。絳桃淺抹胭脂，杜鵑露珠猶滴。華岡祓禊，盟鷗鷺、詩人騷客。在蓬瀛、異地棲遲，未卜賦歸何日。沉陸痛、河山半壁。哀國際、風雲變色。倩誰力挽狂瀾，全憑中流砥石。時危世亂，興亡事、匹夫之責。看王師、抗暴除奸，政策始終如一。	東風第一枝
142	室	五古質韻	王獎卿	華岡折簡邀，甲寅上巳日。勝會擬蘭亭，躬親喜氣溢。濟濟盡時賢，各具生花筆。初登大雅堂，似入芝蘭室。孔孟萬世師，那堪遭棄黜。文化待復興，全民憑倡率。羣賢濟世心，公忠而專一。拯溺兼驅飢，要與伊周匹。莫任鄉愿人，淆亂真得失。褒貶本春秋，否運定轉吉。昂昂偉丈夫，何能甘屈膝。浩氣集義生，行為嚴自律。大哉我中華，國際應超軼。蠻觸莫紛爭，守法務崇實。主義遵三民，踐履要慎密。勿作口頭禪，認真共贊述。在莒懍膽薪，豈可耽安逸。風雨戒傾舟，彼此相體恤。四海同一心，利害毋入出。人間多疾苦，克服憑仁術。王道由至誠，郅治仗輔弼。寶島豈避秦，桃源原靜謐。詩教待宏揚，重光期可必。	

143	之	七律 支韻	黃湘屏	其一 禊飲依然學古時，流盃少長向清漪。 桃紅柳碧春如畫，燕舞鶯歌客有詩。 洛水芳筵唐待價，蘭亭高會晉羲之。 前修韻事空陳迹，俯仰興懷總可悲。 其二 上巳陪遊任所之，煙花三月景咸宜。 芳菲得見無今古，文運推遷有盛衰。 百世中興相鼓吹，六年大雅共扶持。 眼看筆挾風雲氣，重振天聲遍海涯。	二首
144	內	七古 隊韻	劉孝推	茫茫禹甸廣無外，坤軸陷處一黿戴。 臺員形勝擬會稽，永和風流今可再。 飛箋分韻鬪尖新，輻輳德星來宇內。 有酒如澠肉如陵，羽觴次第遍吾輩。 舉目新亭景依然，何日重整還鄉斾。 嵩華俯視小九州，胡為樂此湫且隘。 鼠鬚筆陣行電掃，繭紙草檄成一快。 澄清攬轡望中原，山陰道上風雲會。	
145	或	五古 職韻	王師復	分韻也當或，糊塗殊差忒，筆硯本生涯，重吟敢吝嗇。無年不上巳，世變起愴惻，詭譎幻雲波，觸景多新意。意迥句自殊，章成免帖式。宙合轉曉昏，運行雜通塞。此理早參詳，何由縈胸臆。所懷此時地，明辨秉淵識。一柱狂瀾中，厥責務勵翼。邪焰已燎原，龍戰鬱慘黑。可憐五千歲，四聖遭戕賊。吾道不可泯，扶輪仗羣力。弄墨寫風光，風光旋殄熄。小技鬪尖叉，格律孰可則。新亭淚已枯，蹈海寧逃匿。集會一時歡，散後各自得。快詠年復年，積篇共蠹殖。觀念要更新，新者舊所織。歸元周易中，其德挺艮節。瀝瀝皆生泉，取之常瀿瀷。所悲甕敝漏，井泥不可食。其若棄浚渫，予懷實脇膈。	「意」字出韻。
146	因	七律 真韻	吳天聲	鄉關夢寐見無因，寇盜憑陵二十春。 橢具摩挱浮海嶽，朝昏嘗臥數松薪。 入懷曲水容修禊，曩耳荒雞正唱晨。 今且出門攜手笑，吾儕不是莽蒿人。	

147	寄	詞	張惠康	曲水微皺,春風簾幙薰紅翠。蘭馨桃膩。人比長安麗。　幾度滄桑,殘柳斜陽裡。君知未。烏衣燕子。今向誰家寄。	點絳脣
148	所	五古語韻	吳語亭〔註58〕	禊辰又重三,此身猶在莒。時節方鶯花,江山多風雨。霽色何日開,雲消淨天宇。偏安竟偷安,讀史病典午。緬懷枕戈劉,齎志著鞭祖。世尚易老談,時艱究何補。今昔付一慨,陳迹只仰俯。勞生嘆草草,投林慕倦羽。吾州一水隔,無計脫羈旅。廿載鄉音忘,參軍學臺語。濠濮同會心,阪隈得其所。連歲集華岡,花光似韋杜。彷彿城南遊,走馬天尺五。羣賢更多才,韓孟或徐庾。今茲在城闉,依然此學府。壇坫兼誦絃,海濱之鄒魯。猶期及餘年,揩眼承平覩。結想即成因,願力孰能阻。陵谷況靡常,無勞久延佇。曲江與山陰,次第廣盛舉。	
149	託	七古藥韻　一至七言體	陳民耿	其一 修禊東周在伊洛,採蘭鄭俗常水郭。晉人羣集蘭亭中,盛事天寶猶繼作。此日年年盡情樂,遺風挂夢覺如昨。蹤跡廿年隔神州,消息茫茫知何若。庾寧少長仍踴躍,卻把胸襟遠展拓。深愛卜居海之濱,一觴一詠均有託。 其二 託。心誠,力弱。寄情深,修禊樂。非故設辭,還重一諾。遠景漸光明,細節任脫略。處危時逃於詩,冀盛世舉以爵。江山刧後待中興,事業眼前須合作。	二首 寶塔詩一
150	放	五古漾韻	翁一鶴	佳節三月三,春光猶蕩漾。裙屐試招攜,江山寄快曠。肝膽自輪囷,煙雲倏供養。勝會事堪誇,一閒天所貺。結社歲六周,羅列騷壇將。筆陣掃千軍,武庫森萬仗。詩教斡	

〔註58〕「吳語亭」商務版作「吳語堂」,據《中華詩學》10卷3期(頁27)及華岡版正。

				貞元，宗風忻大壯。還期薄風騷，更宜恢器量。行見葵藿傾，共賞瑤華唱。吾道終不孤，甯計輕疑謗。布鼓過雷門，我慚大雅匠。同堅白社盟，敢詠黃河上。遙念賞音人，坐覺心光放。千里儻相存，肯負金波漲。	
151	浪	五古漾韻	涂公遂	又接永和春，吁嗟千載〔註59〕上。修禊託風謠，幽憂埋腑臟。溯想南渡初，擊楫聲何壯。新亭氣始卑，天塹恃屏障。僑士興管絃，清流競曠放。帷幄坐夷吾〔註60〕，中原任淪喪。袖手山陰賢，高致美酬〔註61〕唱。生民在溺焚，坐視渾相忘。檢讀義慶書，掩卷生惆悵。墨妙拜蘭亭，旨趣徒悲愴。懷古而哀今，古今同一況。九州痛陸沈，滔滔淚如浪。奮起挽危亡，吾衰猶不讓。	
152	形	五律青韻	范道瞻	洙流干斗極，瑤島聚文星。六載賡觴詠，千篇寫性靈。花飛頻中酒，蝶夢欲忘形。禊飲娛春色，無勞問醉醒。	
153	骸	七古佳韻	李家源	去年上巳聯吟好，續會今年事彌佳。佳絕千古蘭亭序，分韻分明到天涯。遙想華岡最勝處，萬花齊笑清讌排。海上仙風噓一席，人如晉代酒如淮。清興句句吟吟好，詩亦三唐匪諧俳。地非山陰脩竹有，夷猶竟日暢幽懷。天放吾曹之所託，逸少嘗云外形骸。六洲風雲今滋譃，天驚石破補有媧。尊前非無慷慨語，韶濩終當正聲諧。第恨道塗阻且夐，海山孤吟悄無儕。	
154	之	七律支韻	王則潞	萬方糜沸欲何之，抱膝難忘伐木詩。又接流觴修禊事，每從擊缽暢吟思。中原火熱揚嬴政，末世人狂詆仲尼。翹首問天天不語，故園西望淚如絲。	

〔註59〕「載」字《浮海集》作「禩」，見涂公遂《浮海集》（香港：珠海學院文史學會，1981年9月），頁33。
〔註60〕「吾」字《浮海集》作「甫」，見同上。
〔註61〕「酬」字《浮海集》作「訓」，見同上。

155	外	五古泰韻	周紹賢	春色正繁華，佳景筆難繪。又逢上巳辰，詩人有嘉會。鶯花助雅興，香風拂冠蓋。細吟修禊詞，浩歌發天籟。而我心境枯，多年憂未艾。卅載紅羊劫，親眷皆罹害。昨夜夢故鄉，滿眼盡蒿籟。魑魅舞爪牙，血腥盈溝澮。醒來淚未乾，愁思苦無奈。只得學漆園，游心於物外。	
156	雖	七律支韻	陳寶書	又是山陰禊集時，蘭亭韵往至今思。隋珠和璧書同重，曲水流觴事可追。異代羣賢賡舊調，華岡六載譜新詞。鶯花上巳春如海，值酒逢歌詠四雖。	
157	取	七古語韻	蕭遙天	浮海廿年不帝秦，冷觀巨掌翻雲雨。衣冠糞土詫東晉，禮樂莊嚴欣祖魯。嘉日祓除草木哀，清遊觸詠蛟龍怒。枯腸癸丑窮搜索，再嚼陳言無足取。	
157	取	五古語韻	胥端甫	云胡道之祖，先與然後取。用智乘理間，都貴有城府。岡頭仰勝流，韻協春花吐。那得存機心，不為取與苦。人極視聽娛，翻滋懷老父。西擬上崑崙，倩誰論今古。遊神戔岷巔，何處有樂土。骨肉已成仇，苛政抵萬虎。孰奮子房椎，詩壇捲旗鼓。瞬眼六年經，洪流欣砥柱。浩浩看長流，余胸殊虎虎。	
158	舍	五古馬韻	謝鴻軒	耆英集洛社，舉止多風雅。豁度儕王謝，雄文含班賈。煦物駐陽春，聯袂踏晴野。詩教及時興，曲高惜和寡。不作新亭泣，且放華林馬。枕石漱清流，餐花引翠斝。談笑自優游，性靈任陶冶。煙霞接故人，塵念俱已舍〔註62〕。	
159	萬	五古願韻	蕭子明	大曆甲寅建，景光三月曼。修禊上巳辰，適我素懷願。書本天自張，纂繡春為獻。花舒一徑芳，草衍平原蔓。紫燕來有情，黃鳥啼無怨。悠然水喻清，靜也山同遠。羣彥秉高踪，行樂珍分寸。流觴雅可風，分韻詩尤健。勝蹟擬永和，古人殷繾綣。韻致溢餘	

〔註62〕作者自註：借孟浩然句。

				馨,藝文恢讜論。居處際聖明,淡泊供蔬飯。不逆自然生,詎容天道遯。海內猶烽煙,闢邪彰國憲。誓志殄暴秦,責重堅貞勸。詩教蔚中興,武庫亦何遜。鼓吹而發皇,收京操左券。四美備今茲,嘉會開蘭畹。把酒祝東風,緜歷歲千萬。	
160	殊 〔註63〕	七律 虞韻	薛逸松	嘉〔註64〕辰又值蘭亭禊,風景依稀世相殊。修竹茂林春畹晚,崇山峻嶺路崎嶇。吟懷似水何妨淡,勝友如雲不厭孤。六載昌詩詩更好,真堪擊節〔註65〕唱烏烏。	
161	靜	五古 梗韻	秦維藩	嘉木紛敷榮,遲遲春晝永。勝事踵蘭亭,良會得幽境。耆宿盛聲華,諸生競秀穎。新篇粲珠玉,高才見騰騁。昌詩六載周,徽猷今煥炳。國粹益弘揚,風雅佇重整。來歲復神州,四塞氛煙靜。白下續清吟,盡收湖山景。	
162	躁	五古 號韻	許君武	上巳類重陽,避災聞普告。修禊與登山,心情強兀傲。今古艷蘭亭,一序稱逸少。謂是契老莊,遣辭異輕躁。豈知文武才,風骨見清操。餘事始籠鵝,境亦人難到。典午運移終,北望空嗟悼。中歲即休官,固知匪高蹈。良辰集良朋,抒慨還自勞。放浪外形骸,任君測所造。吁嗟今視昔,千秋敦永好。異代共蕭條,漫聽羣鴉噪。	
163	不	七古 物韻	吳萬谷	世難如山正宜祓,好踵前徽湔怫鬱。蘭亭千載已無存,來蒞城南一間屋。濡毫申紙發詩聲,挂壁盈眸百憂出。羣賢列坐少長集,未用茂林修竹拂。塵紛偷此一日娛,差勝行吟賦哀七。清流一聚氣類敦,結習所關道寧屈。世間濁渭正瀰漫,投足定知君必不。	(新韻)

〔註63〕據薛逸松:《松廬詩棄》,題作〈甲寅重三雅集適中華詩學研究所成立六週年喜賦〉,見頁247。
〔註64〕「嘉」字《松廬詩棄》作「良」。
〔註65〕「節」字《松廬詩棄》作「岳」。

163	不	七古物韻	陳祖平	虎歲三月三，陽明景物妍，草長黃鶯飛，桃夭綠柳拂。羣賢集華岡，觴詠修禊祓。社慶六週年，聯歡訴憂鬱。況復四民中，士才寄天紵。蔚起多人文，自強堪積莘。君不見國際姑息逆流狂，中流砥柱我昂屹。又不見中東禁運能源缺，舉世皇皇我獨不。維我中華大國民，殊非威武所能屈。三民主義力推行，世界大同終可迄。	
164	同	五律東韻	曾文新	賞心違麗節，未與故人同，銅缽喧瀛北，匏樽冷海東。日遲蠶繭熟，雨潤杏花紅。一水盈盈隔，江城落夢中。	
165	當	七律陽韻	張家輝	勝概豪情豈可當，每於此日憶流觴。六繞周歲羣賢集，百有餘家韻事揚。文物端宜追上世，楷模卻更仰華岡。蘭亭序好同分咏，修禊吾先祝萬方。	
166	其	七古支韻	禤夢庵	連日春寒雨淒其，芳菲又值重三時。名山海上人文萃，中華詩壇建鼓旗。揚風扢雅已六載，有成兩度收功期。佳時盛會賡前詠，捧觴懷古神飛馳。周禊鄭祓亦已遠，蘭亭高韵猶堪追。老杜大蘇成繼響，黃州行吟曲江詩。寒食東風杏花雨，歷代詩人發幽思。幽情雅意會者少，今世文藻日澆漓。物化野化迷一代，性靈汩沒意趣卑。虎豹沈沈臥九野，繁華盛極懷衰危。願憑修禊隨羣彥，祓除百惡宗風持。文化慧命在精神，翰墨文章白雪辭。鶯花三月憶江南，沂上春遊思水湄。青春作伴還鄉後，醉看太平花滿枝。	
167	欣	七絕文韻	楊嘯農	其一 又逢上巳會鷗羣，大塊文章美十分。依序飛觴今似昔，陶情一任醉醺醺。 其二 夢裏山陰隔海雲，遙從蓬島繼斯文。六週歲曆千軍筆，蹶起中興共策勳。	二章 兩首皆無「欣」字
168	於	五古魚韻	龍礀居士〔註66〕	結禊逢佳晨，春風三月初。名山溢蒼翠，高歌動林於。久勞思暫憩，山堂論詩書。一杯亦自得，悠然百愁袪。	

〔註66〕案：龍礀居士即李猷。

169	所	詞	宋天正	碧水流觴，滿城落絮和烟雨。綵毫靈緒。題詠多佳句。　舊夢江南。舊侶飄吟紓。今何所。哀鴻啼暮。隔海烽如霧。	點絳脣
170	遇	七律遇韻	周曼沙	冠蓋東南修禊歡，臺灣勝集飛觴處。諸公才調擅風流，獨我詩懷感遲暮。俯仰頻添異域愁，炎涼空作孤兒訴。扁舟卅載滯邊天，故國良辰安可遇。	仄韻
171	暫	詞	尉素秋	莫道流光暫，細思量，老彭殤子，誰修誰短。但有奇文垂宇內，已擅乾坤一片。晉南渡、地旋天轉。禊集山陰觴詠地，剩蘭亭一紙毫光粲。羣賢往，風雲散。　從知文貴黃金賤。算縱能錦衣珠履，珍羞供饌。爭似風流王逸少，姓氏永標文苑。千載後、騷壇重建。上巳聯吟逢癸丑，仰前修、心跡託柔翰。今視昔，原無忝。〔註67〕	金縷曲（賀新郎）
172	得	五古職韻	林寄華	蘭亭昔修禊，永和值嘉日。詞流集重三，千載風未息。此邦盛才俊，嗣響揮詩筆。珠玉滿吟壇，晤言歡一室。迴顧舊神州，慘悽黯容色。菜根掘欲窮，遑敢談間食。傳聞正批孔，文教毀以力。何來詩酒樂，生事苦煎逼。年衰念骨肉，月明思鄉國。同是倦遊人，奮飛乏羽翼。所願發王師，收京樓船疾。山陰約羣賢，曲水流觴側。一笑撚吟髭，佳句誰先得。	
173	於	五古虞韻	韋仲公	泉石情相於，雲山勢不孤。我來春未晚，林鳥齊歡呼。流觴泛曲水，行吟聲滿途。舉世方不祥，冰心空在壺。昨夜東風惡，飛花急平蕪。中有留春人，淚眼正模糊。杜鵑曰歸去，愁雲低兩都。聲聲行不得，可奈聽鷓鴣。且盡水中杯。酒盡日亦晡。蘭亭人去後，空江下鷗鳧。	

〔註67〕陳慶煌謂「七部與十四部通押」。

174	己	五古紙韻	張兆儒	甲木東海龍，寅虎據西鄙。龍虎勢久構，乾坤運仍否。子丑夜幽黑，世迷難辨指。交寅陽稍動，曙光未透紙。衣甲枕戈臥，聞雞鳴不已。磨劍待平旦，起舞還切齒。花發近清明，良辰逢上巳。流觴唱和情，言志小可喜。慎戒泣新亭，偏安龍種恥。莫誤黃金時，瞬入千年史。弔民解倒懸，良機即今此。廣謀而迅取，成敗在吾己。	
175	快	五古卦韻	張夢機	遠水破蒼茫，輕帆微若芥。窗邊爭浮雲，奔崖如馬快。禊集祓不祥，詩思忽澎湃。流盃無淥波，瀹茗有清話。扢雅仰羣賢，庶幾振聾瞶。何當靖兵塵，賡吟發雄邁。	
176	然	七絕先韻	張仁青	修禊年年翠嶂巔，祓愁此日亦徒然。壯懷猶具風雲氣，怒挾寒濤入遠天。	
177	自	五古真韻	陳荊鴻	濯足鼇洋濱，頗悟取由自。琴書足消憂，不知老將至。年年元巳辰，呼朋修禊事。今逢三月三，又臨舊游地。錦山天氣清，古都川流媚。羣賢登高臺，觴詠雜冠珥。結念寶島中，盛會有同致。所惜雲樹遙，未能列坐次。諸公情殷殷，分韻猶不棄。何以報德音，勉成數行字。	
178	足	五古沃韻	王國璠	人生仕宦場，鞅掌苦縛束。譬如轅底駒，終日常跼促。奔走淖泥塗，冷暖隨流俗。縱有好湖山，嚮往空躑躅。去年會重三，勞謙絆我足。今年春風蘇，大樂未宜獨。欣從眾君子，華岡極遙矚。雲際是神州，神州如煉獄。佳節設青齋，羨是蕭家錄。道旁憔悴兒，輾轉秦火酷。嗷嗷燕與鶯，久斷隴頭粟。忽然倚雕戈，一帆出澄綠。朝下秣陵關，暮取兩河曲。時食快供張，祀禮虔修續。勿論喋血功，先覆故鄉醁。父老致苦辛，別來幾榮辱。富貴等浮雲，名利亦蠻觸。未若荊棘中，放腳辭煩縟。跼蹐難定觀，猛見燈如旭。可憐展眉歡，瞬間成幻局。歸途笑眾生，仙班誰著籙。欲以樂吾天，誓掃封狐毒。	

179	曾	七律 蒸韻	楊向時	百人分韻序相仍，盛禊蘭亭得未曾。又逐飛花臨曲水，每逢藉卉念觚棱。金貂聊與吟摩詰，珠袚何因賦少陵。雲澹洛濱迴古趣，浮杯欣對酒如澠。	
180	不	五古 物韻	楊伯西	如輪節序轉，春光不須乞。海上逢上已，一例成禊祓。昌詩足匡時，華岡盛人物。倏忽六載茲，風雅昂以屹。慨自神州沈，帝秦義獨不。強忍流離痛，中懷常怫鬱。回天賴羣謀，莫求仙與佛。天心豈久晦，陰霾終淨拂。	
181	知	詞	劉宗烈	冷雲癡，正春陰遠展，行樂趁芳時。樓上花嬌，林端雪暝，晴艷還見紛披。鳳城近，重修禊集，共俊侶，芸館唱新詞。繭紙黏情，翠觴尋醉，幽抱偏宜。　何處獨縈魂夢，念吳煙楚雨，極目堪悲。襟膩塵香，箋留墨恨，空自吟望低垂。漫隨興，鐫紅鏤碧，儘風前，長裊鬢邊絲。伴卻騷心去來，欲倩誰知。	未標詞牌 經查為： 一萼紅
182	老	五古 皓韻	龔嘉英	子美居瀼西，哀憐比鄰嫂。無食亦無兒，堂前任撲棗。有詩呈吳郎，痌瘝如在抱。嗟嘆誦遺篇，豈獨重文藻。戰伐今昔同，烟塵猶未掃。每念飢溺民，憂心急如擣。失土終當復，仁親以為寶。詩教振國魂，千秋崇杜老。	
183	之	五律 支韻	周邦道	陽明春雪後，物候禊偏宜。草長花爭發，柯交鳥共嬉。七星迴靄杳，五指聳峰奇。樓閣華嚴勝，徜徉任所之。	
184	將	七律 陽韻	侯暢	頓驚霜鬢老相將，臘覺詩盟嬾未忘。祓禊流觴同祓青〔註68〕，逢辰振旅早重光。春寒最倚松筠健，語澹惟甘苜蓿香。來日鍾山忻選勝，白門煙柳拂吟囊。	
185	至	七古 寘韻	陳邁子	暮春三月風光媚，萬紫千紅饒生意。年年花開復花飛，春來春去還多事。芳草如茵雨如煙，錦禽翠羽聲流麗。莽莽乾坤痛刧灰，人間此日成何世。	

〔註68〕「青」字據易君左《四海詩心》作「眚」（作「災」字解）字為是。

| | | | | 昔賢禊集在蘭亭，距今甲子廿七紀。
三春佳日少長集，曲水流觴共淹滯。
文采風流宛然存，舉目山河今又異。
新亭對泣豈無因，克復神州寧易易。
流離他鄉非故鄉，萱闈殂謝悲望祭。
夢裏慈顏憶勞勞，枕衾徧濕思親淚。
迢迢歲月苦遷移，親朋故舊長捐棄。
衡宇老樹傍青山，一水斜陽故園思。
萬家野哭蔓草荒，廢池喬木嘶胡騎。
杜鵑血染枝頭紅，春花秋月時序替。
我生不辰逢典午，吾華衣冠嗟東濟。
永和九年暮春初，逸少謝傅各陳藝。
放浪形骸取舍殊，快然不知老將至。
義熙甲子懷淵明，詩詠荊軻重節義。
擊楫誓江願總虛，作賦蘭成深情繫。
吾儕修禊集羣賢，俯仰瀛海真仙地。
滌我塵襟嘯曾樓，覽物興懷高其志。
方今舉世苦擾攘，淫詖喧呶大道墜。
夷夏之防防已微，華夏甘為夷狄醉。
願將詩魂醒國魂，同為人類致祥瑞。
詩人之愛愛最醇，還與萬彙通聲氣。
更破大荒任飛騰，遨游天地舒才智。 | |
| 186 | 及 | 七古 | 繆夷盦
（庵） | 粵稽羽觴隨流波，創自周公城洛邑。
邇來幾及三千年，踵事增華成盛集。
鄭國采蘭洧水上，士女酣嬉著篇什。
魯邦風浴仰高賢，天地同流不可即。
夏統水戲表偉觀，風雲迷漫變頃刻。
華林馬射賦蘭成，楊柳春旗同一色。
永和禊飲冠古今，右軍書聖垂無極。
祓除不祥為職志，遊目騁懷舒胸臆。
疾痛疴癢常事耳，祓除易易曲水側。
吾儕今逢大不祥，赤燄狂悖逞奸慝。
妖星慧孛亘長天，獸蹄鳥跡交中國。
大陸沈淪廿五載，荼毒生靈千萬億。
禍亂不知胡所底，陰森詭秘不可測。
骨嶽血淵驚人衰，真宰上訴天應泣。
何處光景可流連，何人羅網有羽翼。
急起戡亂賴明廷，更賴同胞共努力。
政治清明財賦豐，兵力強盛大師克。
直須食肉復寢皮，不容少懈爭一息。
旋轉乾坤出水火，履及劍及併車及。
擴充祓除作翦除，重見祥和昭明德。 | 邑集什即
刻色極臆
側慝國億
測泣翼力
克息及德
（新韻）
五、衣期韻
四、街斜韻
二、波歌韻 |

187	其	五律 支韻	劉達梅	憶昔江南地，蘭亭甚壯哉。神州蒙浩劫，雞狗亦淒其。臺島暮春日，華岡好賦詩。及時倡教運，報國在今茲。	「哉」字飛雁入群
188	所	五古 語韻	江絜生	墜響二千年，逢辰振幽緒。羮羮渡江人，奮筆各遐舉。撫茲山花紅，偎映羈游所。斜日漫催歸，餘情散方渚。	
189	之	五古 七律	蘇文擢	其一 和風善蘁物，草木發華滋。悠悠時序遷，復此周禊期。野懷澹無向，陟嶺信所之。俯濯山泉清，仰睇春雲馳。品物洵云樂，今古非一時。不聞南風歌，解慍來海湄〔註69〕。永懷蘭亭踪，尚想紫〔註70〕桑姿。握蘭芳易逝，藉卉情難持。循此遂百年，翻成達人悲。 其二 去年癸丑逢周甲，今歲重三又一時。異世同流〔註71〕聊復爾，半生離國更何之。芳蘭得地宜齊契，小草違山亦遠期。為憶晉賢觴詠日，江南花好鬢成絲。	五古一 七律一
189	之	五古	莫儉溥	滔滔天下溺，悒悒欲何之。民彝丁絕續，聖道豈磷淄。剝極終必復，陽回數不疑。四時有代謝，人事可相推。禊飲沿周俗，清遊重夏時。萬殊靡不均，天意本無私。雙溪環美蔭，故院迴玉墀。飛觴浮曲水，分韻賦新詩。春華努力愛，陳跡奚須悲。待洗天河甲，咸殷後會期。	
190	既	五古	陳本	修禊追永和，茲會喜無既。緜歷歲六周，厥功歸灌漑〔註72〕。月旦拜昌詩，〔註73〕其文尤炳蔚。今年值甲寅，虎虎勃生氣。大吼揚天聲，熙春蘇萬彙。同遊嘆四美，君子存三畏。萬邦未和同，中原劇鼎沸。揚秦烈焚	

〔註69〕作者自註：韓愈〈上巳太學聽琴詩·序〉。
〔註70〕作者自註：疑為「柴」字之誤。
〔註71〕作者自註：義之蘭亭詩句。
〔註72〕作者自註：羣公昌詩灌漑深矣。
〔註73〕作者自註：謂每逢月朔，刊布中華詩學。

				坑，批孔妄詞費。日月庸何傷，江河終不廢。滔滔慨橫流，混混亂涇渭。市易困泉貨，穀食日踊貴。吁嗟民多艱，饑凍向誰衣。悠悠彼蒼天，於人抑何痡。子遺寧偕亡，同仇切敵愾。臨河我有思，古人方髴髴。用武思孫吳，守文思房魏。願天降人材，抖擻持以毅。〔註74〕莊敬而自強，嘉訓應有謂。禮義乃國維，文章合組緯。文起衰世衰，詩要味外味。想見渡江賢，雙溪藉嘉卉。〔註75〕臨流賦新詩，浴德澡心胃。洗髓又伐毛，祓除不祥事。嘉招赴不及。愧與老符比〔註76〕。風浴予所懷。願言孔門志。日新期共勉，願體湯盤義。垢穢祓濯之，還我乾淨地。佇聽鳳鳴聲，六六聲含瑞。天道久應還，亂極必返治。詩國慶長春，中興競鼓吹。	
191	倦	五古	余璞慶	六度飲流觴，懷顧殊眷眷。澕落俯仰間，所之寧不倦。曲水近雙溪，春花紅映殿。想彼謫仙人，醉來泉洒面。	
192	情	七律庚韻	吳天任	曉趁晴暉遶郭行，秣陵舊夢憶春明。廿年北望空懷抱，幾日東風不世情。爭道江南修禊好，敢從海外卜河清。白頭慣看浮雲改，冷眼何須說虎驚。〔註77〕	
193	隨	七律支韻	梁隱盦	頻年海角春三月，每想蘭亭上巳期。文教沈埋觴詠地，雲山迢遞踏歌時。已聞蜀鳥猶啼血，又見吳蠶欲吐絲。寄語東風宜護念，飛花舞蝶影相隨。	
194	事	詞	楊向時	對芳辰，思往事。三月鶯花，幾度秦淮醉。又接巾綦臨海涘。拾翠流觴，依約江南地。　鳳鸞聲，龍虎氣。墨灑梁園，詠竟蘭亭字。一髮青山煙露裏。縱有清歡，微帶傷春意。	蘇幕遮

〔註74〕作者自註：定菴詩有云：「我勸天公重抖擻，不拘一格降人材。」余亦不禁馨香以祝。

〔註75〕作者自註：臺北外雙溪，風景殊美。

〔註76〕作者自註：余以道遠，未及與會，有愧老符秀才多矣。

〔註77〕作者自註：甲寅虎年術者謂世局當變。

195	遷 七律 先韻	趙民治	大道昌明俗自遷,壯心萬里有羣賢。宏開雅集逢三月,管領風騷足六年。他日收京龍虎合,還期高詠鳳凰前。岡城聞道花如錦,佳什吟成定滿千。	
196	感 五古	侯暢	兀立顧婆娑,雜然生百感。小樓風月多,大陸黎民慘。修禊欲云何,臨文式目覽。筆陣掃赤魔,報國惟肝膽。	
197	概〔註78〕 七古	梁漢	永和遠去千餘載,上巳聯吟深感概。南渡興衰史兩編,蘭亭法帖書難再。中原慘戮鬼神號,四海陰霾風雨晦。豈是干戈玩愒餘,直疑世紀綱維潰。揚秦益暴獨夫狂,奪霸空驅桀犬吠。從龍歸市共宗周,尊孔降夷爭釋菜。教化根源禮樂敦,中興正氣風騷在。宏揚詩教遍乾坤,獨立華岡觀海岱。六位時成卜百年,羣賢作健傳三昧。陽明花事破春寒,蓬島佳人矜絕代。虎吼鸞鳴大漢聲,艨衝火發凌波態。豪吟入社不攢眉,大雅扶持當我輩。群情私願約明年,還唱西征殲巨憝。	
198	繫〔註79〕 詞	汪蓮芳	晚紅漲碧,漸杜宇頻催,動人歸思。亂香暗綴,想西園處處,閒情難繫。岫冷江湖,漫把流觴試醉。黯雲樹,掩一髮故山,迷望無際。　鵑夢沈萬里,付幾度東風,欲覓〔註80〕無地。畫欄自倚,悵吟懷易嬾,滿襟新翠。寥落年光,倦客天涯尚寄。膩清淚。共飄零,峭寒春意。	掃花遊（掃地遊）
199	之 五古 支韻	章斗航	在昔王右軍,蘭亭鑄偉辭。茂林與脩竹,風物遍天涯。自登君子篇,千載誦無疲。更兼俛仰間,不盡今昔悲。豈伊多辛傷,至性萬感隨。佳辰羣賢集,欲共續前規。開元元和盛,元祐復葳蕤。邇來同光體,作者紛探驪。澂心扶大雅,陶謝興有時。惶惶惟一敘,後繼問其誰。是知本天成,妙手偶得之。盛事想丰采,追攀亦殆而。	

〔註78〕「概」字依〈蘭亭序〉原文應作「慨」字。
〔註79〕「繫」字依〈蘭亭序〉原文應作「係」字。
〔註80〕陳慶煌謂:「覓」若能改「尋」,則完全合律。

序號	得字	體韻	作者	內文	備註
200	矣	五古	傅清石	塵撥錄韶和，清機發妙理。隨緣聚蘭亭，當時歲在癸。斯會欣逢寅，聯吟慶半紀。上有流思人，依舊臨曲水。真常盈懷抱，故國山川美。來春修禊日，攜手趨燕市。掘地覓青天，慷慨長風起。日月擲人去，老驥思千里。陣雲橫海上，拔劍攫犀兕。佳氣透華岡，中興式望矣。	

乙卯上巳禊集分韻詩彙刊

（自「向之所欣」至「亦將有感於斯文」。計百二十五字）

序號	得字	體韻	作者	內文	備註
201	向	七律 漾韻	張維翰	高閣凌虛遙展望，崇山峻嶺環相向。蘭亭已矣覽遺文，華苑依然沿素尚。白日雲開氣朗清，青天雨過風和暢。新成樓宇顏均黭，撫景懷人同感愴。	仄韻七律
202	之	五古 支韻	易大德	神州傷板蕩，亞太復阽危。大地瘡滿眼，遑遑欲何之。居諸感微迭，又屆上巳時。羣賢集岡塔，高會某在斯。元首方崩殂，薄海共銜悲。應少閒情意，分韻寫新詩。猶幸承統主，大廈力能支。不驚善處變，莊敬克自持。遂令率土人，刮目訝相窺。深望所中友，道義互相推。鼓吹中興業，宏開復國基。異時返故土，重建漢旌旗。蘭亭修禊事，逸少以為師。取詩與序合，千古並稱奇。莫任流觴地，長此作潢池。	
203	所	五古 語韻	易大德	一老信堂堂，宏教刱詩所。歲月去如流，忽焉七寒暑。又屆上巳辰，修禊招詞侶。少長集華岡，韻分蘭亭序。作者逾百篇，永和何足數。雄詩宗杜韓，大筆師燕許。詞曲法宋元，翰墨臨王褚。三歲竟全文，誰云非壯舉。矧乃所中賢，分佈及寰宇。四海一詩心，不為山川阻。世道正艱虞，王師猶在莒。整旅仗鐃歌，中興待吹鼓。位雖遜蕭曹，志乃存伊呂。詩人忠且愛，詎止是游（陸）甫（杜）。良辰會此間，萬人之學府。中有棟與梁，	

				中藏龍與虎。異日助收京，定將還失土。豈若蘭亭人，悲愴溢序語。既已痛死生，更復傷今古。所望我吟朋，中流作砥柱。筆伐兼口誅，鋤奸而懲虜。滌蕩邪惡氛，袪除遺黎苦。勝會踵蘭亭，如斯始有取。莫祇事聯吟，徒吟恐無補。	
204	欣	七絕文韻	丁治磐	其一 退惡防患日有聞，欣於所遇不為欣。蘭亭不是歡遊地，我輩鄉愁勝右軍。 其二 聲靈景運併堪欣，禊祓寧須向汜濆。歲歲蓬壺指翻翰，正多高處策風雲。	二首
205	俛	五古銑韻	王家鴻	地朗天宇清，氣淑春風頓。流觴修禊事，老矣興不淺。念彼高要翁，興懷一仰俛。溪聲與山翠，觸景淚隨泫。蘭亭杳何處，歸心石不轉。	俛：亡辨切《集韻》匪父切。
206	仰	七古養韻	朱玖瑩	自笑此生空靰掌，投老漫作書癡想。南園不起茶陵逝，千載平原徒竊放〔註81〕。旁窺篆籀與斯冰，偶爾吟哦寄微尚。年年上巳上華岡，竿客亦邀傾蓋賞。詩人接席發軒渠，一詠一觴頻俯仰。野望蒼梧叫虞舜，不任磨崖寄慨慷。賸得書空筆一枝，聊作安平古堡長。	
207	之	七律支韻	成惕軒	華岡今是蒼梧野，望裏雲車渺九疑。〔註82〕依舊茂林修竹地，又當飛蓋落花時。星辰北極天無改，烽火南荒局要支。一事告君前鑑在，罷珠崖已誤捐之。〔註83〕	
208	間	詞	江絜生	良辰俊約總依然。隨分話鷗邊。四山疊翠離離錦，祝花情、早在春先。鶯燕飛迴繡陌，烟花撩亂鬢天。　軟紅匝市沸蠻絃。吟鬢老花間。消魂不在憑高望。在哀時遲暮江關。消得單衣游佇，夕陽人影姍姍。	風入松

〔註81〕作者自註：上聲。
〔註82〕作者自註：今歲禊集適遘總統蔣公之喪。
〔註83〕作者自註：時越南戰局又告失利。美有停止軍援之議。

209	已	五古紙韻	李猷	暮春天氣和，嘉辰逢上巳。修禊陟華岡，高會集君子。車笠來數州，心嚮無遐邇。樓閣既崇嚴，林壑復幽美。有肴精且嘉，有酒甘而旨。分韻雜笑言，出句喜相視。依松負手吟，倚石筆伸紙〔註84〕。座中螺峯翁，高坐凭松几。陶然樂其中〔註85〕，威儀不可企。吟詩掖後進，況復多髦士。華岡今詩國，天下仰風指。泱乎揚正聲，萬方莫敢訾。待迴黃帝魂，早斷蚩尤死。大布天地春，為民祈福祉。詩教本輔政，采風知所始。非云樂林泉，豈以娛暇暑。要在樹風規，浮名誠已已。	
210	為	七律支韻	吳萬谷	將詩於世抑何為，自媚孤吟惜羽儀。慧業難空三世障，斯文已負百年期。遼遼飛海揚塵日，脈脈流觴曲水時。一苑鵑花滿山樹，招雲來與倒深巵。	
211	陳	七律真韻	吳萬谷	蘭荃芳潔可無親，算有行吟楚澤人。七載所欣供俯仰，百端隨化見新陳。地無曲水萍仍聚，天放叢櫻世尚春。多謝右軍遺序在，臨觴何限感斯文。	「文」字飛雁出羣
212	迹	五古陌韻	何志浩	時逢三月三，修禊巡郊陌。衣冠楚楚者，盡是東南客。客從中土來，本是抗橫逆。草草作勞人，年年勞形役。于役筆硯間，為欲獻國策。日吟詩一首，月積詩一尺。作詩將焉用，百憂難消釋。咄咄書空至，咿唔類書癖。將以除戾氣，復思驅窮迫。一念家山破，而今已非昔。會稽之蘭亭，懷古成陳迹。盛會在華岡，春光足珍惜。	
213	猶	七律尤韻	林尹	邇來動止每夷猶，祇為飄零不自由。故國蟲沙頻入夢，他鄉風雨怕登樓。今朝檢曆逢元巳，詩社聯吟已七周。一事還期天作美，明年修禊在神州。	

〔註84〕「倚石筆伸紙」，作「佳篇俄滿紙」，據李猷《紅崦樓詩·壬子後》（1981年，自印本），頁14。

〔註85〕「中」字及「待迴黃帝魂，早斷蚩尤死。大布天地春，為民祈福祉」一段，《紅崦樓詩·壬子後》並缺，見同上。

214	不	五古 物韻 轉屋 韻	胥端甫	橫流看滄海，罔道我獨不。洪鑪大化中，中和成萬物。精義原入神，那辭尺蠖屈。天地德生生，人生自怫鬱。自入虎狼羣，自把利名掘。自甘投網羅，上巳罔祈祓。振衣千仞岡，吟聯河沙佛。幽蘭處幽谷，寒泉鶩秋菊。鑒道其洋洋，流芬自清馥。在璿璣玉衡，幼照青黎讀。先人早領先，今纔新大陸。翼聖余何辭，揄揚並推轂。體用求大同，基奠靱邦族。強梁盡有時，毋再唐衢哭。	
215	能	七絕 蒸韻	宋郁文	禊集千秋緒尚承，蘭亭一序至今稱。宏揚詩教吾儕事，盛會躬逢憾未能。	
216	不	四言 物韻	陳定山	彭殤齊一，推及萬物。死生大矣，孰能說不。生而有涯，死者無極。晉人曠達，中實鬱怫。窮途阮嘯，西山挂笏。流觴曲水，期娛清節。命名蘭禊，少長咸列。文成感喟，繭紙鼠筆。模拓千載，神明百刼。江左文明，穿於斯碣。	韻部有問題
217	以	五古 紙韻	陳南士	世亂不廢詩，年年詠上巳。暮春浴沂意，修禊淡江沚。棲海逾二紀，教戰重明恥。中原未恢復，流觴頻有泚。棉越烽火蔓，春來益披靡。螢暮覩流離，孰忍秦越視。追原厲之階，陸沉為禍始。苟不誅暴秦，長蛇食無已。姑息實養癰，孤立將及已。舉世望榛苓，纓冠奮劍履。吐句聊寫憂，不覺忘所以。語激敗人興，且吟風日美。	
218	之	七律 支韻	許君武	其一 切磋磨琢始成詩，羣彥相從各可師。擊鼓其鏜才未盡，瞻天如寐我何之。七年觴詠綿嘉會，半日盤桓費酒巵。安得稚圭來上座，敷陳妙義解人頤。 〔註86〕 其二 因寄浮生倦所之，題襟分韻轉增悲。回頭俯仰皆陳跡，把臂交親贘夢思。鼎鼎應珍金石誼，悠悠永葆雪霜姿。	二首

〔註86〕作者自註：稚圭，匡衡字，愚每惜本所集會講詩之日過少。

				堅為後約山陰去，遊騁蘭亭醉不辭。〔註87〕	
219	興	詞	張惠康	鬢畔雲爭白，花前岫更青。滄海看龍興。群賢君試數，勝蘭亭。〔註88〕	南歌子
220	懷	七律佳韻	張太翔	樽前曠放溯無懷，杖拄蘭亭歲歲偕。曲水儻容春可泛，名山未許醉同埋。攀髯淚盡驚春換，燒屋雷翻惜夢乖。強忍國喪除服後，梨花如雪寄詩牌。	
220	懷	五古佳韻	蔡愛仁	天氣日夕佳，蘭亭久興懷。今日為何日，觴詠未敢偕。龍馭鼎湖去，天地為陰霾。億兆罹暴政，援救奚日皆。蘇張禍六國，信義墮高階。定遠退交趾，睢陽困江淮。王嬙和胡寇，奸相使金牌。梁武臺城逼，誦經唸佛齋。歷史苦難事，重演似無涯。茫茫四顧下，悲憤莫遣排。中流一柱在，繼承驅狼豺。同心堅百忍，勉哉在吾儕。中原恢復後，會稽步芒鞵。	
221	況	五古漾韻	彭國棟	脩禊芳菲節，離離草原上。長安不易居，低回思顧況。	
222	修	五絕尤韻	劉太希	七載賡觴詠，華岡禊事修。願毋忘在莒，椽筆變戈矛。	
223	短	五古旱韻	顧翊羣	雅集追蘭亭，高會台瀛舘。昔賢泛羽觴，今人聚吟伴。虹影子安悲，楊花杜陵短。走筆寫新詞，詩鈔待續纂。明歲祖龍亡，歸裝胡可緩。	
224	隨	七古支韻	鄭鴻善	蘭亭修禊古風遺，韻事千年猶可追。一自紅朝施虐政，斯文淪喪道阽危。中原自昔敦仁義，八德四維文物備。歷數迄清漸式微，外侮內患紛紜至。北胡西狄與東夷，蠶食鯨吞競我欺。割地攘權爭租界，傷心八表盡披離。炎黃兒女乘時起，發奮圖強不顧死。碧血黃花應運開，中華民國從茲始。艱難國步正丕基，南北鏖兵戰伐隨。	墮《廣韻》許規切。 本作為轉韻詩，每四句一轉

〔註87〕作者自註：梁副所長均默謝賓客未及二月，愚以近五十年故交，愴念尤難為懷。惟冀諸公各珍此身，俟禹甸重光。共赴山陰道上，設席蘭亭，釃酒以酬故人於地下，庶稍慰耳。

〔註88〕作者自註：按蘭亭修禊僅四十一人耳。

				軍閥初除烽火息，倭夷入寇鐵騎馳。八年抗敵邦家悴，勝利傳來黎庶慰。何期禍患起蕭牆，滄海揚塵紅浪沸。地覆天翻鼎運移，彝倫綱紀悉顛墮。堯甸又入秦焚刦，鳴放鬥爭文革最可悲。中興氣眾騰蓬島，錦繡山河期再造。忍令羣魔據神州，揮戈傳檄同招討。詩教弘揚共護持，祓除暴政語非癡。華岡濟濟方多士，文化復興定可期。	
225	化	五古禡韻	姚琮	百計離故園，浩然歸聖化。猛政甚于虎，九死天特赦。甲冑非攻心，干羽甘受和。文德懷遠人，疆域從此大。客中逢佳節，思親愁難破。戮力掃欃槍，秦淮共酒炙。	「和」字韻有問題
226	終	七律東韻	孫克寬	詩道懸知尚未窮，采蘭仍詠舞雩風。南遷俄及星三紀，讀曲剛逢樂再終。燕子桃花春事盛，流杯刻羽賦情濃。鐙前重讀蘭亭敘，慕達聊將得喪空。	「濃」字出韻
227	期	曲	盧元駿	雙調・水仙子〔註89〕 又傳修禊值佳期。分韻流觴逸興揮。祛除髒亂凝祥氣。暖風來醉客迷。忽驚聞杜宇長啼。眼底華岡秀，望中興曲水洄。總不如歸。	
228	於	七古魚韻	賓默園	華岡禊集分韻詩德不孤，晴嵐綠浸春衣裾。聯吟分韻蘭亭序，三百二十五韻無一虛。我來瀛嶠本避地，不圖得與群賢俱。舉杯酌酒酒腸潤，蠟屐看山山鳥呼。春花勝賞陽明曲，秋月朗泛澄清湖，人生隨寓而安耳，客久不覺輕蓴鱸。故交多少成新鬼，臨川嘆逝將何如，流觴且盡樽前興，惠風雅奏千林於。	
229	盡	詞	尉素秋	薄寒收盡，紅飆粉墜香成陣。征鴻遠遞催詩信。為報春深，上巳清明近。 　窗前展視蘭亭本，茂林觴詠憐東晉。年年學步羲之韻。南渡衣冠，終古有餘恨。	醉落魄（一斛珠）

〔註89〕陳慶煌定為「北曲〈雙調・殿前歡〉」。

230	古	五古 麌韻	伏嘉謨	孟軻雅好遊，董生不出戶。祓厄與讀書，熊魚何所取。禊集盛華岡，清吟多俊侶。乘興一登臨，聊遣勞生苦。誰為東道賢，殺雞還作黍。華岡名學府，我亦曾揮塵。敢詡作經師，舌耕如老圃。雲物盪胸心，繁英爭栩栩。俛視萬重山，林巒蹲虎虎。流連景將入，暮雲拂春樹。歸思欲霑襟，誰把金甌補。遊子亦何癡，長聯〔註90〕空震古。哀哉海角人，昏昏忘在莒。越海又淪胥，空賦江南庾。但願起王師，劫塵流法雨。莊敬力圖強，東征傷破斧。剪亂仗英豪，揆文應奮武。安能困山陰，不作中流柱。	
231	人	七絕 真韻	劉宗烈	其一 剗盡春蕪景物新，仙鄉端合絕纖塵。河山腥穢憑誰洗，應有龍拏虎擲人。 其二 嘯傲江湖一散人，蕭疏終愧百年身。名山詩酒尋前約，物外煙霞自足親。 其三 傑閣登臨物候新，風流羲獻想丰神。溪聲山翠還依舊，觸誘娛情少一人。 〔註91〕 其四 且欣瀛嶠隔兵塵，妝點園林有好春。酩酊不妨酬令節，江山終古屬詩人。 其五 豈必桃源好避秦，問津翻幸有漁人。馬蹄願遂東風疾，看遍神州萬里春。	五章
232	云	七律 文韻	吳萬谷	佳日呼儔脫世氛，打門風雨向來紛。蘭亭暱作濡毫地，上巳重咀修禊文。各挈羈懷成落落，稍揮詞翰且云云。後來倘視麻沙卷，有感他時定不群。	
233	死	五古 紙韻	李和功	古人嘗有言，大哉生與死。聖不如尼父，疇能喻厥旨。由也未入室，好問徒為耳。拈花偶成笑，終聞悲如是。松喬今安在，丹訣寧足恃。異端多誤	

				人，昂若求諸己。疏鑿神禹功，所爭在寸晷。坐待濁流清，百年其餘幾。富貴誠輝赫，紱冕皆可褫。胡乃碌碌者，玩愒苟曳尾。適意良獨難，唐安維所止。雖鮮知音賞，不廢調宮徵。俯仰期無怍，有立必有以。泰山鴻毛間，相去不盈咫。長存千秋志，豈患一身累。歌中見真吾，悠悠心如水。	
234	生	五律庚韻	黃社經	讀古今為用，書齋筆墨耕。首搔黑髮少，鏡照白鬚生。舉盞開懷坐，偕朋把臂行。隴花嬌欲語，漫步看春萌。	
235	亦	五古陌韻	何敬羣	兩紀住南海，吟邊雙鬢白。三年詠蘭亭，望裡春雲碧。遙知華岡上，偕來集羣屐。流觴臨曲水，列座接茵席。分韻召同聲，不遺滄海隔。未能陪少長，敢不應驅策。出門擬覓句，信步隨所適。有山即會稽，有水即楚澤。何必泣新亭，何為傷異客。對酒便當歌，對花便須惜。披襟迎惠風，按幀循紫陌。或觀濠上魚，或坐磯邊石。快然寄所托，放浪吾今亦。詩成自踴躍，金谷酒免責。	
236	大	五古泰韻	余祖明	崔嵬陽明山，群公詩教大。修禊輒登壇，望風懷飛蓋。甫也困鱸峯，逢辰鷖鶴思。賴有嵇阮儔，預日謀一醉〔註92〕。分韵邀聯吟，隔洋仰高幟。遙和成連琴，何殊親席次。討逆引吭鳴，群醜三舍避。正義蘇黃魂，復旦接揚艫。草草急就章，揮付飛奴寄。	
237	矣	五古紙韻	韋仲公	往賢今已矣，來哲詎能止。春色年年新，才人接跡起。豈必詠蘭亭，江山皆信美。所嗟鼙鼓聲，淒緊東風裡。空文誠足貴，九州多荊杞。惟兵可止兵，仁者方為是。自從羲獻來，詩文難盡紀。撥亂在戎衣，雄圖須仰企。我本沙場卒，謳吟臥戰壘。愁眼看關河，瘡痍竟如此。荒城飲馬歸，依舊隔桑梓。吳鈎夜有光，客欄頻拊髀。血雨暗中原，積淚漲江水。如何殺賊心，咄咄空盈紙。狂瀾雖欲倒，河清	

〔註92〕作者自註：此間南薰社先一日約集。

				定可俟。豈無濟世方，吾道誰能比。魯戈願重揮，怒馬喜還倚。憐彼舐痔入，苟全實所恥。鐵筆掃千軍，戰歌歌未已。文章以血書，方足動心耳。	
238	豈	五古尾韻	龍磵李猷	年年祓清流，聯吟每矗矗。分韻割序文，險韻知餘幾。長篇若龍驤，短句壓龍尾。斷針綴敝裘，賈勇則余豈。	
239	不	七古物韻	袁爵人	中南半島禍黷黦，人負幽憂兼憤鬱。靈辰禊飲到層樓，琢句根連肝肺掘。人生飄泊閔飛花，癡對峯巒如面佛，腥羶反覆世難朓，祇有春風依舊拂。俛仰陳跡何足計，把酒看山無我物。縱觀自拓盪胸雲，膺仁不憂義不屈。靜抱吾神遊殼外，侘傺驚疑大可不。	
240	痛	五古送韻	申丙	四海翻洪濤，猶執秦楚訟。大錯誤中華，六億人入甕。韓戰復拙行，竟自摧梁棟。作俑塙眉人，吠聲同說夢。盡撤越南兵，甘心任愚弄。蠶食到金邊，狼烟及西貢。多事促行成，信誓何所用。兩院議未成，連城已斷送。冰山豈足恃，遺民資匪共。引火燒自身，寧解噬臍痛。	
241	哉	五排灰韻	張達修	又值重三節，題襟亦快哉。夏聲揚七載，春酒醉千杯。瀡祓心長在，扶輪志未灰。岡巒看突兀，泉石足徘徊。抗手無邪思，撐腸有別才。序分王逸少，詩溯沈文開。鹿洞絃歌起，鯤溟歲月催。雲山頻北望，煙雨自東來。共振誅奸筆，同任復國材。明年恢禹甸，修禊浙江隈。	
242	每	七古賄韻	阮毅成	山陰道上春如海，重建蘭亭我曾在。一別於今廿幾年，故鄉歸去尚有待。歲歲臺島修禊時，少長羣賢數每每。茂林修竹未得似，曲水流觴亦多改。分韻留題竟全文，上繼晉人筆生彩。惟期早日回會稽，山水一聲綠欸乃。	
243	覽	五古感韻	王彥	少無裀鼎心，所愛孤雲澹。塵沙喜污人，思齊老猶敢。孔釋至慈仁，至暴且欲撼。蘭亭昔修禊，嘉會歲相感。獨立海東樓，散帙疊佳槧。卷簾納天光，二儀恣周覽。	

244	昔	詞	王冠青	悵望神州，赤燄遍，腥羶待滌。又上巳，東風浩蕩，掃除寒積。莫任春光輕意度，共移悲憤作群力。且起來收復好河山，迴天日。　痛暴政，惡方極。歎世勢，流偏逆。信乾坤手轉，至仁無敵。處變不驚維大勇，慎謀能斷資長策。念從來憂患可興邦，今猶昔。	滿江紅
245	人	五律真韻	龔嘉英	交誼樽前舊，春光雨後新。和風舒草木，采筆動星辰。世局仍多難，斯文尚可親。越棉烽火急，權作太平人。	
246	興	五古蒸韻	李芳	春郊脩褉事，山峻水清澂。俛仰增惆悵，登臨倍戰兢。世紛纏莫解，兵禍迭相乘。道喪泯人性，魔張逞獸能。締盟居領袖，束手看分崩。國運時隆替，治綱有廢興。起衰惟惕厲，得勢戒驕矜。鎩羽須培養，棲林避繳矰。高瞻期遠大，素願在飛騰。劍履慚無及，賡歌或可徵。崇仁成德化，務本固基層。七載同求艾，何妨數折肱。	
247	感	五古感韻	姚蒸民	褉飲集群賢，華岡恣游覽。寧無故國思，徒增今昔感。耆舊漸凋零，擎盃神獨黲。新亭淚眼枯，眺迥風雲慘。匡時憐髮白，昌詩吾何敢。乘興偶有吟，終慚災鉛槧。	
248	之	七絕支韻	莊幼岳	其一 又逢上巳欲何之，相約華岡共賦詩。人世不祥渾莫〔註93〕祓，東南煙火尚迷離。 其二 花木依然人事非，重來修褉感無涯。老成此日多凋謝〔註94〕，默倚危樓久不〔註95〕怡。	二首

〔註93〕「莫」字莊幼岳《紅梅山館詩草》作「莫」，見《臺灣先賢詩文集彙刊・紅梅山館詩草》，頁176。

〔註94〕作者自註：謂梁、繆、于、鄭諸老

〔註95〕「不」字莊幼岳《紅梅山館詩草》作「弗」，見《臺灣先賢詩文集彙刊・紅梅山館詩草》。

249	由	七律 尤韻	蘇福疇	分韻蘭亭集唱酬，七年仍作賈胡留。郊原雨足霑新塚，關塞雲橫失故丘。昨日憑誰談史漢〔註96〕，疏林何處著巢由。執蘭枉用招魂魄，逝者真同海一漚。〔註97〕	
250	若 〔註98〕	五古 藥韻	朱任生	萬類向春風，競欲與時搏。虛室湛素心，守中覘橐籥。陰晴常反覆，寒燠復交錯。遲遲此嘉辰，題襟且同樂。蘭亭邈陳迹，華岡憶舊約。裙屐輝壇坫，嘯歌動林壑。英辭雜琬琰，芳懷搴杜若。勝會偶流連，騷人終寂寞。歲月去堂堂，至今猶旅泊。伏櫪非所安，登樓徒有作。邦國屬艱虞，元會尚屯剝。待揮魯戈遲，坐對楚氛惡。烟塵南瞻〔註99〕部，孑遺將焉託。八表正同昏，何當一清廓。所望武夫雄，祇愨書生弱。雕蟲竟何補，枉自尊天爵。	
251	合	五古 合韻	胡鈍俞	人事一〔註100〕何求，只圖道義合。充膳甘園蔬，禦寒假詩衲。疑亦未必問，問亦未必答。兀兀待炎島，終日波濤匝。	擬寒山體 〔註101〕
252	一	五古 質韻	文守仁	春陽慘不舒，衷心如有失。雖云並良朋，談笑異疇日。鼎湖邊宴駕，四海未寧謐。臺來誌國哀，問天胡不恤。五噫憶梁鴻，香已閟芬苾。高樓揭其名，欲冀留萬一。淒風動林木，俯仰氣蕭瑟。即有錦繡才，難抽右軍筆。回思振王風，黽勉歲已七。毋徒效昔人，終當豁蒙必。	

〔註96〕 作者自註：張華善說史漢。見唐房玄齡等撰《晉書·王戎傳》，上巳禊洛談昨遊事。

〔註97〕 作者自註：悼梁寒老、鄭曼髯也。

〔註98〕 朱任生：《虛白室詩集》詩題作〈乙卯上巳詩學研究所成立七周年分韻得「若」字〉。

〔註99〕 「瞻」字《虛白室詩集》作「瞻」。見頁132。

〔註100〕 「一」字《寧遠詩集》作「亦」，見胡鈍俞《寧遠詩集》，頁161。

〔註101〕 案：寒山詩介於詩與偈之間，以五言為主，多數為八句，偶有六句或超過八句者，以兩句為一組，表達一個概念。一般詩人創作重在美感的傳達，而寒山詩所要傳達的是精神境界。胡鈍俞專擅此體，其《寧遠詩集》有〈擬寒山詩〉307首。

253	契	五古 霽韻	甄陶	鵬奮探寥廓，鷗盟重神契。七度咏芳辰，忍憶長安麗。太平山下客，久負臨水禊。世道日險仄，肩轂競奔濟。林泉亦匪安，懼攖虎狼噬。近市謀升斗，聊勝乞墦祭。夙夜懍冰淵，歸來戶深閉。展卷扢風騷，欲挽隙駟逝。丹青見古人，摩挲鑑絕藝。白鵝換書圖，〔註102〕希風孰為繼。宅畔挹清流，遠接羣賢袂。	
254	未	詞	舒曼霞	水揚波，山疊翠。經雨芙蓉，頻灑傷春淚。飛絮浮絲無定位。剪剪輕風，吹得遊人醉。 鳥啁啾，花嫵媚。乙卯重三，修禊蓬瀛地。分韻聯吟誠勝事。燕語呢喃，似問詩成未。	蘇幕遮
255	嘗	五律 陽韻	黃尊生	人生無百歲，清夢亦何嘗。世局今如此，生民已死傷。但能安俛仰，焉用問彭殤。千載思賢哲，心儀一瓣香。	
256	不	五古 物韻 七律 尤韻	黃湘屏	五古 上巳登華岡，緬懷晉人物。良辰與美景，趣賞眼前乞。扶筇踏仄徑，鬖髿春風拂。三月饒煙花，吐艷如朱紱。山樓映麗日，萬木亦蔥鬱。老少遠咸來，薄遊作清祓。蘭亭古韻事，此俗繼難訖。結社七年周，昌詩志昂屼。發吟以嘆世，共慕大夫屈。筆陣各縱橫，才短獨吾不。 七律 華岡春禊萃鴻儔，共喜昌詩七載周。草嶺韶光殊旖旎，蘭亭韻事太風流。杯浮曲水人何醉，烽起南天世隱憂。故國神馳情惘惘，心猶在莒肯忘不。	二首
257	臨	詞	劉孝推	問而今，是人間何世，春信尚沉沉。宛轉調簧，輕狂剪水，別有鶯燕園林。看隔岸，蛇涎蜑氣。紛點點，渦沸葬冤禽。楊柳枝低，枅櫚葉戰，幾處寒侵。 留得江山形勝，肯輕將靈武，久作山陰。奇策縱橫，雄詞鬱勃，相顧勤拭霜鐔。快心胸，鐃歌倚馬待洋洋，韶武叶同音。容我東西南北，恣意登臨。	一萼紅

〔註102〕作者自註：余藏倪墨耕白鵝換書圖。

258	文	七律 文韻	王師復	杜鵑滿地亦成文，休把墜紅付土墳。瓣瓣有生春所薦，枝枝隔歲色逾雰。況臨嫩綠添新意，合倩浮青醉逸羣。社事幾番花事感，柏梁台上鬥芳芸。	「墜紅」孤平
259	嗟	七古 麻韻	吳天聲	移山志節放光華，紫陌朝飛逐隊車。更接流觴遄逸興，詩學研摩風物加。卅年膽薪珍嘉會，飛騰不使暮景斜。聞雞海嶽同起舞，重整田園話桑麻。大同世界看實現，與眾樂樂無須嗟。	
260	悼	五古 號韻	林德璽	高樓聳雲霄，騁懷窮遠眺。維月在清和，文會集老少。嗟哉梁高要，詩書敦宿好。出語驚四座，莊諧紛眾妙。才氣恣縱橫，年高而德劭。大雅忽云亡，悽愴故舊弔。詩人永千古，以堂題名號。逝者良可悲，令我中心悼。	
261	不	五古 物韻	吳語亭	獻歲曾幾時，轉瞬倏三月。花信苦風催，流光驚電掣。那堪回首憶，嬉春當少日。羣季共家池，天真活潑潑。世亂泛萍梗，境遷徒觸撥。比來承佳招，忍負芳菲節。浮盃追晉禊，握蘭溯鄭祓。韶景正明媚，魚鳥相和悅。盱衡宇宙寬，煩襟為一豁。新意媿無多，盛況難殫述。臺員固吾土，久居猶鬱鬱。枕上剩夢遊，家山青一髮。誰無故國心，懷歸吾豈不。隨寓聊自安，寡營輕得失。天地況逆旅，拘墟亦何必。達觀與感慨，情理疑一轍。知其無奈何，故示以超脫。或以齊彭殤，或以齊萬物。嗟悼與放逸，所言皆賢哲。千載蘭亭文，光芒永蓬勃。	掣《廣韻》昌列切
262	能	七律 蒸韻	陳民耿	修禊蘭亭故事承，海湄觴詠集良朋。不孤氣類詩聲繫，且對雲山雅興增。轉眼局亨猶可待，羈身地僻暫相仍。鸕舟準備逢時出，雋句還應誦薛能。〔註103〕	

〔註103〕作者自註：薛能〈晚春詩〉：「畫山鸕舟宜被禊」，沈佺期詩「戰鸕逢時出」。

263	喻	五古 遇韻	翁一鶴	華岡集勝流，修禊今幾度。淑景逐巾車，晴光隨杖履。作健快逢辰，登高欣能賦。蘭亭跡已陳，韻事寧忘故。回首江南春，鶯花三月暮。且莫話滄桑，祇好盟鷗鷺。乘興詠江山，臨風矜得句。咳唾紛珠玉，懷遠託毫素。詩教本性情，好領靜中趣。此心臻聖境，一字參妙悟。堪笑點者徒，妄用生讒妒。大木豈無蔭，蟪蛄安足數。眾星同拱辰，十年慚驥附。曲水隔傳觴，佳會徒欣慕。八表悲同昏，樂土此堪顧。國脈賴匡扶，茲意期共喻。	
264	之	七律 支韻	凃公遂	風懷日冷黯良時，萬里雲天掛淚絲。驚邁山崩梁壞痛，猶深國破陸沈悲。何須祓禊消私患〔註104〕，還望征誅展義旗。綺麗南朝詩與賦，未妨高閣盡〔註105〕藏之。	
265	於	七律 魚韻	范道瞻	酒樽詩卷坐相於，春禊還賡浩刼餘。往矣晉賢風未歇，歸與吾黨願寧虛。江山映帶爭呈錦，億兆淪胥盡化魚。蘭渚阻修荒勝蹟，煙波渺渺正愁予。	
266	懷	七古 佳韻	李家源	歲歲年年此上巳，流觴曲水暢幽懷。華岡新會成雅集，蘭亭故事外形骸。骸懷二韻取次得，競病敲推興轉佳。子亦記夫莊生語，知也無涯生有涯。我曾感於逸少者，斯文大讀臨水厓。俛仰宇宙悲陳迹，今之視昔總齊諧。安得一狂天風去，百三十人與之偕。多謝華岡諸詩伯，自媿名山負吟鞋。	
267	固	五古 暮韻	王則潞	吾宗晉羲之，世亂值南渡。盛會集蘭亭，風和春向暮。修竹間茂林，觸詠覓奇句。我今滯蝶城，新亭豈異趣。鄉關久睽違，索居感孤露。歲歲修禊來，離情〔註106〕託毫素。衰邁無他求，一念尚能固。返斾待王師，徘徊起四顧。	

〔註104〕 「私患」二字《浮海集》作「災害」，見凃公遂《浮海集》頁38。
〔註105〕 「盡」字《浮海集》作「襲」，見同上。
〔註106〕 「離情」二字，《賢盧存稿》作「抒懷」。見頁36。

268	知	七律支韻	周紹賢	東風駘蕩日遲遲，又是三春上巳時。客邸韶華偏易逝，神州舊夢苦相思。百花綺麗為誰艷，萬斛憂煩只自知。空負虛名列雅集，愁情繚亂不成詩。	
269	一	五古質韻	陳寶書	年年三月三，華岡倡雅集。勝事追蘭亭，鐘聲缽韵逸。繫我客星洲，恨無雙羽翼。修禊每哦詩，常附群賢側。千里契苔岑，詩緣深且密。七載揚雅風，士林同護翅。佳節今又臨，依舊揮枯筆。寂寞望梁園，耆宿竟凋一。緬懷寒老才，中心長惻惻。	（新韻）
270	死	詞	張忠藎	目窮千里玄黃，陸沉海沸龍蛇起。蒼茫宇宙，蕭條日月，悲哉秋氣。白骨吞聲，青燐餘恨，難為修禊。算八荒霧塞，南車亂轍，紅羊刼，何時已。　開創風雲時勢。若伊周，亦猶人耳。英雄事業，安知非僕，橫流先濟。首惡當誅，祖龍何物，其能逃死。正乾坤待洗，誰將北斗，挹銀河水。	水龍吟
271	生	七律庚韻	黃徵	艷陽春暖簇晴明，景美辰良值我生。〔註107〕禊飲肇周卜洛邑，舞雩故事盛蓬瀛。華岡雅韻題襟集，曲水勝流結舊盟。內史揮毫興感地，蘭亭敍記發幽情。	「勝流」孤平
272	為	七律支韻	謝鴻軒	客憶江關動〔註108〕賦詩，況逢修禊匯新詞。觴流蘭渚群賢醉，馬射華林一代奇。翰墨有緣知自足，干戈未靖欲何為。但期重建烏衣巷，刻頌中興義不辭。	
273	虛	五古魚韻	蕭子明	修禊暮春初，淑景盎蓬廬。東風搖百草，嘉客共來車。談詩媲洛社，論道宗石渠。流觴循曲水，題壁攀雲衢。蓊鬱林陰翳，睍睆鶯聲舒。胸襟絕塵壒，視聽足清娛。稽古憶皇晉，蘭亭韻事殊。縱橫謝傅詠，	

〔註107〕作者自注：賤辰適逢上巳日。

〔註108〕「動」字《千聯齋類稿》作「慣」，見謝鴻軒《千聯齋類稿》（臺北市．謝述德堂千聯齋，2001年4月），頁392。

				飄逸右軍書。憂樂關天下，不朽彰緒餘。同功期異代，往跡適今覷。戎馬關山隔，乘桴海一隅。感時淚頻瀏，懷土恨寧紓。豈合糟丘住，弗耽幽隱居。昌文悉有責，毆哉君子儒。反經率以正，詩教重何如。鼓吹中興進，悠然接太虛。	
274	誕	五古旱韻	薛逸松	退居逾十年，何曾嫌懶散。上區〔註109〕出郊坰，策杖行緩緩。人間欲何之，我道尋吟伴。登陟敢云勞，岡平路覺短。悠然望〔註110〕南山，花落春不管。擊缽共鑴詩，聊以訴憤懣。客愁如亂絲，并刀剪難斷。歌罷復箕踞，任人笑放誕。	
275	齊	七律齊韻	秦維藩	覽勝同登百尺梯，重樓十二與雲齊。筵開上巳聯吟侶，韻選蘭亭續舊題。甌對林巒舒倦眼，還期豪傑拯遺黎。蜩螗世局知何止，風雨南天正鼓鼙。〔註111〕	
276	彭	七律庚韻	陳祖平	七載昌詩慶有成，羣賢修禊集陽明。雖無曲水流觴樂，卻富悲天憫世情。大振騷壇看杜甫，中興漢室願岑彭。自強舉國同心德，何患妖氛不掃平。	
277	殤	七排陽韻	簡明勇	蘭亭曲水映流觴，遊目舒懷樂未央。羣彥駢臨情快足，古賢巨見夢惝恍。德充誕論同生死，齊物危言否壽殤。疊現英雄多憾事，萍逢愛侶最愁腸。秦皇心願空餘恨，顏子襟懷甘陋荒。乏計解憂惟旨酒，每憐醉短醒時長。欲思超脫成新悟，還喜風清海氣涼。孔廟馨香千古盛，愚公志業萬年光。來嗣有繼斯無盡，青史揚名復播芳。豈與草蟲同腐朽，源深派遠正汪汪。	如以七排論，則「嗣」字平仄格律不合。
278	為	七律支韻	張家輝	繡錯茵鋪好自為，家江萬里勝相思。東來鉛槧寧無位，西下樓船定有期。氣壯蔣山青不改，韻佳桃葉綠猶滋。群賢七載賡高會，祓禊流觴及海湄。	

〔註109〕「區」字《松盧詩橐》作「已」為是。見頁248。
〔註110〕「望」字《松盧詩橐》作「見」，見頁249。
〔註111〕作者自註：時高棉越南戰事正亟。

279	妄	四言漾韻	禚夢庵	杲杲陽春，惠風又暢。臨流詠觴，載和載唱。世運仍艱，賢良凋喪。禊集今朝，祓彼羣妄。蘭亭何許，停雲在望。瑤琴獨撫，知音誰向。〔註112〕	
280	作	七古藥韻	楊嘯農	其一 畢集羣賢耽吟樂，桃花萬樹開林壑。傷心已杳寒操翁，觴詠又缺凌雲作。 其二 半囊慚愧小詩作，七載連綿洵足樂。吾輩交情耐久長，開懷更共流霞酌。	二首
281	後	五古紙韻	林咏榮	市居遂所生，逐日無餘暑。天錫我假期，良辰逢上巳。修禊作郊遊，柬邀數知己。攜酒訪名川。豈辭路遠邇。迎面忽清溪。夾岸皆芳芷。曲水宜流觴。蘭亭得新址。永和是何年。右軍差可擬。既有為之前。不難繼其後。雅集挹高標。堪與古賢比。入席並觥籌。春風醉畫裏。	韻部有問題
282	之	詞	傅子餘	猶是鳳城挑菜日，江燕渺何之。落紅繡出東風面，又倦楊、爭罥晴絲。沂上波興，山陰道阻，凝想多時。憑看藥圃蘭埡。光景最參差。等閒吹下幾點雨，怕蠻春老了無姿。依舊虎邱邀勝賞〔註113〕，盃底唱新詞。	越溪春
283	視	五古紙韻	謝大荒	憂來適醉眠，惡夢見蛇虺。駭汗濕重衣，起坐瞿然視。中宵風雨晦，人世今何似。神州久陸沉，遺黎半為鬼。皮骨忍敲扑，家室遭夷毀。少壯苦徭役，老弱溝壑委。年年望王師，延企將卅紀。修禊續蘭亭，華岡集佳士。東流祓不祥，故事屬溱洧。不知水淺深，迢迢隔滄海。	
284	今	五古侵韻	廖從雲	蓬瀛春正好，勝景綴華林。名山忘歲月，水雲無古今。嵐影琴書靜，溪聲入夢深。出塵元不俗，何慮世網侵。	

〔註112〕案：禚夢庵《巴山夜雨集》作：「蓬蓬遠春，惠風乃暢。臨流詠觴，載和載唱。時運孔艱，賢良凋喪。禊集今朝，祓彼羣妄。蘭亭何許，停雲在望。瑤琴獨撫，知音誰向。」

〔註113〕作者自註：明季張西谿傳於上巳日為虎邱大會。

				顧此雖云樂，神州尚陸沉。遙峯多溟溟，濃霧接層陰。悠悠千載上，韻事杳難尋。豈徒耽逸趣，摛藻嗣元音。修襖成嘉會，倚檻續高吟。莫作新亭泣，但抒忠愛忱。崇樓風雨意，萬里故園心。	
285	亦	五古陌韻	廖從雲	久作蓬瀛客，心慚為形役。人多苦思家，我苦懷鄉亦。倦眼幾經春，忽驚雙鬢白。駕言思遠遊，輕塵浥芳陌。韻事紀流觴，詩盟證泉石。嘉會集華岡，追陪忝吟席。奉手有文宗，聯袂多詞伯。逸興更峛〔註114〕飛，揮灑成雲拍。壯志付長歌，莫傷駒過隙。若得老名山，不惜良辰擲。	
286	猶	五律尤韻	駱香林	上巳年年到，年年祓襖遊。詩成題雅集，路遠每夷猶。是日清而朗，惠風和且柔。蘭亭如可繼，此會足千秋。	
287	今	詞	汪蓮芳	煙巒勻翠乍憑臨。還檢舊遊心。浮觴幾處春深淺，掠鴛燕、波暖粼粼。迴望故山，遊情疏減，淒斷到而今。 　林嵐無際趁閒吟。雅會契苔岑。香堤蘇潤歸程緩，綴零亂、飛絮盈襟。蘭亭漸涸，蒲榴催映，芳夏待重尋。	一叢花「粼」字出韻
288	之	七律支韻	梁隱盦	伽藍十里認花之，舊約都門拾翠期。百菜百花生日後，春心春夢渡江時。幾曾共業消兵革，無那閒愁壓鬢絲。有願清川同祓濯，客塵滌淨見天隨。	
289	視	七古紙韻	趙民治	豔紅一片茂園美，停步花叢細審視。是日暖和發薹芳，同遊面面色然喜。但須修襖虔其心，觴酒不曾引曲水。蒼狗白雲時局移，人間戾氣無休止。烽煙紛起亞東南，海晏河清未可俟。正氣自來終伸張，明春再約訪芳沚。	
290	昔	五古陌韻	陳本	曾和癸丑詩，又書乙卯曆，忽忽已三年，歲運轉仍逆。襖辰重祈祥，詠觴敢云適，群公信好事，餘勇洵可辟。詩教矢復昌，七載績赫赫。雙溪有曲水，豈異山陰迹。水聲日洗耳，苔跡長在屐。未須尋洧洛，誰可嗣安石	瀉通寫 「發」字疑誤。

〔註114〕案：「峛」疑為「獵」字之誤。

				〔註115〕。社集分韵來，催詩速郵驛。嗟予客懷惡，枯腸句難索。四海正鼎沸，滔滔橫流瀉。東南陸半沉，沛若萬水發。大浸哀越棉，瘡痍遍巷陌。時事鐵六州，蠢彼美人策。見卵雞早烹，守株兔焉獲。權勢一移置，虎鼠亦已易。其咎誰尸之，毋徒肆交謫。蒼生被誤盡，應負全民責。風雨雖晦盲，天地豈閉隔。元首驚崩殂，萬方同悼惜。咸痛身莫贖，涕零紛感激。遺囑見深長，殷殷期復國。吾儕老文字，薪膽廿年積。土風懷鍾儀。越吟類莊舄。江湖與魏闕，心路通咫尺。丈夫不報國，終為愚賤役。悲憤鬱為力，褫彼神姦魄。筆陣掃千軍，化戈為玉帛。何當祓濯餘，臨河洗兵革。還我好河山，稽亭容畫壁。
291	悲	五律支韻	吳天任	客久輕佳節，樓高倚暮曦。不祥寧可祓，慣說欲無辭。渡海旌旗望，攀天億兆悲。淒淒寒食近，灑涕話軒羲。	
291	悲	五古支韻	楊福鼎	我生便江海，不恤歲月馳。圖南忽卅載，藕孔此棲遲。陽春媚烟景，頗味少壯時。盍簪各挈榼，拈〔註116〕韻相傾卮。勝遊久〔註117〕陳迹，老嫗罷酣嬉。〔註118〕行都才俊萃，文運合起衰。仰瞻華岡上，聳爾竪吟麾，遠追蘭亭禊〔註119〕，近儗斐亭詩。我未陪末席，聊亦掇〔註120〕蕪詞。瓦缶與〔註121〕鍾呂，同聲祓邪魖。以茲綮〔註122〕世局，赤祲終誅夷。鍾山與後湖，來歲會可期。曠懷待剗復，戒勿發酒悲。	

〔註115〕作者自註：斯人不出，奈蒼生何？想有同感。

〔註116〕「拈」字《邐盦詩艸》作「分」，見楊福鼎《邐盦詩艸》（自印本，1982年9月），頁143。

〔註117〕「久」字《邐盦詩艸》作「成」，見同上。

〔註118〕《邐盦詩艸》下增「重經彌天刧，心益凜微危。」見同上。

〔註119〕「禊」字《邐盦詩艸》作「集」，見同上。

〔註120〕「掇」字《邐盦詩艸》作「綴」，見頁143。

〔註121〕「與」字《邐盦詩艸》作「屬」，見同上。

〔註122〕「綮」字《邐盦詩艸》作「例」，見同上。

292	夫	七律 虞韻	梁漢	世情劇變眼模糊，吾道依然德不孤。漸泯流風徒酒食，偶談游俠雜屠沽。衣冠南渡今非昔，王霸殊塗主與奴。悲痛化為羣策力，莫將老至笑狂夫。〔註123〕	
293	故	七古 暮韻	余璞慶	歲序正逢金氣生，爰爰又是走鼪兔。巍峨宮院近雙溪，修禊流觴今七度。天朗氣清惠風和，騁懷游目開雲霧。瀛海霜寒春燕歸，草山花燦東皇護。草山深處似桃源，行行應記來時路。眼底風光一般幽，踏莎歌舞有人妒。時哲吟哦鯤眾〔註124〕濱，詩教消息爭傾慕。合將萬物與眾齊，和以天倪參機務。南荒有客歷滄桑，結室爐峰巖下住。每臨風雨起相思，一片蒼茫雲水樹。東望旌旗已蔽空，西指艨艟幾時渡。鵑愁狐念亂紛紛，鶴髮烏頭生故故。	
294	列	五古 屑韻	蘇文擢	南天無好春，春半已啼鴂。零落杜鵑〔註125〕紅，惆悵東欄雪。歠門過重三，芳事就衰歇。遙想永和人，觴詠政可悅。忽聞禾稼悲，愴此隆棟折。扶持賴有人，念念肺肝熱。俯仰不成吟，作韻寄儔列。	
295	敘	五古 語韻	周邦道	元巳擬山陰，華岡集勝侶。續拈右軍文，後先攷列敘。逸興泛曲觴，綺思發機杼。咳唾珠玉生，擊節欣延佇。淋漓灑華牋，翰墨希虞褚。韻事足流傳，始簡畢當鉅。因念康熙間，湖川淹洲渚。採硫近沸泉，山下操舟艫〔註126〕。陸起海水落，平疇長稻櫓。滄桑幾變遷，雲煙遶村樹。又念梁鄭公，鯈忽已化羽〔註127〕。俯仰成陳迹，感懷殊悵憮。更念柬埔寨，越南兩國土。兵連災難遍，慘絕人寰宇。	

〔註123〕作者自註：值國喪中。
〔註124〕案：「眾」字疑為「島」字之訛。
〔註125〕「鴂」字乃「鵑」字之誤，據華岡本校改。
〔註126〕作者自註：仁和郁永河採硫日記所載。
〔註127〕作者自註：均默、曼青二先生，均於春間逝世。

				袖手看淪亡，慨愴淚如雨。神州久黯黯，苛政猛於虎；復變本加厲，辱及聖尼父。文化浩刼餘，不絕已如縷。宏揚聲教責，寧敢忘在莒。願鼓吹中興，于以固吾圉。	
296	時	五律支韻	侯暢	憂國復憂時，忠良獨自持。疾風知勁草，救世仗王師。生死何須計，升沉匪所思。斯文今再讀，修禊好裁詩。	
297	人	七古真韻	陳邁子	世變天荒何渾渾，九萬里路飛戰塵。腥風血雨徧寰宇，入耳哀聲不忍聞。東方西方無寧日，重洋絕域亂紛紛。人間此日成何世，天胡不仁禍吾人。搔首問天天不語，天道不親孰與論。我思堯天與舜日，我歌無懷葛天民。我厭列國相斫殺，我痛夷狄交相侵。我傷禮崩而樂壞，我歎王道久沈淪。我咀強權挾暴力，我驚魅魑肆飛騰。試觀盜跖盈天下，暴戾恣睢任橫行。肝人之肉飲人血，毀人廬墓甚獸心。血淵骨嶽淚眼枯，率獸食人刼火深。左道淫詖善惑眾，楊墨之言逞奇新。斯世何有安寧土，斯世何有自在身。藐茲流離棲海嶠，忽忽已是數十春。當年壯者嗟已老，當年稚子已成丁。瞻望母兮母已殂，白雲親舍繫夢魂。瞻望故鄉不可見，渺渺天涯海波橫。繞宅清溪映綠柳，數椽老屋漢水濱。斜陽芳樹聞啼鳥，落英繽紛草如茵。我書我文我詩稿，秦火灰燼已無存。故老親朋半為鬼，太息人間多酸辛。沈哀紫懷詎可去，沈沈百感涕淚零。年年上巳慕逸少，文采風流盛事陳。生同魏晉丁離亂，東渡衣冠殊足珍。擊楫誓江猶在憶，吾華文藝賴復興。新亭對泣陳迹杳，清談雅言何可尋。勝日林泉集俊侶，吟詠低回見性靈。中原西顧徒嗟歎，吾生何幸不逢辰。萬古沈憂沈萬古，酌君大斗氣如雲。士當天下為己任，胡為尺蠖志不伸。筆搖日星散綺霞，此是宇宙之鴻文。	（新韻）

298	錄	詞	劉宗烈	翠雨添眉綠。又今朝，輕車碾夢，暗塵飛逐。爛漫春花華岡路，閒祓清愁萬斛。正艷賞，嬌鸞裝束。遠挹滄波危闌外，祭詩腸，俯飲靈胥醁。談笑裏，醉心曲。　豪吟共騁詞流簇。試登臨，寥天此際，縱懷遊目。大塊真如團瓢耳，何日消除蠻觸。且莫管，紛紜棊局。禊集還尋絃歌地，更重看，綺壁懸珠玉。堪繼武，晉賢錄。	乳燕飛
299	其	七律支韻	張夢機	好峯擢秀一樓奇，寒食才過又聽鸝。六七片雲來曉座，二千年事入流巵。花繁不信春將暮，雲在還憐意共遲。久客那堪說澗祓，且憑高詠壓淒其。	
300	所	五古語韻	張昊	去年拈得己，今年拈得所。得己已已矣，得所殊未妥。古韻在六語，今叶二十哿。從古則不諧，從今與古左。從古抑從今，趣舍難為我。攔筆費沉吟，趑趄足斯裏。照眼陽明春，杜鵑燦如火。蘭桂同時開，山茶笑盈朵。楊桃滿筐擔，枇杷忙結果。四時尚不分，限韻作甚麼。聖訓詩言志，丈夫不瑣瑣。春光恣誘撩，豈耐書齋躲。山陰道上人，摩接實繁夥。曉鶯囀珠滑，遊女香肩嚲。笑喚彩衣郎，清溪撐畫舸。流觴泛新聲，逸韻脫枷鎖。晤言寄懷抱，放浪形骸墮。暫得於己快，無可無不可。罰盞憑羣賢，詩學研究所。	
301	述	五古術韻	張仁青	雜花生千樹，又逢上巳日。蘭亭久為墟，勝事難詳悉。流觴存遺俗，風流略可述。今凌翠嶂巔，詩思忽奇崛。花裏攤吟箋，深嚴鬥詩律。繁櫻仍棲塈，光照臨川筆。浮雲冉冉來，舒卷憐放逸。頗欲留一片，攜去歸蓬蓽。以之補丹青，或能追摩詰。	
302	雖	五古支韻	楊向時	懷歸不曰豈，式飲常念雖。簡書無可畏，旨酒有所思。平居耽淺醉，況乃對芳菲。頻年預修禊，觴詠未或違。春風薰綠草，春陽煦翠微。鶯花成舊識，鷗鷺欲忘機。周旋集冠蓋，談笑接巾綦。青衿爭囊筆，橫席吐清辭。	

				人我自殊感，動息各異姿。同領冥搜趣，野馬逐遊絲。青山如未改，白日已暗移。吟札周海外，聲氣通九逵。蘭亭無此盛，洛水無此奇。積詩逾千首，選勝極一時。鯤島蓬萊境，神山雲海迷。內陸餘杳望，在古限輪蹄。太白所不至，子美所未窺。東坡豈曾見，半山安得知。遊蹤儻能及，浮桴應有詩。拘墟惜天塹，霄漢無由梯。吾生嗟不幸，半世邁流離。吾生復何幸，廿載此寄羇。古人不可起，來軫邈難期。俯仰失千刼，逝景誰能追。萬化幻無盡，滄溟聊勺蠡。長吟一揮手，極目海流西。	
303	世	五古霽韻	王國璠	人生無智愚，百年常曹滯。念我久窮居，幽情漸已廢。剝啄晨在門，忽有尺書至。三月上巳時，修禊豈容綴。檢點古錦囊〔註128〕，飄然入雲際。空翠浮松巒，重嵐抱襟袂。想見采薇人，浩歌遺塵計。我有物外心，何年可出世。婚嫁累已深，衣食力尤弊。得此半日閒，聊遂山林契。萬事非強求，莫灑春風涕。	
304	殊	五律虞韻	劉達梅	陽春烟景召，花事依何殊。淡水縈波綠，輞川繞畫圖。緬懷禹甸刼，殘逞狗雞屠。試問新亭淚，能添幾個無。	下三平、孤平
305	事	七絕寘韻	張惠康	分韻詩驚三百餘，一觴一詠無遺字。八公破敵運籌人，曾到蘭亭修禊事。〔註129〕	仄韻
306	異	詞	孫方鐸	晻靄春陰如欲霽。海角群賢，待續蘭亭禊。一去永和千百歲。相看今昔曾何異。　飛牒催討如渴驥。未試流觴，先寫流人思。搔首欲尋春句麗。新哀舊恨如雲起。	蝶戀花
307	所	五古語韻	章斗航	佳辰修禊事，崇樓接儔侶。相對惟歔欷，吾元今何所。震雷驚前夜，率爾衝以舉。如臨考妣喪，萬民切痛楚。流水與曲觴，無心暨延佇。惟當遵遺命，重康迅續緒。	

〔註128〕作者自註：放翁詩「古錦詩囊覓句忙」。
〔註129〕作者自註：蘭亭修禊為王羲之、謝安、孫綽等四十一人。

308	以	五古紙韻	謝大荒	華岡三月三，修禊賡七載。座上引壺觴，溪邊採蘭芷。盛會愍不祥，古俗良有以。蓬萊滿春風，故宇竟何似。江南草不青，歇浦魚龍死。我欲遣天吳，盡移東海水。彭湃作怒濤，滌蕩邦家恥。	
309	興	七絕蒸韻	林寄華	其一 春回南國集吟朋，韻事蘭亭訝再興。高詠江山多秀句，枉拋心力我何能。 其一 讀史燈前感廢興，乾坤扭轉問誰能。中南半島烽烟滿，白髮憂時膽撫膺。	二首
310	懷	七絕佳韻	張雪菌	其一 勻勻夭桃傍水開，平原芳草綠於苔。香車狹路相馳逐，都為良辰祓禊來。 其二 春風吹綠滿山崖，曲水流杯韻事偕。檢點芳菲多少在，詩囊拾夢最關懷。 其三 釀花風雨莫相摧，人醉東風曲水杯。願得年年春色好，撩波燕子帶詩來。 其四 浮觴上巳春留句，海島相逢盡捷才。莫怪天涯多索寞，且將勝事入吟懷。	應是四首絕句 只二首有「懷」字韻 第四首出韻。
310	懷	詞	麥友雲	雅會非關名利計，那還拘檢形骸。但逢臨水近青厓。催詩須仗酒，毋令有餘杯。　正是暮春三月許，風和景麗時佳。結盟山水不分乖。落花猶未了，休更動情懷。	臨江仙 「厓、杯」字出韻
311	其	五律支韻	李嘉德	廿年歌上巳，餘響太淒其。曲水同君夢，流觴濕我衣。羣飛孤不語，獨往世皆遺。隔海飢寒在，摧腸總為誰。	「衣」字出韻
312	致	五古寘韻	傅清石	松宇蕙風來，佳候清明至。靈眎伊人和，濟濟高士致。敷教藻瓊筵，分詠離龍思。儀辰欣七年，華岡臻嘉瑞。開榮灑澤明，舒虹凌霄志。義高大漢聲，天臨海鏡治。渺渺青煙移，悠悠修禊事。澹澹牧春心，年年會斯地。借問此何時，無限思鄉意。風雨正縱橫，孰執道與義。五星聚于東，中興卜泰易。仁固開周廷，發嘯長吟記。	

313	一	五古質韻	傳清石	三陽慶禊期，欣豫清明日。觴流曲水溪，雋才抒彩筆。聯吟上巳春，高響靈境出。文武各奮飛，少長咸悅集。鏘鏘開八埏，融融芝蘭室。壯氣動雲漢，威鳳搏飛疾。蓬瀛佳麗地，豪情更飄逸。座上竹林賢，詩中建安七。茲辰冠蓋通，談調無終畢。呦呦聞鹿鳴，揮絃肆琴瑟。歲云曁英會，陶然百憂失。聖道合薪傳，危微精中一。	「集」字閉口音。
314	也	七古馬韻	梁漢	書法羲之詩白也，千餘年後幾來者。間氣英才豈獨鍾，天工人力其誰假。南渡偏安離亂中，少年落魄飄然下。霜雪雲雷造化奇，琢磨鎔鑄洪爐冶。煙柳婆娑共祓除，文酒風流極瀟灑。時衰無復舊規模，世變今方肆夷夏。大地陰霾鬼忍號，廟堂游說血盈野。能源顛倒萬邦危，道義消沉廉恥寡。浮海棲遲安樂窩，聯珠鍛鍊香山社。闢邪匡正頌中興，繼往開來莫撝捨。良辰勝地集羣賢，惆悵今年失屈賈〔註130〕。狂飆直挾怒濤飛，椽筆難將幽意寫。展開淚眼拓心聲，振臂當風扶大雅。	
315	後	七古有韻	王天賞獎卿	華岡雅會年年有，濟濟一堂皆勝友。崇山峻嶺入吟眸，修禊蘭亭堪匹偶。乙卯登臨均默堂，同心紀念梁寒叟。中懸肖像盡詩仙，敬奉前賢才八斗。正值萬方多難日，旻天不弔悼元首。安將舉國之哀愁，化為力量來繼後。高棉已陷越南危，民主自由要堅守。省識依人非善謀，操之在我纔能久。正邪是非重分明，文章經世期不朽。曲學阿諛愧聖賢，焉得董狐筆無苟。千秋氣節仰文山，取義成仁辭利誘。中華文化當復興，古來道統原深厚。捨本逐末慨時流，興亡有責扶輪手。	
316	之	七律支韻	周曼沙	拈來脩禊韻難辭，索我枯腸病後詩。海外浮生餘客夢，山陰往事動鄉思。卅年已失飛觴趣，萬古猶懷橫槊時。又是星稀明月夜，南荒烏鵲欲何之。	

〔註130〕作者自註：梁、繆二公去世。

316	之	七絕 支韻	林仁超	其一 載酒行吟若牧之，又拈新韻祓江湄。 邊城燈奪梅關月，忍向蘭亭認舊時。 其二 陽明花訊動天涯。跌宕春心任所之。 上巳悠悠吟七載，華岡鐸韻萬年詩。 其三 一從醉寫蘭亭敘，曲水流觴入硯池。 彩筆孰疑干氣象，輕鈎佳節伴羲之。	三首
317	覽	五古 感韻	王韶生	居夷春復秋，佳節闕登覽。民生值 多艱，去鄉意多感。分韻賦新詩， 覓句歸平澹。憶昔會山陰，高空一 鳥瞰。內外資協和，人才庶收攬。 文章交有神，品格美琬琰。來復覩 週期，常德重習坎。引領望台澎， 清晨立朱檻。	「覽」法帖 作「攬」
318	者	七古 馬韻	文叠山	蘭亭祓禊何為者，逸少相傳求諸野。 曲水流觴醉不醒，茂林修竹閑而雅。 仙花吐氣出雲端，賜柳尌詩鳴自下。 翰墨淵源溯駱王，文章黼黻崇班馬。 且喜朋儕意興連，今之視昔匪華夏。	
319	亦	五古 陌韻	陳荊鴻	三月上巳辰，臺島集佳客。禊事繼前 修，清流浮大白。不遺千里人，索句 到草澤。聲氣本相同，雲樹豈能隔。 顧此媚川都，也有春游屐。錦山隱田 廬，滄海漾空碧。雅興年復年，詩畫 隨所適。村墟籠暮煙，芳樹蔭几席。 只慚古稀翁，久謝壺觴癖。且酌茗一 甌，清風生兩亦。	
320	將	柏梁 體 陽韻	黃光學	海嶽朝暉媚八荒，江天形勝粲明光。 修禊名山翰墨場，遺風曲水引流觴。 吟人神采足清揚，大雅歲時肅典章。 躬逢嘉會擷馨香，對酒當歌誦苞桑。 巨匠弘謀得業彰，雕甍峻宇此黌堂。 傳薪濟美見羹牆，〔註131〕華學不顯 道統長。弼匡名教相扶將，士林文藻 更熒煌。振衣千仞任翱翔，濯足萬里	

〔註131〕案：商務版、華岡版及《中華詩學》期刊，《華岡禊集分韻詩》皆無「雕甍
峻宇此黌堂。傳新濟美見羹牆」兩句，今據易君左《四海詩心》補，見頁261。

				破滄浪。中興鼓吹鳳鳴岡，覃敷詩教國運昌。綠遍蓬壺四時芳，東來紫氣鬱蒼蒼。風動寥廓一迴腸，且挽強弩射天狼。美哉中華奠故疆，禹甸澄清滿春陽。〔註132〕	
321	有	五古有韻	黃徵	擾擾歎浮生，偃蹇西南走。忽忽廿餘年，往事頻回首。故紙作生涯，冥搜苦良久。漸已廢吟哦，韋編窮豐蔀。艷陽吐晴明，百花生日後。盛禊集羣賢，佳篇輝萬有。	
322	感	七古感運轉有韻	胥端甫	視今視古人多感，人誰一世不愁慘。死生衣食幾何歡，暴君焚城縱觀覽。夜坑降卒成史書，今人駭破古人胆。交心凶戮集中營，原子死光不可撿。嗚呼帶甲滿天地，陽春仍自輝翠毯。人自不仁人芻狗，滄海橫流滔九有。以古為鑑鑑嬴秦，以今應鑑丹林叟。戮屍掘墓究何云，功名誰是真不朽。乾坤花柳自無私，曠遠纔知生業厚。振衣千仞鳳鳴岡，登樓快飲梅花酒。七星大屯伴崑崙，洪波浩浩幾回首。蒙莊齊物趣無窮，休歎麒麟在郊藪。傷心唯痛痛羣黎，魚肉刀俎誰援手。歲歲羣賢禊事修，蘭亭唯知酌大斗。	
323	於	七絕虞韻	蔡念因	鄉關重履暫難於，我夢蘭亭在海隅。三月騷風仍似昨，千秋回首即須臾。	
324	斯	七律支韻	張雪茵	春來無計遣鄉思，翠袖輕寒拂硯池。客裡情懷清漏永，愁邊消息曉鶯知。難忘曲水流觴事，尚憶蘭亭祓禊時。故國樓臺何處是。江干楊柳綠如斯。	

〔註132〕本作《四海同聲》分成兩章，卻只見一「將」字，應是誤截為二；內文亦有出入，原文作：「海嶽朝暉媚八荒，江天形勝粲明光。修禊名山翰墨場，遺風曲水引流觴。吟人神采足清揚，大雅歲時肅典章。躬逢嘉會擷馨香，對酒當歌誦芭桑。振衣千仞任翱翔，濯足萬里破滄浪。巨匠弘謀德業彰，雕甍峻宇此黌堂。（其二）傳薪濟美見羹牆，華學丕顯道統長。弼匡名教相扶將，士林文藻更熒煌。中興鼓吹鳳鳴岡，覃敷詩教國運昌。綠遍蓬壺四時芳，東來紫氣鬱蒼蒼。風動寥廓一迴腸，且挽強弩射天狼。美哉中華奠故疆，禹甸澄清滿春陽。」見黃光學《四海同聲‧墨跡釋文》（臺北市：黎明文化事業股份有限公司，1981年1月），頁48～49。

| 325 | 文 | 曲 | 楊向時 | 雙調新水令
景物四時新。乍凝眸碧遙紅近。依稀桃葉渡，隱約杏花村。舞燕紛紛，憑軟語傳春訊。
折桂令
問吟邊、多少騷人。看豪氣吞虹，健筆凌雲。有的是英簜尋盟，有的是旌旄寄閫，有的是儒雅將軍。　欽詞宗、柏署揚勳。愛山林、慣與鷗羣。更有那、賦草青衿，詠絮紅裙。共賞這柳塢花岡，月夕風晨。
行香子
白日開樽。吟到黃昏。喜一身、留取春痕。招來酒意，警動詩魂。似曾見浙江潮，巫峽月，泰山雲。
滴滴金
曲水難儕，洛津莫逮，華林猶遜。盛會此無倫。　看舞絮盈盈，飛花陣陣。流觴橐筆，雅懷今古何分。
春閨怨
序據蘭亭，依文限韻。三年逐字已全分。遙聯海外昌詩運。頻寄書，約得吟儔，俱似永和人。
秋蓮曲
花如錦，草如茵。勝遊共惜飛鴻印。塵網中任紛紜。慣看變風雲。不須誇獨醒屈靈均。便醉也無人問。
收江南
望春城紫陌起紅塵。對清樽絮果訴蘭因。且高歌揮袂挽斜曛。鸞鶴自成羣。北山也何必再移文。 | 北曲：散套 |